내 마음의 풍경風磬

국립중앙도서관 출판시도서목록(CIP)

내 마음의 풍경 : 국중하 수필집 / 저자: 국중하. -- 전주
: 신아출판사, 2013
p. ; cm

ISBN 978-89-98524-22-7 03810 : ₩12000

수필집[隨筆集]
한국 현대 수필[韓國現代隨筆]

814.7-KDC5
895.745-DDC21 CIP2013001013

내 마음의 풍경風磬

국중하 수필집

신아출판사

■ 책머리에

2010년에 수필집 ≪여산재 가는 길≫을 펴냈다. 다시 3년 만에 ≪내 마음의 풍경風磬≫을 펴낸다.

개인의 삶의 양상도 그 시대와 밀접하게 연결된다. 질곡의 한국 근대사와 내 인생역정도 별반 다르지가 않았다. 일제강점기에 학업을 시작하여 보통학교 2학년 때에 해방을 맞았고, 중학교 2학년 때에 6 · 25동란에 상혼喪魂했다.

60~70년대, 빈곤과 궁핍에서 벗어나려는 일념으로 조국은 근대화의 민족 대약진 운동을 벌였다. 소위 개발 연대라고 불리는 그 시대에, 혈기왕성한 청 · 장년기에 경제성장을 위해 몰입할 수 있었음을 스스로도 큰 보람으로 여긴다.

호남비료, 한국종합기술개발공사, 극동건설을 거쳐 현대그룹에서 얻은 경험 위에 우신을 설립하였다. 우신에서 만든 제품이 자동차와 선박의 구성 요소가 되어 오대양 육대주를 누비고 있다. 돌이켜보면 우리나라 최초의 지하철 설계에서부터 원자력발전건설 물공량 표준화(적산자료)까지 뜻깊은 일들이 주마등처럼 스쳐간다. 이제 고인이 되신 현대의 김영주, 정주영 회장으로부터 많은 사랑을 받으며 조선입국造船立國을 이루었다.

화려하게 봉직생활을 마치고, 꿈에 그리던 개인 사업을 시작한 후 문학인 생활도 시작하였다. 글을 쓰기 시작한 건 1988년 대학원 시절부터다. 죽을 때까지 배우고 죽을 때까지 일하기 위해 1987년 우신宇伸을 설립했다. 다음 해 울산대학교 산업경영대학원 석사과정 1기생으로 입학했다.

학생회장을 맡아 산학을 겸비하고 낮에는 일하고 밤에는 공부하며 동분서주했다. 그때 신문, 방송, 잡지 등에서 요청한 경제관련 칼럼을 쓰면서부터 글쓰기를 시작하였다고 할 수 있다. 원고청탁을 받으면 신바람이 났다. 배우면서 글을 쓴다는 기쁨으로 자랑스럽게 자료실을 뒤지고 경제전문 교수실을 드나들며 경제 관련 자료를 찾았다. 그리고 독자가 쉽게 이해할 수 있게 촌사람 식으로 재미있게 메워나갔다.

울산의 ≪경상일보≫, ≪부산일보≫, 대구 지역신문까지 내 글이 전파되어 원고 청탁을 받았다. 어쩌면 공학도가 쓴 글의 풍부한 자료와 객관성이 독자에게 주는 이점을 높이 산 것도 같았다. 그 칼럼들을 묶은 것이 첫 번째 수필집 ≪내 가슴속엔 영호남고속도로가 달린다≫이다. 등단 후 출간한 ≪호남에서 만난 아내 영남에서 만든 아이들≫에는 영호남을 그리는 글들을 담았다.

그로부터 국내외 세미나, 국제회의, 해외여행 등 많은 경험을 독자와 공유하기 위해 지금껏 내 방식대로의 글을 계속 쓰고 있는 것이다. 공학도에게 글 쓰는 보람을 느끼게 하는 것은 독자들의 조건 없는 격려와 칭찬이었다. 이제는 문학중심 예술과 호흡을 함께하며 재미있게 산업일선에서 뛰고 있다. 또한 많은 사람들과 만나 즐기면서 배우고, 학습의 장을 넓혀, 내 삶의 가치를 더해가고 있다. 이 책이 나오도록 도와주신 남운 선생님과 운정云廷님께 지면을 통해 감사드린다.

2013년 3월 여산재에서

여산재 할아버지

권무진

여산재를 싫어하는 사람은 없다
나는 그 말을 믿는다

새들이여, 날아라

새들이 날아다니면 좋다
나는 여산재 할아버지가 좋다

* 위는 나의 수필집 ≪내 마음의 풍경≫ 발간에 즈음하여 어린 손자 권무진(원 유치원생)이 '여산재 할아버지'라고 쓴 동시다. 손녀 권아진(서울 숭의초등학교 5학년)이 표지의 풍경風磬 그림을 나름 구상하여 그렸다. 내 어찌 고맙지 않을까.

못내 사랑스럽기만 한 이들 남매가 여산재에 와서 '겨울(눈)사람' 만들기의 즐거움에 푹 빠져든 순간의 모습이다. 내 오래도록 고이 간직하고픈 바다.

차례

2부 나눔 음악회 객석에서

3部 신비의 바닷길

4부 경영전략 세미나

1부

못내 기다려지는 골탕먹기

······. 하지만 나는 우리 무진이가 요다음엔 또 어떤 엉뚱한 일로 이 할아버지를 골탕 먹여주려나 못내 기다리는 심정으로 작별의 손을 한동안 흔들었다.

못내 기다려지는 골탕먹기

"할아버지 골탕 먹이려고!" 말문이 좀 더디게 트인 갓 네 살짜리 외손자의 일성이었다. 이름은 권무진, 두 살 때 이곳 여산재에 와서 벽난로에서 참나무장작불이 활활 타고 있는 모습을 처음 보았었다. 그 불에 밤과 고구마를 구워 먹은 기억이 노상 새로워서일까? 무진이는 언제라도 여산재 2층에만 올라오면 벽난로를 가리키며 아, 뜨거! 앗, 뜨거워!를 연발하여 벽난로에서 타고 있던 화톳불을 우리 모두에게 상기시킨다.

제가 다니는 유치원에서도 친구들에게 서툰 말로 여산재에서 경험한 일과 시골할아버지 자랑에 입안의 침이 다 마를 지경이란다. 나는 부쩍부쩍 자라나는 어린아이의 정서함양에 시골스런 다양한 풍정을 만끽하게 해주기 위해(순정적인 정서함양에 도움이 될 것 같아서) 여산재 주변의 다랑이 밭에 상추, 고추, 오이, 가지, 호박, 토마토, 고구마, 옥수수 등등으로 땅심을 먹고 자라는 목숨들이라면 죄다 경작해보이려고 욕심을 부린다.

깊은 산속, 어김없이 새벽을 고해주는 토종닭 몇 마리와 낯선 사람 출입을 경계하는 진돗개랑 나란히 괭이, 호미, 삽, 낫 등의 제반 농기구와 잠자리채, 감 따기 기구 등을 고루 갖춰 아이들에게 시골 생활의 단면을 시시콜콜히 체험하게 하려고도…….

그런 정성의 덕분이리라. 아진이와 무진이는 하루에도 몇 번씩 내게 전화를 한다. 특히 방학을 앞두고는 아이들 화제의 대부분이 여산재에서 이루어질 생활계획표 짜기라고 애들의 엄마가 꼭꼭 전한다. 평소에 총칼놀이 때문에 바쁘다며 전화도 잘 안 받고 엄마가 우겨서 수화기를 겨우 대주면 할아버지 메롱! 하고 달아나기 일쑤인 무진이다. 하지만 방학을 앞두고는 백팔십도로 자세가 달라진다지 않은가.

여산재에 올 날을 정한 뒤에는 무심하기만 하던 무진이가 제 누나 아진이보다 훨씬 더 상냥해진다. 제가 여산재 가면 무엇을 어찌어찌할 터이니(할아버지, 내가 밤을 가지고 가서 벽난로에 태울게-굽는다-라는 등속으로) 사전에 준비를 잘해 놓으라고 친절하게도 거듭 당부를 한다. 때마다 내 눈에는 그놈의 속이 훤히 들여다보인다. 언변은 다소 어눌해도 놈의 속에 들어앉은 영감을 내 어찌 모를까.

사내아이라 장난치며 노는 것도 아진이 하고는 많이 다르다. 장난감 총칼을 가지고 놀면서 외치는 대사도 우직스럽기 그지없다. 여산재에 총·칼을 가지고 가서 멧돼지를 잡아서 목을 베겠다, 찌르겠다. 등등…….

방학을 하기가 무섭게 무진네 일가족(아빠, 엄마, 누나)은 여산재에 와서 열흘 동안 북적거리다 떠났다. 크리스마스이브에도 여산재에 다시 오기로 했었는데 무진이가 감기로 신열이 39도를 오르내렸단다. 약을 먹지 않으려 고집을 부려서 제 엄마아빠가 붙들고 해열제 좌약을 항문에 넣어주었는데 열이 내리니까 언제 아팠느냐는 듯이 엄마를 재촉하더란다.

다음 날 오후 일행은 기어이 여산재에 도착했고, 나는 그 시간에 맞춰 벽난로에 불을 발갛게 지펴놓았다. 무진이는 제 약속마따나 구울 밤을 제법 실하게 가지고 왔다. 전주의 전통재래시장, 모래내에서 사다놓은 밤이며 고구마가 있었지만 굳이 서울에서 가지고 온 밤을 내놓으며 그 밤을 구워먹겠단다. 밤은 껍데기 한 군데를 타지 않고서 숯불에 바로 얹으면 엄청 튀는 속성이 있는지라 여산재 관장에게 밤을 톨마다 한 군데씩 칼집을 내어 놓으라 부탁을 했다. 관장이 칼로 밤 한 톨을 갈라 보더니 눈을 크게 떠보였다. 삶은 밤이라며 어이없어하는 눈치로 나를 바라본 것이다. 나와 관장의 표정을 번갈아 살피던 무진이가 그제서야 기다렸다는 듯이 깔깔거리면서 '할아버지 골탕 먹이려고' 일부러 그랬다는 거였다.

무진 엄마가 '원 유치원 발표회' 동영상을 나에게 보여준다. 남녀 유치원생들이 무용복을 곱게 차려입고 무대에 올라 율동을 하는데 무진이만 어색하게 뒷줄에 혼자 서 있었다. 선생님이 무진이 곁으로 가서 어깨에 손을 얹고 무진이 잘한다고 격려를 하는데도 별 소용이 없다. 동영상을 보면서 무진의 엄마가 행여 무진이 기죽을세라 내 무릎 쪽을 살짝 건드린다. 제 새끼 아끼는 마음을 헤아리며 아무 소리 없이 다 보고 나서 '무진이가 잘하는구나.'라고 헛짚는 감상평을 했다. 동영상을 보면서 내 마음이 그렇고 그랬는데 엄마 마음인들 좋을 리 없었을 게다.

그러거나 말거나 우리 무진이 내게 다가들며 "할버지(할아버지), 무진이 잘했지?" 라고 묻는 게 아닌가. 제 엄마가 내게 암시를 주었으니 낸들 뭐라 다른 말을 하겠는가. "응, 잘했다. 무진이가 참 잘했어."라고 맞장구를 쳐줄밖에.

무진이는 참 숫기가 적은 남자아이다. 그런데도 친구들은 무척 챙긴다. 벽난로에 불 피워라 고구마랑 밤이랑 태워라. 할아버지는 땀을 뻘뻘 흘리며 장작불 앞에서 열심히 구워내고 엄마는 껍질을 다듬어 먹기 좋게 손질하기에 여간 바쁘지 않다. 창밖은 추운 날씨에 흰 눈이 덮여 천지백天地白하고, 실내는 난로 덕분에 따뜻하기만 하다.

군밤과 고구마의 구수한 냄새가 유난한 가운데 감칠맛도 기찼다. 둘러앉아 실컷 먹고 나서 더는 들어갈 곳이 없으면 팩에 담아 서울 가는 길에 먹으라 했더니 무진이가 "다 유치원 친구들 갖다 주겠다."며 몫을 정해버리는 거였다.

이내 잠시도 할아버지를 가만두지 않고 닭장에 알 낳았는지 가보자고 재촉한다. 닭장은 언덕 위 진돗개장 옆에 있다. 경사진 곳에 올라가 알을 낳았으면 무진이 잠바 주머니에 넣어 준다. 알이 없으면 닭이 알은 안 낳고 똥만 싼다고 혼잣말을 하면서 돌아온다. 계란이 없어 실망하는 마음을 달래주기 위해 미리미리 닭장에 알을 넣어 두기도 하지만.

벽난로 땔감용을 마련하겠다고 톱을 챙기고 알맞게 잘라 놓은 통나무를 쪼개겠다며 도끼(이기지도 못하는 놈이)를 꺼내라 하고, 눈사람 만들자, 썰매를 타자 등등으로 나는 불시에 할 일이 많고 많아진다. 설 연휴 동안에 무진이를 따라다니느라 몸살이 다 날 지경이다. 하지만 나는 왜 그러한 내가 도무지 싫지를 않은지 알다가도 모르겠다.

신묘년 첫날에는 무진, 아진 엄마와 할머니 할아버지가 함께 눈길 6km를 걸었다. 무진 아빠만 영화 제작하느라 배역 섭외차 미리 서울에 가고 없어 함께 못한 아쉬움이 컸다. 작년 경인庚寅 첫날에는 할아버지와 엄마가 무진이를 가운데 세우고 양팔을 잡고 4km를 걸었는데 올해는 엄마 한 손만 잡고도 6km를 걸었으니 무진이가 일 년 사이에 많이 자란 모양이다.

무진이가 신고 있는 운동화가 오른쪽과 왼쪽이 바뀐 사실을 돌아와서야 확인했다. 발이 결코 편치 않았을 터인데 엄마 손만 잡고 6km를 완주한 무진이다. '대단하다. 장하다. 기네스북에 올리겠다. 큰 상을 주겠다.'며 진심으로 칭찬을 했더니 무슨 상을 줄 거냐고 보챘다.

상은 미리 준비해둔 게 있다. 무진이가 얼마나 가지고 싶었으면 여산재에 비치해둔 빨간 랜턴을 옷가방 속에 감춰두었으랴. 엄마와 할아버지가 벌써부터 눈치를 채고 있었음이다. 서재에서 쓰는 예쁘고 앙증맞은 미니 랜턴을 예쁘게 포장해서 무진에게 상으로 주었다. 무진이는 무던히도 좋아하며 앞으로 할아버지 전화를 잘 받겠다며 약속으로 손도장까지 찍었다.

이제 차를 타고 여산재를 떠나가면 무진이는 언제 그런 일들이 있었는가 싶게 깡그리 다 잊고 저의 일상으로 돌아가 버릴 것이다. 하지만 나는 우리 무진이가 요다음엔 또 어떤 엉뚱한 일로 이 할아버지를 골탕먹여주려나 못내 기다려지는 마음으로 한동안 작별의 손을 흔든다.

여름 가족휴가 중

제주도가 처음이라는 며느리 김마야. 어렸을 때 두세 번 다녀왔다는 진호. 그리고 돌이 다 되어가는 손녀 국윤빈(힐러리 국)과 함께 오랜만에 가족이 제주에 왔다. 공연준비 때문에 함께하지 못한 은미 가족과 유미가 서운하지만 하는 수 없었다.

윤빈潤嬪이는 최연소 잠수함 승선자로 남기고, 미국에서 시민권도 얻고 뉴욕에서(Parsons School of Design) 산업디자인을 전공하느라 제주가 처음이라는 마야에게는 천혜의 해안 도로와 세계에서 제일 길다는 만장굴萬丈窟을 보여주고 싶었다. 진호도 현대고등학교에 진학하자마자, 미국유학을 선택, 우스터 아카데미(Worcester Academy 미국 보스턴 소재 영국계 학교) 기숙사생활을 시작으로 뉴욕주립대학(Stony Brook University)에서 경제학을 마치느라 그간 제주도를 찾지 못한 것이다.

성산일출봉과 제주하얏트호텔 수영장에서 누나들과 수영했던 기억밖에 없다고 하니, 제주의 변화된 모습을 보여주고, 괌이나 사이판

만장굴에서

하와이보다 좋다는 평을 듣고 싶었다. 그리고 제주명물 다금바리를 못 구하더라도, 자연산 광어나 점돔, 흑돼지, 해물탕(오분자기탕) 등 제주 특유의 음식을 가족에게 맛보이고 싶었다.

나는 가족에게 어떻게 하면 많은 것들을 보여주고, 맛있는 음식을 먹이고, 즐겁게 해 줄 수 있을까를 생각했다. 여행사에 근무하는 김영 선생의 제자 은실 씨에게 전화를 했다. 시즌이라 간신히 항공권과 호텔을 예약하고 가이드 능력을 갖춘 대형택시까지 부탁했다. 은실 씨가 택시기사와 함께 공항에 나와 제주도 개인택시(60바 3834 체어맨) 오순진 관광전문 안내원에게 인계해 주었다.

예약된 호텔에 짐을 풀고 아침 9시부터 관광하기로 약속하고 기사를 돌려보냈다. 새벽형 체질인 나는 호텔 직원으로부터 산책코스 삼무공원을 소개받았다. 공원 화장실이 특이하다. 둥근 공을 잘라 엎어 놓은 모양의 예술적인 건축물이다. 키 큰 해송과 후박나무, 느티나무 등이 잘 어우러져 공원이 아름답다.

오르막, 내리막 산책로와 각종 운동기구가 갖춰있다. 공원상층 운동장엔 배드민턴장 3면, 요가, 쿵푸, 단월드 등 단체수련장이 조성되어 첫날은 쿵푸팀, 다음 날은 단월드팀이 음악에 맞춰 수련했다. 제주에는 열차가 없는데, 증기기관차가 객차를 달고 운동장 옆에 상설되어 있다. 유니폼을 갖춰 입은 삼무 배드민턴 동우회원들의 기량이 수준급이다. 제주에 머무는 동안 그들과 함께 새벽시간을 즐겼다.

여행 첫날은 잠수함을 타고 차귀도 앞바다 심해를 관찰했다. 잠수함 밖에는 다이버가 고기떼를 몰고 다니며 볼거리를 선사하고, 맑고 깨끗한 바다 밑에는 여러 종류의 산호가 오색찬란하다. 윤빈潤贇이는 어른들 틈에 끼어 자리 돔 떼에 초점을 고정시켰다. 진호는 생후 50일에 경주 남산에 오른 최연소 산악인이다. 최연소 잠수함탑승자 윤빈과의 부녀간을 비교해본다. 잠수 시간이 끝났다. 물고기 떼와 산호초를 뒤로하고 물위로 솟아올라 바지선으로 나왔다.

추사 김정희 선생은 서예뿐 아니라 불교 회화 등 다양한 분야에서 업적을 남긴 19세기 동아시아를 대표하는 석학이다. 9년간의 유배생활을 하면서 추사체秋史體라는 서예사에 빛나는 업적을 남겼으며, 예서체로 쓴 표제와 소나무와 잣나무, 가옥 등으로 이뤄진 거친 필치로 표현한 유명한 〈세한도歲寒圖〉를 그려냈다. 유배지秋史 流配址 옆에 추사관을 잘 지어 김정희선생의 삶과 학문, 예술세계를 기리고 있다. 고택에는 종가 유물 수점이 보물로 지정되어 전시되고 있어, 옛 생활상을 읽을 수 있고 또 학습효과가 지대하다.

다음엔 코끼리쇼를 관람했다. 어른 틈에 끼어 해저 30m 경관을 살펴본 한 돌배기 윤빈은 코끼리쇼에서도 음악에 맞춰 춤을 추며 박수를 친다. 해설 겸 사회자가 경쾌한 음악에 맞춰 관객의 함성과 박수를 유도하는데, 윤빈이도 한몫을 한다. 음악이 만물의 공통어라 했던가, 코끼리도, 윤빈이도, 관객을 하나로 묶어 놓는다.

쇼 내용을 들여다보면 태국에서 잘 조련된 코끼리 8마리가 베테랑급 태국조련사를 등에 업고 제주에 들어와 많은 국제관객에게 웃음을 선사하고, 그렇게 또 하면 된다는 가능성을 보여주고 있는 것이다. 코끼리와 조련사 그리고 해설사가 흘러나오는 음악에 맞춰 농구도 하고 볼링도 한다. 코로 그림도 그려 관객에게 팔고, 또 관객을 엎드려 놓고 코와 다리로 안마도 하고, 작은 쇠 의자에 쪼그리고 앉아 덩치답지 않게 재롱을 부린다.

그러다가 코끼리 한 마리가 갑자기 쓰러져 죽은 듯이 꼼짝도 안 한다. 조련사들이 당황하고 사회자가 다급하게 밖에 누구 없느냐고 부르는 소리에 관객이 놀라 밖으로 뛰어나가 코끼리 죽었다고 소리를 치는 소동이 나도, 코끼리는 죽은 듯이 누워있다. 한참을 진짜처럼 소동을 피우더니 의무진 마크를 단 코끼리가 나와 진단을 한다. 관객이 속은 줄 알고 박장대소를 하고, 또 다른 간호 코끼리가 들어와도 꼼짝 않더니 관객이 한목소리로 코끼리 일어나라고 함성을 지르자, 벌떡 일어났다.

미모가 빠지지 않는 젊은 여성 관객 두 분이 무대에 나가 엎드린다. 등 위에 안마천을 깔고 코끼리는 긴 코를 접어 누르고 도닥거리다가 다음에는 육중한 발로 안마를 하는데 코끼리의 묘기와 젊은 여성들의 담대함이 돋보인다. 자세도 편안했고, 아주 시원했다고 간단하게 소감을 말하고 두 여성은 유유히 자리로 돌아간다.

천지연 폭포에서

비 온 뒤끝이라 풍부한 물줄기가 천지연 폭포를 타고 쏟아져 내린다. 폭포 아래 웅덩이 깊이가 20m, 그 속에 많은 무태장어가 서식하고 있다. 시원하게 떨어지는 폭포수 앞 포토존에서 가족사진을 찍었다.

자연산 도미와 신선한 해산물 가족만찬에 은실씨와 기사를 초청했다. 두툼하게 베어낸 회 맛은 달다고 표현해야하나 어쩌나 감칠맛이 술을 청한다. 은실 씨와 기사는 술을 못하고 마야도 체질적으로 술이 안 받는다. 세 사람은 음료수 컵을 들어 술잔에 댄다. 건배를 수없이 했다. 집사람도 술을 잘 마시기에 진호와 셋이서 한라산 소주를 몇 병을 마셨는지 모른다. 술이 좋아서가 아니라 분위기와 안주가 좋아서다. 술 못하는 세 사람에게는 신선한 회를 권했다. 먼 곳에서 늦은 시간에 만찬에 참여하여 분위기를 살려준 은실 씨가 고마웠다.

둘째 날은 자연사박물관을 지나 세계 7대 자연경관 선정후보지 만장굴에 도착했다. 이곳에서 인터넷투표에 참여하여 한 표를 보태고,

돌하르방 공원에서

만장굴 끝의 폭포 모양으로 굳은 용암을 배경으로 가족기념사진을 남기고 나왔다. 박쥐들이 숙면하는 만장굴은 암장이 화구로 솟아나 지표면으로 흘러내려 형성된 자연굴이다. 원래는 김녕사굴도 하나였으나 굴천장이 붕괴되어 둘로 나뉘었다고 한다. 그래서 13,422m로 세계 최장 용암굴로 공인되었다.(만장굴 8,928m, 김녕사굴 70.5m, 주위의 밭굴, 개우셋굴 등 3,789m를 같은 시스템으로 인정) 만장굴 내부는 높고 넓어서 세계적인 규모에 용암종유, 용암석순, 용암주, 용암튜브터널 등 다양한 형태의 생성물과 7.6m 높이의 용암석주는 세계 제일이고, 바닥도 용암이 흘러내린 흔적이 뚜렷하다. 동굴 끝에는 폭포 모양으로 굳은 용암을 볼 수 있고. 내부온도는 섭씨 15~18도를 유지하여 항상 쾌적하단다.

승마 체험

점심에는 해물탕(오분자기)을 주문했다. 보글보글 끓여낸 뚝배기 위의 누르끄름한 부유물이 성게알이라고 걷어내지 말고 드시란다. 말이 없던 마야가 입을 열었다. 오분자기 해물탕이 맛있다고, 진호도 덩달아 별미라 한다.

경탄스러운 제주해안도로를 달리다보면 백사장은 순백이고 바다는 에메랄드빛으로 물들어 있다. 낙원 같은 바닷가를 달리는 제주해안도로를 마야에게 보여주었다. 지하의 신비를 간직하고 있어 아름다움이 천이라는 뜻을 가진 미천굴을 관람하고 승마장에 도착했다. 윤빈이는 내가 안고 타려했는데 할머니가 승마보다 윤빈이와 함께 차 안에서 쉬겠다고 한다.

진호 내외와 함께 승마복으로 갈아입고 각자의 말에 올라 진호 내외의 뒤를 따랐다. 뒤에서 보는 마야의 승마 자세가 좋았다. 그런데 본인은 많이 무서웠다고 한다. 승마체험을 마치고 윤빈에게 달려갔다. 그동안 윤빈이와 할머니가 많이 친해졌다. 30여년만의 가족과 함께하는 승마체험이라 진호 내외에게도 큰 선물이 될 성싶었다.

한지민속자연사박물관을 거쳐 어린 시절 추억을 떠올리며 마음의 고향이라 할 수 있는 추억의 테마파크(선녀와 나무꾼)를 둘러봤다. 석공예명장 장공익 옹의 땀과 기지로 만들어낸 돌하르방 공원에서 제주의 설화와 옛 생활상을 사실적이고 해학적으로 묘사한 돌하르방을 마지막으로 관광 투어를 마쳤다.

제주 흑돼지 맛을 볼 기회는 그날 저녁밖에 없었다. 기사의 추천을 받아 소문난 식당을 찾았다. 처음에는 구울 줄을 몰라 태웠는데 친절한 주인장의 도움을 받아 불을 적당하게 조절하여 잘 구워진 흑돼지와 한라산 소주를 맛있게 포식했다. 가족 모두가 역시 맛있다고 느낌을 말해줘, 목표를 달성한 것 같아 한결 마음이 가벼웠다.

마야가 첫 제주 나들이를 어떻게 느꼈을까 궁금하고, 한미 양 국적을 가진 윤빈이는 처음부터 끝까지 박수치며 노는 모습이 예사롭지 않게 어른스러운데다, 혼자서 서는[自立] 기술을 제주에서 터득했으니 흡족하고, 진호와 아내도 흐뭇해하는 것 같아 수지맞는 '여름 가족휴가'를 보냈다고 자평하면서 뭍으로 돌아왔다. 제주 출신 오순진 기사와 김영 선생, 최은실 씨에게 감사하는 마음으로.

사랑하는 소영에게

얼마나 기쁘냐? 얼마나 julie가 예쁘냐? 또 얼마나 외로움이 크냐?

너는 너의 나라라고 하겠지만 내가 너를 생각하기엔 낯선 타국 먼 미국 땅에서 일가친척 하나 없이 혼자서 대사를 치를 수밖에 없는 외로움이며 어려움이 먼저 떠오르는구나. 그러기에 나는 네 집안 결혼식에는 꼭 참석하겠다고 평소 말했던 것이다. 결국 결혼식에 참석하지 못하고 멀리 대만에서 너의 집 혼사를 축하하고 백년해로를 기원할 수밖에 없게 되었으니 매우 섭섭하구나.

돌아가신 외할머니께서 은조, 영순, 논선 너희들 때문에 항상 걱정하셨다. 은조 언니가 걱정이지만 그저 쾌유나 빌밖에 별 도리가 없어 안타깝구나. 그래도 의술이 고도로 높아진 현대인 것이 불행 중 다행이지 싶다.

되돌아보니 네가 어렸을 때 네 어머니가 돌아가시고 아버지와 새어머니 밑에서 어렵게 자란 거며, 고등학교 3학년 때 졸업을 앞두고,

졸업 후 진로에 대하여 상담하겠다며 전라남도 나주까지 나를 찾아 온 일이며, 어렵게 모아둔 5,000만 원을 나를 믿고 부동산에 투자했다가 부동산 경기의 폭락으로 오래 어려움을 겪어도 걱정하는 기색 한 번 안보이고 묵묵히 기다려준 일들이 주마등처럼 떠오른다.

오늘은 그러한 너에게 가장 성스러운 날이다. julie가 바르게 잘 자라서 좋은 신랑 Raj Khandwalla를 만나 성대하게 결혼식을 올리게 된 것은 너와 julie가 공동으로 노력한 결정結晶일 것이다. 신랑 Raj Khandwalla가 앞으로 큰사람 될 것으로 나는 굳게 믿는다.

내가 가지 못하기 때문에 대신 유미 편에 적지만 축하의 큰 뜻을 전하면서 재삼 두 사람의 결혼을 진심으로 축하하며 항상 즐겁고 보람 있고 행복한 나날을 누리기 바라면서 이만 줄인다.

2011년 4월 8일

외삼촌이

도산공원에서

서울 집에서 가까운 곳에 안창호 선생과 이혜련 여사의 유해가 모셔진 도산공원이 있다. 도산공원은 서울특별시 강남구 신사동 649-9번지에 대한의 자주와 독립을 위하여 몸 바친 안창호 선생의 위대한 애국심과 교육정신을 삼가 국민의 귀감으로 삼고자하여 조성된 것이다. 도심 복판에서 조용히 여가를 즐길 수 있도록 정결하게 조성되어서 그야말로 청량감을 만끽할 수 있는 곳이다.

나는 서울에서 머물 때는 새벽마다 도산공원을 찾는다. 정화된 공기를 듬뿍 마시며 걷기 운동도 하고 선생님 묘소에 참배도 하고 '말씀비'의 구구절절을 소리 내서 읽기도 한다. 신성神聖한 공원에서 답답한 가슴과 막혔던 숨통을 틔우고 갖가지 구상을 해보는 것이다. 그야말로 깨끗하기만 한 운동장이자 나의 야외 교육장인 셈이다.

삼만여 평방미터의 공원에는 국내외나무 35종 7,600여 주가 조성되어 있다. 외국산 수종은 이혜련 여사를 따라왔고 국내산 나무들은 안창호 선생을 모시기 위해 이곳에 자리를 잡았으려니 싶다. 정문 입구에서 넓은 길을 따라 직진하면 안창호 선생과 이혜련 여사의 유해를 합장한 묘소가 보인다. 우측으로 도산기념관이 있고, 체육 시설과 그늘 집 앞에 도산 안창호 선생의 은색 동상이 우뚝 서있다. 동상 오른편에 사자 두 마리가 양손을 위로 번쩍 들어 받치고 있는 석등이 부쩍 힘이 넘쳐 보여 예사롭지가 않다. 동상을 중심으로 산책로가 조성되어있다. 중앙 통로 왼쪽에도 쉼터와 그늘 집이 있고 그 앞에 8각5층탑이 서있다. 맞은편 울타리 옆에는 도산기상島山氣象 기념비가 우람하게 서있다.

묘소를 중심으로 중앙통로가 좌우대칭이 잘되는 서구식 정원이다.

(위) 안창호 선생과 이혜련 여사의 묘
(아래) 도산 공원 산책로

묘소 뒤편에도 소나무 숲 사이로 두 사람이 나란히 걸을 수 있는 조붓한 산책로가 나 있다. 묘소 옆 비교적 한산한 소나무 숲속에선 매일 새벽시간에 '요가 팀'들의 수련 모습을 대할 수 있다. 산책로 주변 곳곳에 선생의 '말씀 비'가 세워져 있어 아이들과 가족이 함께 소리 내어 읽어가는 학습장면을 볼 수 있다. 명실 공히 국민들의 현장학습장으로 활용되고 있음이다.

연중무휴 24시간 무료로 개방하고 있어서 많은 시민들이 찾곤 하는 쉼터이자 대도시의 허파 역할을 하고 있다. 천천히 공원의 이모저모를 눈여기면서 한 바퀴를 돈다 해도 30여분이면 충분하고 군데군데 설치된 의자나 그늘 집에서 쉬엄쉬엄 하기에도 아주 좋다. 매년 3월 10일 흥사단과 도산기념사업회 주관으로 추도 기념행사가 열리고 있다. 1973년 11월 10일 망우리 공동묘지에 안장되었던 도산선생의 묘소를 이곳으로 이장하는 동시에 미국 로스앤젤레스에서 이혜련 여사의 유해를 옮겨와 합장했다.

도산공원에는 무궁화, 산수유, 맥문동, 이름 모를 키 큰 나무들과 주렁주렁 열매달린 특이한 나무들이 숲을 이루고, 특히 묘소입구의 잘생긴 배롱나무 두 그루가 빨간 꽃을 피워내기 시작하면 너무너무 호사스럽다. 그러한 아름다움을 만끽하며 심기 고요히 여가를 누리면서 쉬었다 갈 수 있는 휴식처로 이만한 곳이 또 있으랴.

고 정몽헌 회장도 도산공원이 내려다보이는, 흑백으로 간결하게 실내를 장식한 2층 경양식 집에서 거했으니 마지막 길목까지 도산 안창호 선생을 기리는 생을 보냈으려니 싶다.

'도산의 말씀' 비碑에는 이런 내용들이 새겨져 있다.

－낙망落望은 청년青年의 죽음이요

청년이 죽으면 민족民族이 죽는다.

－그대는 나라를 사랑하는가

그러면 먼저 그대가

건전한 인격자가 되라.

－우리 중에 인물이 없는 것은

인물이 되려고 마음먹고

힘쓰는 사람이 없는 까닭이다.

인물이 없다고 한탄하는

그 사람 자신이 왜 인물이 될

공부를 아니 하는가.

－나는 밥을 먹어도 대한의 독립을 위해,

잠을 자도 대한의 독립을 위해서였다.

이것은 내 목숨이 없어질 때까지 변함이 없을 것이다.

'도산 안창호 선생 생애'

개항 직후 평양 근교에서 태어난 도산 안창호島山 安昌浩 1878~1938 선생은 만 19세의 나이로 독립협회에 참여한 때부터 일생을 오로지 근대화 운동과 독립운동에 바치셨다.

인재양성과 경제번영을 민족발전의 기초로 여기신 선생은 일찍부터 교육과 산업에 힘을 기우리셨으니 무실역행務實力行의 정신을 바탕으로 대성학교 북미실업주식회사 흥사단 등 여러 기관을 만들고 지도했다.

아울러 구국운동의 일선에 앞장서셨다. 선생은 신민회 대한민국민회, 대한민국 임시정부, 한국독립당 등을 이끄시는 한편, 대공주의大公主義를 창도하여 지도이념을 체계화하고 지도자들의 대동단결을 강조하셨다.

중국 상해에서 일제 경찰에 붙잡히신 선생은 국내에 끌려와 두 차례의 옥살이 끝에 만 60세의 일기로 서거하셨다. 처음 망우리 공동묘지에 안장되었다가 1973년 부인 이혜련李蕙練 여사와 함께 이곳 도산공원에 옮겨져 잠들어계신다.

라고, 기록되어 있다.

나는 새벽에 날이 밝기를 기다리다 어둠을 마다않고 집을 나선다. 집 옆의 구정중학교에서 준비 운동을 한 후 재빠른 걸음으로 신호등을 건넌다. 삼원가든 큰길 건너 뒷골목 길로 접어들면 도산공원 울타리와 만난다. 울타리를 따라가면 대문은 활짝 열려있는데 자동차의 출입을 제한하는 대형 화분이 여러 개 가로놓여있다.

어두컴컴한 이른 시간인데도 많은 사람들이 산책로를 가득 메우며 걷고 있다. 남녀노소 구분 없고 모임들도 다양하다. 빠르게 걷는 사람, 무리지어 달리는 팀들, 체육시설을 통해 몸을 만들고 있는 사람들, 묘소 옆 소나무밭에서 구령에 맞춰 열심히 수련하는 맹렬 '요가팀', 그늘 집에 앉아서 담소를 즐기는 사람들 등등 실로 다채롭게 풍속도가 그려지고 있다.

묘소 앞으로 가운데 중中자 마사 길이 넓게 조성된 산책로를 걷다가 묘소 뒤편 소나무 숲길 코스를 추가하면 산책코스가 꽤나 길어진다. 동상 옆으로 조성된 산책로를 벗어나 묘소뒷길 소나무밭을 지나 산책로 서편 그늘집 앞 산책로에 연결되는 코스를 따라 돌다보면 정규 산책로에서 구령에 맞춰 달리는 팀을 여러 번 만난다. 그들 남자팀 중에 유일하게 머리를 허리까지 늘어뜨린 여성분을 만날 수 있다. 어쩌다 안 보이는 때면 왜 안 나왔을까 못나온 건가 등으로 궁금해지곤 한다. 하여간에, 열다섯 바퀴를 돌고서 돌아가면 1시간 정도로 족하다. 이만큼 적당한 산책을 노상 할 수 있다는 게 나로서는 얼마나 대단한 복인가 싶어진다.

도산공원에서 나가는 길은 도산의 민족사랑 정신과 리버사이드 시 간間의 우의를 다지고자 리버사이드 길로 명명했다고 한다. 미국 켈리포니아주 리버사이드 시는 선생이 1902년 도미하여 민족독립의 꿈을 키우며 활동하였던 유서 깊은 도시로서 1999년 5월 11일 자매결연을 한 후 활발하게 교류하고 있다.

도산 안창호 선생은 지하에 누워서도 많은 사람들을 모으신다. 정신교육을 부추기면서 체력단련 또한 게을리 말라 하신다. 남북통일을 염원하며 국가의 진운을 염려하며 언제까지 온 국민과 함께해 주실 분이거니 싶어 못내 마음 든든하다.

가을 산 찬讚

건지산의 오색 빛깔 장관이다
촘촘히 서 있는 키다리 나무
단풍잎 겹겹이 하늘을 가린다

호랑이 어깨에 엎드려 숨을 고르며
범바위 안전지대를 지나는
등산객들의 담소에 귀 기울이다
팔 굽혀 기를 받고
윗몸 일으켜 하늘 한 모금 마신다

산들바람 나뭇가지 새새로 흐르고
단풍잎 새새로 조화로운 파란 하늘
하늘 빛 바라 우주가 안긴다.

건지산 산행

2012년 9월 9일 일요일 아침의 건지산 산행은 슬펐다.

가랑비가 오락가락하여 접는 우산 하나 들고 이른 아침 건지산을 향해 길을 나섰다. 노상 다니던 길인데도 초입에서부터 어딘지 생소한 길을 걷는 기분이 들었다. 아름드리 상수리, 도토리나무가 뿌리째 넉장거리로 넘어져있는데 길을 가로막고 누워있는 나무만 도막내어 간신히 정리한 듯 그 옆에 쌓여 있었다. 산길 최정상 범바위 주변 키다리단풍나무 군락지는 피해가 더 컸다. 키가 커서 바람막이하느라 그랬으리라. 마치 볏단을 홀태로 훑어 놓은 것 같다. 그나마 서있는 나무들은 잎이 다 떨어지고 곁가지도 잘려나갔다. 지면에는 단풍잎이 수북했다. 나뭇가지에 붙어있어야 할 잎들이 있는 성깔 다 부리며 낙하했으려니.

오래되고 커다란 늙은 키다리단풍나무가 뿌리째 뽑혀서 겨운 힘으로 곁의 나뭇가지에 기대고 누워있는 모습이 안타까워 절로 고개가 숙여졌다. 삼가 애도의 뜻을 표하자니 문득 콧날이 시큰해졌다. 범바위를 가려주던 제일 큰 키다리단풍나무도 뿌리만 남긴 채 밑동까지 바짝 잘려버려 열린 하늘이 온통 휑뎅그렁해 보였다. 곁에서 시중들던 가느다란 손자단풍은 가지 끝에 붙어있는 잎을 붙들고 아치 형상으로 견뎌낼 요량이고 또 하나 아들 격인 키다리단풍도 간신히 목숨을 건지느라고 지쳤음일까. 어딘지 어둡고 우울한 표정이었다.

범바위 뒤에 누워있는 무명의 분묘, 봉분만 간신히 유지하던 주인 없는 묘는 그래도 태풍의 덕을 톡톡히 보게 된 셈이다. 원 없이 하늘바라기를 할 수 있게 되었으니 말이다. 그야말로 따뜻한 햇볕 속에 광명한 햇빛까지 누리게 된 행운아인 셈이었다. 하지만 바람을 많이 타는 범바위는 이제 큰 그늘을 준 이웃을 잃고 말았다. 반공에 노출된 채 몸에 땀이라도 난 것일까 표면이 축축했다.

내가 평상시대로 범바위 어깨에 엎드려 고개 젖혀 좌우로 심호흡을 20회씩 하는 동안, 범바위는 그날 그 시에 꼭 이랬었다고, 난데없이 천둥소리 내며 태풍 몰려오고 비바람 몰아치는 소리를 전했다. 하도 기이하여 고개를 번쩍 들고 범바위가 들려준 소리를 재확인했다. 그는 때마침 어린이회관 쪽에서 휘몰아치는 비바람소리였고 범바위가 메아리처럼 되울림을 한 것이었다. 주변에 별반 바람이 없었는데 어찌나 희한한지 내 귀를 의심해야했지만 그것이 실제였다.

잠시 정신을 가다듬어 일상 하던 대로 범바위 어깨를 짚고 팔굽혀 펴기 15회를 마치고 옆에 설치된 윗몸 일으키기 대에 누워 하늘을 우러렀다. 키다리단풍이 하늘을 가려 가지와 잎 사이로 미풍이 흐를 때는 파란하늘이 나뭇잎 사이로 그림처럼 그려졌는데 오늘은 달랐다. 하늘이 아예 통째로 열려있다. 개천開天을 한 것이다. 하늘은 환히 열리고 나뭇가지는 홀태로 훑어 놓은 벼이삭 같은 게 참 기분이 까칠하고 쓸쓸하고 슬프고 등등으로 묘했다.

내년 봄이면 다시 작설 같은 연초록 잎을 피워내려나. 태풍은 바위에 붙어있는 나무들에게 흙과 영양분을 공급하고 불필요한 가지도 잘라주는 나무 이발사라던데 이번 태풍 '볼라벤'은 혹여 무자격 이발사나 아닐까 모르겠다. 불필요한 잔가지를 잘라낸 것이 아니고 나무 몸통을 자르고 무너뜨려 놓았으니 얼마나 미운 태풍인가.

겉으로 보기엔 가장 튼튼하게 생긴 도토리 상수리 참나무가 뿌리가 뽑힌 채 벌렁 누워있다. 강인하게 보이는 참나무를 그리 모질게 넘어뜨린 볼라벤이다. 자연의 위력은 그야말로 천하무적! 그의 어떤 횡포에도 일단은 물 흐르듯 순응할밖에 별 도리가 없잖은가. 거스르지도 저항하지도 못할 지경이라면 차라리 어떤 현상이나 작용이라도 죄 순리(천리天理)거니, 가납할 일이거니 여긴다.

편백나무는 뿌리가 튼튼해서일까. 아님 직통 바람 길은 피한 덕분인가. 편백, 측백, 화백나무들이 파란 잎들을 거느리고 곳곳에 아직 건재하다. '편백나무 작은 음악회'가 열릴 예정이라는 플래카드가 하산 길의 스산함을 달래주었다.

돌이켜본 내 삶의 궤적

1936년 2월 보름날 아침에 내가 세상에 나왔다. 엄격하신 아버지의 가르침과 따뜻하고 포근한 어머니의 사랑을 듬뿍 받으며 농가에서 자랐다. 초등학교 2학년 때부터 아버지의 명에 따라 겨울이면 새벽 4시부터 마을 주변의 개똥을 치우는 것으로 하루를 시작하였다.

말하자면 잃었던 조국을 되찾은 해로부터 우리 가족은 조용하게 새마을운동을 하였던 것이다. 나로서는 부지런하지 않으면 잘살 수 없다는 평범한 진리를 배우면서 미래를 준비하였던 셈이다.

나는 자라면서 사회 진출에 앞서 먼저 걸림돌을 제거하고 선진사고를 갖기로 결심하였다. 고등학교 2학년의 어느 봄날이었다. 선생께서 "우리나라는 상속제도의 잘못으로 선진국의 자립정신에 뒤지고 있다."고 말씀하셨다. "미국에서는 교육까지만 부모님의 도움을 받고 사회에 나와 결혼을 포함한 모든 생계대책은 각자의 몫이며 부모의 재산은 돌아갈 때 모두 국고에 헌납한다."라고 열띤 강의를 해주셨다.

나에게는 참으로 천금 같은 말씀으로 들렸다. 자립정신의 소중함과 아울러 나 자신은 물론 우리나라 사람들이 반드시 실천해야 할 일이라는 생각이 내 가슴 깊이 새겨진 것이다. 나부터 그렇게 하리라는 결심을 세웠다. 나는 부모님께 상속을 거부한다는 내 딴의 중대한 결심을 말씀드렸다. 그러나 부모님은 좀체 믿으려 하시질 않았다.

나는 그해 여름방학을 기다렸다가 달랑 편지 한 장을 남긴 채 서울행 호남선 새벽 완행열차에 몸을 실었다. 내 인생의 좌표를 그리면서 자립정신의 현실화를 실행하기로 한 것이다. 명륜동 성균관 대학교 앞 어느 2층 다방에서 일자리를 얻었다. 그날로 발신지 주소가 없는 편지를 부모님께 올렸다. "독립을 위한 아르바이트를 할 것이며 개학 전에 다시 뵐 것"이라는 사연이었다.

방학기간동안 내내 몸은 피곤하였지만, 개척정신으로 최선을 다하였다. 사회의 단면을 직접 몸으로 체험한 것이다. 그로부터 개학을 하루 앞두고 고향으로 돌아갔다. 부모님 앞에 엎드려 용서를 빌었다. 그런 후로 어느 날, 아버지는 나의 상속거부 소신을 재차 확인한 후 내 뜻을 접수해 주셨다. 그렇게 해서 나는 내가 자립하지 않으면 안 될 여건을 마련했던 것이다.

대학 1학년 때였다. 또 하나의 일이 저질러졌다. 그때는 6 · 25의 악몽 때문에 군대에 가면 죽는 줄 아는 때였는데 내가 군 입대를 결심한 것이다. 자발적으로 전라북도 병사부 사령부에 찾아가서 지원입대의 수속을 마쳤다. 그리하여 최전방 포병생활 13개월로 복무의 뜻을 이루어내고 다시 복학을 했다. 결국 나의 셈법대로라면 대학 졸업 후 사회생활을 잘하기 위해서 커다란 걸림돌 하나를 미리 뽑아버린 것이다.

1962년 3월에 나는 아주 홀가분한 몸으로 자신만만하게 사회에 첫발을 내디뎠다. 당시 내 선망의 대상 업체는 충·호 비(충주비료와 호남비료회사)가 전부였다. 나는 우선 호남비료에 지원하여 합격의 영광을 안았다. 봉직생활 첫해였다. 우연한 기회에 청주대학 국문과 이선예 여학생의 딱한 사정을 전해 듣고 등록금을 몇 번 보태주게 되었다. 그를 인연으로 문학소녀와 주고받았던 편지가 나의 문학에 대한 향일의 싹을 돋우고 키워주기도 했을 터이다. 그 시절의 편지들을 여러 차례의 이사 뒤 끝에 날려버린 것이, 늦깎이지만 지금 문학 동네를 기웃거리는 나로서야 어찌 아쉬운바 아닐까.

입사 후 1년쯤 되던 어느 날이었다. 결재서류를 들고 공무부장실에 들어갔다. 부장은 나를 조카 사윗감으로 정하고는 장가 안 가느냐고 물었다. 나는 "가진 것이 있어야지요."라고 솔직히 대답했다. "이 사람아, 장가를 돈으로 가는가. 불알 두 쪽만 있으면 가는 것이지." 하면서 저축할 것을 권했다. 간부들 사모님들끼리의 모임인 저축 계에 한 몫을 들게 하여 장가 밑천을 준비하게 해 주었다.

그런데 정작 장가 밑천을 마련하고 아내(강청자)를 만나게 된 것은 보통의 인연이 아니었다. 전북 군산과 전남 나주 간에 삼사 일이 멀다하고 사랑의 편지가 오갔을 때였다. 기다리는 편지가 일주일이 지나고 열흘이 지나도 이렇다 할 이유도 없이 뚝 끊어졌다. 갖은 방법을 다 동원해 보았으나 도대체 알 길이 없었다. 견디다 못해 쓰디쓴 결별의 인사를 담은 편지를 우체통에 밀어 넣고 아픔을 달래고 있던 어느 날이었다.

발신자가 강청자로 된 배부른 편지 한 꾸러미가 내 책상 위에 놓여

있는 거였다. 봉투 안에는 또 하나의 사연을 담은 빈 봉투와 함께 해명의 내용이 들어있었다. 정상적인 편지가 체신부의 실수로 되돌아왔었다는 소인이 찍힌 봉투가 증거물로 채택된 것이다. 나주읍 중앙동으로 갔어야 할 편지가 영산포읍 중앙동을 헤매다가 발신지로 되돌아간 것이다. 그때에야 나는 체신부를 원망하면서도 성급히 결별을 결정했던 어리석음이 죽도록 부끄러웠고 나 자신이 더 없이 밉기만 했다.

훗날 내가 결혼을 하고 모든 것을 까맣게 잊은 채 재미있게 살고 있던 어느 날이었다. 전혀 새로운 사실 하나가 밝혀졌다. 사실은 결혼 전에 주소불명으로 되돌아갔던 사고 편지 내용의 새삼스런 진실이 들추어진 것이다. 내가 보낸 결별의 편지보다 아내의 결별 편지가 더 먼저였다는 것이었다.

장인어른께서 낮잠을 주무시다가 꿈에서 그 혼인 놓쳐서는 안 된다고 하셨다나. 가족이 모여앉아 보낸 편지를 되찾을 수도 없고 하여 몹시 아쉬워하던 중, 어느 날 그 결별의 편지가 되돌아와 주었으니…….

우리의 인연이 그리 단순하지만은 않았던 게 분명하다. 단지 서로 끌리는 정도가 아닌 하늘이 미리 점지해 둔 천생연분에 보리개떡으로 믿고 열심히 살아오고 있다. 그리 원망스럽던 우체부에게도 그쯤에서는 감사를 드리지 않을 수 없었다. 우리는 결혼 첫날밤에 상호 독립채산제에 합의를 보았고 5년 뒤에는 집을 마련한다는 중장기 계획을 세웠다. 그것이 한 치의 오차가 없이 실행으로 옮겨졌음은 물론이다.

뒤돌아보면 조기에 상속을 포기하고 독립채산제 운영 등의 자립정신을 기른 점이며 자진해서 국방의무를 마친 것이며 자수성가한 그 세월에 거듭거듭 보람이 느껴진다. 그러고 보니 고등학교 선생의 한 마디 강변이 내 인생의 좌표를 세워준 셈이다. 하여 어떠한 경우에도 "스승의 그림자도 밟지 말아야 한다."는 경구가 회자되는 까닭을 나만은 잘 알고 있다고 자부할밖에.

언제나 시작 또 도전인 삶

인간은 누구나 세상 문을 열고 나와 존재하기 위해 두 주먹을 불끈 쥐고 경쟁하여 이긴 승자로서 태어난다. 성장하여 말을 배울 때도 새로운 단어에 도전하며 중언부언 합성어를 지어가며 경쟁을 한다.

나의 경쟁은 나이가 들수록 치열해져서 등굣길에도 한발이 넘는 긴 각반을 짧은 다리에 두르고 뛰다보면 노상 흘러내리지만 때마다 다시 매다가 다급하면 질끈 동여매고서라도 달려야만 했다. 해방 후 중학교에 진학하면서는 또 유학경쟁이 시작되었다. 옆도 뒤도 둘러 보거나 돌아볼 새 없이 앞만 내다보며 경쟁심과 도전정신으로 열심히 살았다.

공대를 졸업한 후 입사한 직장은 학교에서 배웠던 이론교육을 실험하며 그 해답을 찾아내는 산교육장이 되었다. 월급을 받아가며 배울 수 있는 터전에 감사했다. 능률은 배가되고 대우는 더욱 좋아졌다. 분에 넘치는 보수가 고마울수록 남을 생각하며 돕는 삶을 살고 싶었다. 그래서 불우이웃을 돕고 어려운 처지에 있는 학생의 학비를 지원했다.

결혼 후 월세 단칸방에서 독립채산제 가정경제 운영방식에 아내와 합의하고 주택마련에 도전했다. 계획보다 앞당겨 내 집을 마련한 일을 생각할 때마다 두고두고 가슴이 뿌듯했다.

1967년에는 국내 최고의 설계회사 한국종합기술개발공사 공채에 도전하여 사상 처음으로 도입한 지하철공사 동대문 측 구간기계설계를 담당했다. 이 일을 하면서는 대중교통의 시설발전에 한몫을 하는 것에 보람을 느꼈고, 그밖에도 국내 건설표준설정과 초대형 유조선 건조, 선박해체사업 본부를 만들어서 국내 물가를 안정시키는데 일조했다는 것도 가슴 뿌듯한 일로 남았다.

가장 기억에 남는 일 중 하나는 대형폐선을 이용하여서 서산간척지 마지막 물막이공사에 사용할 것을 고 정주영 회장께 건의하여 시행에 성공한 일이다. 그리고 울산산업도시 건설에 앞장서서 일했고 울산광역시승격 추진위 주역을 맡아 결과를 얻어낸 것 또한 큰 보람으로 기억하고 있다.

1987년부터는 꿈에 그리던 자영사업을 시작하였다.

가장 깨끗한 회사!

가장 경쟁력 있는 회사!

이익을 사회에 환원하는 회사를 만들기 위해, 울산과 서울 그리고 전주를 수없이 오가며 두 발로 뛰었다. 사회사업에 혼신의 힘을 다하였다. 깨끗한 거래질서 확립, 선물 안 주고 안 받기, 동서교류 사업 등에 뛰어들어 거둔 성과에 보람과 자부심도 컸다.

이번에 한 · 중 수교 열세 돌을 맞아 ≪나의 삶은 도전이며 시작이다≫라는 작은 책자를 선보인다. 이 책이야말로 거대한 중국시장을 겨냥한 나의 선전포고요 도전장으로써 그 첫 행보에 다름 아닐 터이다.

아직도 미완성인 나의 집

집이라면 보통 안에서 편리하게 살 수 있도록, 지붕과 벽 그리고 부엌과 방 등을 갖춘 보금자리를 말한다. 일상도구의 안경이나 칼, 갓 등 물건을 담아두거나 끼워두게 만든 물건도 집이라고 한다. 남에게 대하여 자기의 남편이나 아내를 에둘러 이를 때도 집사람이라 하고, 남의 작은집이나 기생첩을 말할 때도 평양집平壤宅이라는 등 출생지를 앞에 붙여 집이라 한다.

문학계에서도 시나 수필 등 문장을 모아 같은 이름으로 내는 책을 차례로 나타낼 때 쓰는 말로 동인지同人誌 제 몇 집이 나왔다 하고 또 한 사람의 여러 작품이나, 여러 사람의 작품을 모아 낸 책을 수필집, 논문집이라 칭한다.

집은 환경의 조건을 고려한 여러 형태의 것들이 있다. 몽골에선 유목민이 쉽게 옮길 수 있게 지은 '겔'을 집이라 하고 한국에선 전통 한옥을 대표적인 집으로 여긴다.

사람은 태어날 때부터 생명의 끈과 함께 집짓기연습을 하다가 세상에 나온다. 태어나서도 일정기간동안 부정한 사람을 가로막는 금줄을 치고 이불집 속에서 잠자며 집짓는 꿈을 꾼다. 어쩌면 인생살이의 전부가 집짓는데 할애되는 것이거니 싶다.

나는 과연 얼마나 많은 집을 지었을까 헤어본다.

전라남도 영산포 금성여객 정류장 주인집 단칸월세에 신방을 차리고 집짓기를 시작했다. 3년 뒤엔 서울 봉천동에 역사적인 첫 번째 내 집을 지었다. 대지 27평에 13평, 작은 단독주택이지만 나에겐 자랑스럽고 잊을 수 없는 집이다. 얼마나 애착이 가는 집인지 겪어보지 않은 사람은 그 맛을 알 리가 없다.

60년대 말까지만도 집을 지어 팔아도 세금이 없어 세 채만 지어서 팔면 집 한 채가 떨어졌다. 당시 나는 한국종합기술 개발공사에 근무하면서 현장소장을 별도로 두고 봉천동과 신림동에 단독주택을 지어 파는 집장사를 부업으로 했다. 마지막엔 봉천 7동 예비군 장성들이 조성한 대로변 단지의 집터를 사서 중앙 오픈스타일 2층 저택을 짓고 지내다가 압구정동 65평 현대아파트를 보너스로 받아 살고 있다.

울산광역시 태화강변 삼산동 56평 현대아파트는 직원숙소로 사용했고 우신공업과 우신엔지니어링 공장도 내 손으로 지었다. 경남 양산의 언양알루미늄공장도 추운 겨울에 보온재를 덮어가며 급하게 지었다. 발전소용 기름집이랄 수 있는 대형 저유탱크 수백 기를 짓고 지금은 작은 자동차용 연료탱크를 수없이 만들고 있다.

완주 산업단지 안에도 우신산업과 우영의 사무동과 공장 동을 짓고 인후동에 작은 아파트를 지어 숙소로 쓰고 있다. 동상면에는 문화공간 여산재를 짓고 지금도 추가공사를 하고 있다. 제일 큰 집을 꼽으라면 한국호의 돛대격인 여의도 63빌딩을 들 수 있다. 현대조선소와 26만 톤 초대형 유조선, 청와대 체육관과 국제빌딩도 뺄 수 없다.

새는 둥지를 틀어 집을 짓고 딱따구리는 단단한 참나무를 뚫어 집을 짓는다. 까치는 나뭇가지를 물어다가 그해의 풍해와 수해를 점치고 집터를 잡아 집을 짓는다. 나도 요즘 요상한 집을 수년째 짓고 있다. 하지만 아직도 미완성이다.

오래전부터 선영의 집을 어떻게 정리하면 후손들과 쉽게 만날 수 있을까 생각을 많이 했다. 일차로 이산저산 따로따로 모셔진 산소를 두 군데로 조성했다. 하지만 다음 세대들이 선영을 찾을까 하는 의문이 들어 2차로 계획을 세웠다. 산소 앞까지 찻길이 나야 하고 주변조경과 과실수를 심어 따 먹을거리도 있게 하고 잔디를 깔아 공원에 온 느낌을 줘야 후손들이 찾아 비문도 읽어보고 뿌리도 새겨보고 어린애들과 손잡고 과일도 따먹고 잔디밭을 굴러야 생 · 사자가 가까워질 것이라고 생각하고 새로운 집터를 찾았다.

논산시 가야곡면 산노리 갈마산, 논산훈련소 인근이다. 호남고속도로를 질주하는 화물차와 승용차가 꼬리를 물고 물이 가득한 대형 저수지가 경제를 말해주는 좌청룡 우백호다. 임야 32,000평을 논산시로부터 경쟁 입찰에 낙찰되는 행운을 안았다. 조상님의 보살핌의 결과라고 생각한다. 5,000평을 잘라 가족묘지로 수벽을 쌓고 남은 땅은 과실수와 풍치림을 조성하여 행인의 볼거리도 만들 계획을 세워 측량하고 콘크리트 말을 박았다.

그런데 착수 직전에 또 마음이 바뀐다. 매장문화에 대한 갈등이 생겼다. 넓지 않은 국토의 활용에 있어 매장문화는 문제가 있다고 생각되어 가족회의 결과 담양 국 씨 33세손부터 화장장으로 바꾸기로 결론을 얻어냈다. 갈마산 양지바른 갈마음수 혈에 편히 잠드신 부모님 묘소 하단 왼쪽에 64기 납골묘를 지었다. 봉분은 흙 잔디로 지붕하고 묘 둘레석이 영혼의 작은 집이다. 이미 매장된 형님과 형수님의 시신을 화장하여 먼저 모셨다. 안내 오석 뒷면에는 각자 들어갈 위치와 이름이 새겨져있는데도 또 맘에 들지 않는다. 납골묘 대칭 오른쪽에 작은 배롱나무 한 그루를 심었다. 이곳에 여러 영혼들과 함께 백일홍의 거름이 되면서 국토 활용의 의미를 말해주고 싶어서이다.

S자형 예쁜 이름표를 구상 중이다. 예술적으로 만들어 배롱 옆에 세워두고 합동수목 장례문화를 권장할 것이다. 세르반테스 돈키호테 묘비에 새겨진 "광인으로 살다가 제 신으로 죽은 이여"라고 새겨진 문장처럼 이 배롱나무 옆에도 '열심히 살다간 이여'라는 문장을 새길 수 있는 삶을 살고 싶어서다. 하지만 인생은 언제나 미완성이다.

아래는 납골묘 옆 오석에 새긴 나의 뿌리, 담양 국 씨를 소개하는 글이다.

潭陽鞠氏栗洞公波家族墓

潭陽鞠氏 후손은 始祖 秋成君 周부터 14세조 大司諫公 經禮에 이르기까지 300여 년간 憂國忠義之士로 존경을 받아온 자랑스런 조상을 모시고 있다. 고종 22년 左議政을 지내신 5세조 虎 선조의 장례를 국장으로 모셨고 華堂公 經禮 선조는 문과에 급제 大司諫과 司憲府 持平으로 교학에 힘쓰신 학자였다. 戶部尙書 兼 判義禁의 政丞을 지내신 孺 선조는 고려 30대 공민왕 18년 부통사로 도통사 崔瑩과 함께 耽羅島(현 제주도)를 평정, 당대 名孺 野隱 · 牧隱 · 圃隱과 함께 高麗國의 替

運을 바로잡기 위해 撫松圖時를 지어 節義를 지키다가 급기야 몸을 불태우고 8세조 播 선조와 같이 高麗 忠臣閣에 配享하고 있다. 忠節을 죽음보다 중히 여기신 선조의 얼을 받들고 국토의 효율적인 보존과 후손의 번거로움을 덜어주기 위해 33世孫 重字부터는 장례문화를 화장으로 바꾸고 부모님 앞 하단 옆에 설치된 납골묘에 영면하기로 했다.

西起 二千二 年 四月 六日

三十三世孫 重夏 選書

여산재 찬讚

외로운 듯 호젓하고
적적한 듯 평온 넘치는
깊은 산속 너른 터전
원등산 청정수 흘러
여운정 감돌아 대아저수지로 든다

바람결 지순해라 꽃들도 방실방실
어린 새들 편백나무 품에 들고
닭들이 홰를 치고
개들이 꼬리친다

사방 벗들이
노래하고 북치고

아스라이 풍류로 아취로
옛날 옛적을 이어낸다.

꿈 나래 한가득
고운 정 겨운
여산재!

여산 다실 차茶부인

음주법도에 술은 제 잔에 따라 마셔야 한다는 말이 있다. 음식은 식탁, 책은 책상, 차茶는 차상茶床에서 차 종류에 어울리는 찻잔을 잔대 위에 받쳐 다도를 지키며 여유를 갖고 바르게 앉아 마시되 차향과 색도를 확인하고 세 번 이상 나누어 마시는 게 좋다.

선원이나 산사 주지스님 방에 들어가면 수제품 한지를 골라 넓은 방의 천장과 벽을 도배하고 텅 빈 방 한가운데 다리를 버젓이 벌리고 누워있는 차상의 형태를 볼 수 있다. 모양은 제각기 다르지만 시담詩談의 분위기를 조성하기 위해 장치된 것이 이하 동문으로 모두가 같다.

나는 자영사업을 시작한 1987년도부터 ≪다담茶談≫이란 잡지로 다례를 익히며 고독을 달래 왔다. 허나 아쉽게도 차 맛을 알듯 말듯할 때 ≪다담≫이 폐간되었다. 헌 책방을 뒤지다가 ≪다신전≫, ≪한국다례≫, ≪초의 다선집≫ 등 차 문화 고전에 얽힌 다례 법을 접하면서부터 예쁜 찻상을 갖고 싶은 욕심이 생겼다.

외환위기를 맞아 어려움을 겪고 있을 때였다. 나는 복잡한 생각을 정리하기 위해 백양사를 찾았다. 경내의 전통 다실에 들렀는데 예쁜 흑감나무 찻상이 눈에 들어왔다. 그렇게 예쁠 수가 없었다. 흠이라면 찻상을 이동하기 위해 다리 밑에 캐스터caster를 단 것이다. 주인을 불렀다. 팔지 않겠다는 것을 설득하여 흥정까지 하고 돌아왔다. 험난한 IMF에 나같이 찻상에 미친 사람이 또 있겠는가 하는 마음이면서도 보름 뒤에 돈을 준비하여 다시 찾아갔다. 하지만 나보다도 더 필요로 하는 사람이 있었던 모양으로 어느새 팔려나가고 없었다. 여간 실망스러운 일이 아닐 수 없었다.

그 뒤로는 흑감나무 소재로 그렇게 잘생긴 찻상을 만나지 못했다. 그 후 나는 뿌리공예라는 간판을 찾아 원근을 마다하지 않고 찾아다녔다. 수행 스님께도 청하여 보고 주말이면 원목을 찾아 깊은 산에 올라 뒤지기도 하고 제재소며 서울의 인사동을 찾아가 의논도 해보았다. 우연히 전북대 대학원에 다니는 송수정 학생과 차를 나누다가 소개받은 강율규 팀장을 알게 되었다. 강 팀장은 전북대학교 예술대학원에서 조형예술을 전공한 예술인이다.

강 팀장이 나와의 약속을 지키기 위해 산을 뒤지고 재료상을 찾다가 2001년 9월, 드디어 예쁘고도 잘생긴 어찌 보면 사람을 닮은 듯한, 차부인茶婦人 소재를 소개했다. 다듬기 전이라 투박하고 촌스럽기는 하지만 골격은 잘생긴 것 같았다. 강 팀장은 정성을 다하여 일주일 동안 예쁘게 다듬고 곱게 신부화장을 하여 속이 들여다보이는 드레스를 입혀서 구월 열이틀 날 인후동 500－1번지 소재 여산다실餘山茶室로 모셔왔다. 그로부터 나와 차부인은 대단히 각별한 인연을 맺어

온 것이다.

불과 다섯 자밖에 되지 않는 단신短身이지만 통통해서 중량급 찻상으로는 제격이다. 힘센 장정 서너 명이 달려들어 힘을 모아 마치 보쌈을 하듯 모셨다. 차를 좋아하는 친지 문인 등 처음 차부인과 상견례를 하는 다인들은 일단 차부인에 대한 칭찬의 소리가 끊이지 않았다. 옭은 홍색을 띠고 과묵한 느낌으로 앉은 품세가 누가 무슨 이야기를 하든지 보안을 잘 보장하고도 남을 성싶은 게 초면에도 금세 친근감이 느껴지는가 보았다.

본디 차부인의 역할이란 게 다 객들의 찻잔이나 받쳐주고 선인들 틈에 끼어 값진 대화를 다소곳이 경청하고 앉아있으면 그만이다. 누구든지 첫인사로 두들겨도 보고 만져도 보고 쓰다듬어 주기도 하지만 시종여일하게 빙긋이 미소를 짓고 있는 게 곱다랗기 한량없다.

시간이 갈수록 차부인과 나와의 정은 돈독해지고 더욱 격의도 없어졌다. 저녁마다 차를 나누고 거슬거슬한 피부촉감에 서로 살을 비비며 다향과 음악으로 방안을 가득 채운다. 창 밖 인후공원의 수목들과 호흡을 같이하며 차부인에 푹 빠져서 세월 가는 줄을 모르고 지내는 중이었다. 아마도 9월 어느 날이었을 게다. 차부인이 중병을 앓고 있음을 알게 되었다. 전신에 세균으로 감염되어 몸속에서부터 갉아 먹히는 고약한 병이던 것이다. 찬찬히 관찰하니 전신에 바늘구멍처럼 작은 구멍이 나있고 방바닥에는 미세한 나무 칩이 쌓여있는 거였다.

나는 부랴부랴 119를 부르고 전문의를 찾았다. 온몸에 주사바늘이 꽂히고 독한 약물이 투여됐지만 암세포를 일부만 밖으로 내보낼 뿐 별반 차도가 없이 병세는 악화일로요 피부는 상처투성이로 내 마음을 아프게만 했다. 하는 수 없이 우신산업 간부사원 조찬 간담회에서 이 난제를 안건으로 상정을 했다.

우신산업의 도장 공장에는 150℃ 이상의 온도를 유지하는 도장 건조로가 있다. 밀폐된 이곳에서 일주일 이상 방사선 치료방법을 취해 보기로 하였다. 모든 준비를 끝내고 입실 직전인데 마침 외부 의사의 조언이 있었다. 20년 이상 공예사업을 해온 제일공예원장의 의견인데, 차부인을 형성하고 있는 목재의 세포조직은 열전도율이 낮기 때문에 방사선 치료를 해서는 안 된다는 것이었다.

다시 긴급 대안으로 30년 이상 암 치료전문의를 소개받았다. 구급차를 동원하여 익산으로 달렸다. 병원시설도 훌륭한 최고로 권위가 있는 의사의 진단결과가 내부 암 말기로서 치료가 불가능하다는 것이었다. 죽을 날을 기다리든지 아니면 대수술을 하여 장기 일체를 바꾸는 수밖에 없는데, 이 방법은 완치가 된다 해도 성격과 외모가 전혀 다른 차부인이 된다는 것이었다.

본래의 모습을 모두 잃는다면 살아도 무슨 의미가 있을까 싶었다. 하여 한방치료요법 아니면 서양에서 연구한 젊은 양의를 찾아보기로 하고 아무 소득 없이 되돌아오고 말았다. 그로부터 얼마 후 전북대학교 농과대학 문성필 박사 주선으로 세균처리박사를 만났다. 미국에서 박사학위논문연구를 하신 목림 처리 전문의 이양수 박사의 진찰을 받게 된 것이다. 집도는 불가능하다면서 의학 자료를 뒤져서 최후의 수단으로 마지막 처방을 해주었다.

10월 6일 전신 방사선치료에 들어갔다. 처방에 따라 차부인은 알몸이 되어 알코올 비닐 통에 전신을 담그고 15일 동안을 밀봉된 그 속에서 견뎌야 했다. 그야말로 죽기 아니면 까무러치기였다. 나는 눈물을 머금고 간병 책임을 강율규 조형예술가와 우신의 장공수 과장에게 맡겼다.

하루가 지나고 이틀이 지나면서 투명한 대형 비닐관 밖으로 빨간 피 같은 색깔이 비쳤다. 살을 에는 느낌이 들었다. 시간이 흐를수록 그 색깔이 짙어졌다. 하루에도 몇 번씩 들여다보면서 차부인과 아픔을 함께 나누었다.

10월 20일, 기다렸던 2주가 되는 날이다. 심한 출혈로 혈색이 백짓장 같고 옛 모습은 찾을 길이 없었다. 밖으로 나와 바람이 통하는 곳에서 또 1주일이 더 지나야 치료가 끝이랬다. 핏기라고는 찾을 수 없었는데 50여 시간이 지나면서 붉은색이 약간 솟아올라와 희망을 갖게 하였다. 그러나 일정시간이 지나면서 더 이상의 색도의 변화가 없어 다시 실망에 빠지곤 했다.

일단 치료가 끝난 뒤로는 남은 일이 다 강율규 예술가의 몫이었다. 강 팀장은 투명하고 예쁜 옷을 준비해놓고 3시간여를 정성을 다하여 차부인과 대화하며 마사지치료 등과 죽은 피부를 제거하는 수술에 들어갔다. 피부 수술 후 신기하게도 혈색이 돌았다. 예전의 모습과는 차이가 있지만 얼추 비슷한 모습을 되찾은 셈이었다.

방 한가운데 벌떡 누워 젖가슴으로는 다관 수구 잔대와 잔 등 다구류를 안고 드러낸 배꼽은 들꽃을 꽂은 화병으로 가린 채, 대금소리와 사물놀이에 흠뻑 빠져있다. 언제 중병을 앓았느냐는 듯 여유롭게 음악 감상이며 귀한 담소에 귀를 대고 누워있음이다.

나는 자주 여산다실 차부인과 다른 집 차부인을 비교해본다. 통도사 수안 스님의 차부인은 예쁘거나 잘생기지는 않았지만 주인을 잘 만나서 그런지 많은 손님들과 대화를 나눈다. 부안 내소사의 주지인

진원 스님의 차부인은 농구선수처럼 키도 크고 미모가 뛰어나 미스 유니버설이 방에 누워있는 것이 아닌가 하는 착각을 할 정도지만, 흠이 있다면 사람을 골라서 모시는 것이리라. 실상사의 학장이신 연관스님의 차부인은 별도 차방을 두고 고고학자만 골라서 모신다. 월하 전 종정 스님의 차부인은 만국기와 외국 내방객의 방문 기념품을 가득히 안고 있다.

팔이 안으로 굽는다던가. 내 판단으로는 미모나 품격 면에서 여산 다실의 차부인과 비교할만한 적수가 적어도 국내에는 없지 싶다. 중국의 오대산 문수보살, 아미산 보현보살, 보타산 관음보살, 구화산 지장보살께 가서나 겨뤄볼까 한다.

우체통에 둥지 튼 새 집

겨울이 가고 봄을 알리는 산수유, 홍매화, 회양목, 개나리꽃과 함께 '우체통에 둥지 튼 새 집'을 찍은 사진들이 나란히 출근길 책상 위에 놓여있다. 게다가 새둥지 사진은 핸드폰으로도 들어왔다.

우리나라 7대 오지였다는 전라북도 완주군 동상면 수만리 학동마을과 다자미 마을 중간에 위치한 여산교육문화관으로 달려갔다. 문화관 앞마당 잔디밭 끝의 차도 변 출입구에 네모난 빨간 우체통을 둥글고 긴 파이프가 받치고 서있다. 편지를 받는 용도로 쓰이지만 조경을 겸한 깜찍한 사설우체통인 것이다.

녹색자연 속에 빨간 우체통, 새하얗게 '餘山齋 POST'라 새겨놓은 글자가 유난히 시선을 잡아끈다. 우체통 안은 넓은 방이 될 수 있겠지만 닫아두면 편지봉투를 투입할 수 있도록 가로로 낸 틈새 하나가 있을 뿐이다. 출입할 수 있는 장치라는 게 고작 고 좁다란 틈새일 뿐인데 저 어미 새는 어떻게 그곳에 잠입하여 제 새끼들의 둥지를 지었을까? 얼마나 작은 체구인지 또한 얼마나 다부지게 생긴 새인지 등등으로 부쩍 궁금증이 발동했다. 나는 행여나 새가 놀랄까봐 조심조심 문을 열어 보았다. 다행히도 주인공 새는 안 보였고 90% 이상의 공정인, 건축기술(둥지)만은 확인할 수 있었다.

입지선정에서 철제우체통인 전천후시설을 택했고, 우체통 속인만큼 절대로 안전하고, 반영구적인 세계 유일의 특제품 새둥지였다. 우체통 안 둥지 밖에서는 커다란 벚나무가 버티고 서있다. 강렬한 직사광선을 방어하고 마치 에어컨 역할이라도 해줄 양 아닌가. 뿐인가. 울타리격인 한쪽의 라일락 제군을 지휘하며 저들의 꽃향기를 새장안에 감돌아들게도……. 게다가 진진(jin jin－眞珍)이와 지순이가 영빈각과 교육문화관을 나누어 상호공조 하에 방범을 책임지고 있으니 외부로부터의 여하한 위해에도 안심하리라.

실내 장식은 항온항습효과에 무슨 공법인지 알을 낳을 부분에는 어미 새 목만 보일정도로 오목하게 파서 융단을 깔았고 현관을 마른 초록색 이끼로 마감한 것이 정말 깜찍하고 앙증스런 건축이다. 건축학을 배운 것도 아닐 텐데 고 작은 '새대가리' 속에서 어떻게 저리 과학적인, 고도의 건축기술을 동원하고 제 둥지에 완벽성을 부여했을까? 입지선정에서부터 건축설계, 시공 시기에 맞춰 완공하고 알을 낳아 부화하여 육아에 이르기까지의 시점관리時点管理 등등, 나로서는 그들 하나하나가 모두 깨우치고 배워야 할 점들이었다.

2002년 여산재에서 3박4일간 산업디자인 국제행사를 치른 바 있었는데, 어쩌면 이 박새가 그때의 행사를 지켜보며 국제조류건축 세미나를 열어 건축 신공법을 발표할 계획을 세웠던 것일까? 그동안 집배원이 수도 없이 편지를 찔러 넣어 생명에 위협을 느꼈을 텐데도 집짓

박새 알

알에서 깨어난 새끼 새

기를 포기하지 않고 그 작은 입(부리)으로 그렇게나 많은 실내 장식용 재료를 물어다 날라 기어이 준공을 목전에 두고 있는 것이다.

나는 부랴부랴 여산가족회의를 소집하였다. 우체통으로서의 기능을 종료하고 새에게 둥지의 건축을 허가하기로 가결한 후, 우선 새의 안전을 위해 우체통 근처의 접근을 자제해야한다는 팻말을 세웠다. 연후 우체국에 연락하여 우체통의 폐쇄신고를 마쳤다. 둥지 지을 곳을 물색할 또 다른 새들을 위해서 목재로 빨갛고 예쁜 새 집을 만들어 동서남북의 나무 위에도 설치했다. 그런데 여러 새들이 그 집을 기웃거리며 좋아하는 것 같은데도 선뜻 들어가지는 않았다. 아마도 올해는 탐색으로 그치고 다음을 기약하나보았다. 내년에는 여산가족으로 등록하겠거니 싶은 바다.

둥지를 튼 어미 새의 모습을 도감에 비추어보고 박새(Parus major Great 四十雀)로 명명했다. 박새는 우리나라에서 흔히 볼 수 있는 텃새로 배와 빰이 흰색이고 날개는 회색빛을 띤다. 배 가운데로 넥타이 같은 검은 줄무늬가 나 있다.

여산재 박새가족은 4월 14일에 6개의 알을 낳아, 21일 동안 어미의 체온으로 품어, 5월 5일 어린이날에 맞춰 알을 깨고 새끼로 태어났다. 어느 날 영빈각迎賓閣 아래층 다실에서 커튼을 걷고 차[茶]를 내리다가 우연히 수형이 잘 잡힌 반송盤松 속으로 작은 새가 번갈아 먹이를 물고 드나드는 것을 보게 됐다. 머리와 윗가슴이 검정색이고 등은 회색 아랫면은 연한회색으로 덩치가 아주 작은 진박새(parus ater)였다.

차를 다 마신 뒤 새 집을 찾아 반송의 중앙 부분을 뒤져보았다. 조심조심 나뭇가지를 제치면서 가까스로 새를 찾아냈다. 유심히 들여다보고 있는데 갑자기 날카로운 고음의 우짖음으로 경계령을 내렸다. 마치 응원군을 불러대는 양이어서 깜짝 놀라 비켜설 수밖에 없었다. 그러나 응원군 새는 보이지 않았다. 어쩌면 앞 건물 세미나장 지붕위의 잘 보이는 곳에 파수막을 짓고 지키고 있거니 싶었지만…….

신변의 위협을 느끼면 상상을 초월하는 고음을 낼 수 있다는 것을 확인하면서 나 스스로의 반성을 촉구했다. 내가 새들이 다 자라서 날아가기까지 방문객들에게 친환경을 너무 많이 자랑해서 새들이 위협을 느꼈기에 이듬해엔 보금자리를 옮겨가는 게 아닐는지?

또 한번은 공연장 옥상을 자주오르내리는 새를 봤다. 공연장 건물은 노출 콘크리트 공법으로 축조되어 새가 붙을 곳이 없다. 그런데도 건물의 옥상 물받이 홈통으로 작은 새가 드나드는 것을 보고 새의 모양새를 관찰했다. 머리꼭대기는 광택이 있는 검은색으로 크기가 11cm, 박새 가운데 가장 덩치가 작은 쇠박새(parus palustris)였다. 산이나 들에서 흔히 볼 수 있어 열매 따는 귀염둥이 쇠박새 사진을 지면에 올린다.

박새의 번식시기를 조사하여 우리나라의 온난화 속도를 파악한다

검정 넥타이를 맨 어미박새

쇠박새 열매 따기

는 연구가 한창이라는데 우체통 속의 박새가 온난화 속도의 지표가 되는 것 같아 더욱 안전하게 지켜야할 책임을 느낀다. 소백산, 설악산, 지리산 등 7개 국립공원에서 박새의 번식시기를 조사한 결과 3월에 산란하여 지리산에서 가장 빨리 번식하는 것으로 조사되었다. 박새는 가슴에 검은 줄무늬가 있는 것이 특징이고 산사에서 흔히 볼 수 있다. 화사한 봄 햇살이 좋아 문을 열어놓고 커피를 마시는데 박새가 문지방에 날아와 두리번거리다가 차방 안까지 날아들어 소란을 피운다는 기사를 ≪불교신문≫에서 읽은 바 있다. 사람과 가까이할 수 있도록 교육할 수 있으면 좋겠다.

정오경까지 알을 품었다는 박새가 5월 5일 오후 5시경 새 집을 열었을 때다. 알에서 갓 태어난 아기 새들이 먹이를 찾느라 고개를 빼들고 있었다. 생명의 신비로움에 감탄사가 절로 나왔다. 어미 새는 먹이를 구하러 거미라도 찾아 나갔는지 안 보였다. 언제쯤 나는 연습을 시키려는지 어미 새의 일정을 몰라 일찌감치 새 집 아래에 새끼 마중쿠션을 설치하고 뛰어내릴 날을 기다린다.

박새가 날갯짓하며 푸닥거릴 때 대자연의 여산공연단을 창설하여 자연과 함께하고 싶다. 구성단원을 생각해본다. 박새가족 중심으로 여산재 주변의 자연을 모두 참여시켜 화합하는 공연단을 만들리라. 방범 책 진진(jinjin－眞珍), 시간을 알리는 토종닭, 재롱둥이 단비와 다람쥐, 두더지, 들쥐들도 부르고 분수대 개구리와 맹꽁이 간혹 들여다보는 토끼와 고라니, 새벽길에 마주했던 멧돼지도 불러오고, 노래 잘 부르는 꾀꼬리, 뻐꾸기, 꿩, 삼광조, 소쩍새, 때까치들과 끊임없이 흐르는 하천의 송사리 떼까지 함께하면 천지간天地間이 공간무대가 될 것이다.

중국 서안의 장한가무長恨歌舞쇼는 여산을 배경으로 한 연못무대여서 자연이 어우러진 공간무대가 화려했다면 여산공연단은 여산재를 중심으로 학동산과 원등산을 배경으로 화청지가무쇼보다 더 자연을 사랑하고 친환경적인 공연단으로 창단될 것이다. 토끼 발맞추기, 다람쥐 쳇바퀴 돌리기, 단비 높은 나무타기, 두더지 땅굴파기, 닭싸움하기, 참새 떼 지어 날기 등이며 시인은 언어로, 음악가는 선율로, 화가는 채색으로 모든 존재에 의미를 부여하듯 어떤 의미를 낳기 위해서든 광장은 열릴수록 바람직하리라. 내레이션(narration)은 혼불 문학 초대수상작 〈난설헌〉의 작가 최문희 선생에게 부탁해볼까 싶다.

2부

나눔 음악회 객석에서

……. 나는 감격 그 자체로써 저들 '나눔 음악회'의 주인공들을 시종일관 경애의 눈길로 우러르고 있었다.

나눔 음악회 객석에서

2012년 9월 2일 일요일 오후 3시 용산아트홀 대공연장에서 어린이재단 나눔 음악회가 열렸다. 주차장을 찾아 용산구청 청사를 한 바퀴 반을 돌아 후문에서 내려 계단 따라 2층으로 올랐는데 문이 잠겼다. 앞서 가던 팀들이 되돌아오면서 투덜거렸지만 우리는 눈치를 못 채고 그 길을 계속 간 것이다. 발길을 돌리면서 '안내문 하나만 있었어도' 싶은 아쉬움을 함께한 KBS전주방송총국 김진형 아나운서부장과 군산대 김정숙 교수가 이구동성으로 토로한다.

"구청청사가 왜 이렇게 커. 꼭 이렇게 커야하나?"

"내 돈이 아니거든. 자기 돈이라면 이렇게 크게 짓겠어?"

등으로 지방화가 낳은 큰 병폐를 지적하기도 했다.

청사 밖 외각 도로로 빠져나와 청사 앞 안내판을 따라 청 내에 있는 '용산아트홀 대공연장 미르홀'을 겨우 찾았다. 최불암 후원회장과 이재훈 재단회장이 지역에서 올라온 후원회장단을 반갑게 맞는다.

잠시 차를 나누며 환담한 뒤 출연진과 회장단이 기념사진 한 컷을 장만한다.

행사진행은 감성이 풍부한 김경란 KBS아나운서의 차분하고 부드러운 사회로 일관됐다. 이재훈 회장의 인사와 최불암 후원회장의 "오늘의 무대를 만들 수 있게 도와주신 제주 영호남 경인 각 지역에서 오신 후원자님께 감사드린다. 어려운 환경에서도 꿈을 향한 노력을 게을리 하지 않는 우리 아이들에게 박수를 보낸다."라는 내용의 인사말씀을 경청했다. 미처 소개도 하기 전에 나와서 인사하는 회장님은 처음이라며 사회자가 은근한 조크로 존경심을 표한다.

평소 김경란 홍보대사를 아끼고 사랑하는 최불암 회장 역시 잘 알려진 본인 소개시간을 줄여 어린이들에게 나눠주고 싶으셨을 것이다. 홍보 대사를 대표한 이홍렬은 "2012년 마음으로 걷기 캠페인(수입금 3억 원)과 아프리카 남수단 현지 자전거 200대 나눔의 행사 중에

출연진과 함께

초록우산 오케스트라

경운기를 몰던 농부가 주머니에서 1만원을 꺼내 보태 써달라는 말씀이 너무너무 고맙고 감동적이었다."며 홍보효과가 만족스러웠음을 밝혔다.

초록우산 어린이재단은 1948년부터 64년 동안 외길을 걸어왔다. 한국전쟁으로 인한 고아를 보듬어 주던 과거에서부터 이제 전 세계 아이들의 행복을 꿈꾸는 곳으로 발전, 한국의 사회복지 역사와 그 맥을 같이 해오고 있다.

뛰어난 재능을 가지고도 꿈을 접을 수밖에 없었던 어려운 환경속의 아이들이었다. 후원자들의 따뜻한 '나눔' 덕분에 자신의 재능을 개발하여 역경을 딛고 일어서서 정상급 음악인과 함께 나눔 음악회에 참가했다. 그야말로 희망과 감동의 뮤직스토리를 엮어내면서 후원자와 출연아이들이 한 덩어리가 되어 장장 두 시간 동안을 이어냈다.

유라시안 필하모니 오케스트라를 비롯한 정상급 음악인들과 함께

Piano 유예은/성악 최성봉

나란히 무대에 올라 마음껏 끼와 기량을 발휘한 아이들이 대견하고 더없이 자랑스러웠다. 나눔 음악회 오프닝무대는 '한국의 폴 포츠'라 불리는 어린이재단 홍보대사 최성봉 군이 앞을 못 보는 열한 살 피아니스트 유예은 양의 손을 잡고 등장하여 그를 피아노 앞에 앉혀 주었다. 예은이의 스코틀랜드민요 〈you raise me up(날 세우시네)〉의 1절 "내 영혼이 힘들고 지칠 때/ 괴로움이 밀려와 나의 마음을 무겁게 할 때/ 당신이 내 옆에 와 앉으실 때까지/ 나는 여기서 고요히 당신을 기다립니다."라는 연주가 끝나자 최성봉 군이 "you raise me up, to walk on stormy seas.(당신이 나를 일으켜 세웠기에, 나는 폭풍의 바다도 건널 수 있습니다.)"를 이어서 발표했다. 삶이 힘들고 지친 사람들과 삶의 용기가 필요한 사람들에게 새로운 희망을 찾고 다시금 앞으로 나아갈 수 있게 하는 참 고마운 노래였다.

최성봉 군은 두 번째 곡으로 〈마이웨이(my way)〉를 예은이의 반주에 맞춰 열창했다. 자신의 삶을 돌아보며 지금까지 살아온 삶을 후회하며 반성하는 내용의 노랫말이었다. 예은이가 모르고 있던 〈마이웨이〉 곡을 오늘 함께하기 위해 최성봉 군이 노래를 불러 곡을 암기시켰다고 사회자가 귀띔해 주었다. 최성봉 군이 노래 중간에 "여러분, 환영합니다."라고 인사하자 공연장을 가득 메운 1,200여명의 관객들이 박수로 화답했고, 노래를 마치고 예은이의 손을 잡고 최성봉 군이 인사하자 박수소리가 더 우레 같았다. 선천적인 시각장애자의 굴곡진 삶을 익히 알고 있는 후원자들은 손수건을 꺼내어 눈물을 닦았다.

피아니스트 유예은 어린이는 선천적인 시각장애아로 세 살 때 어머니가 부르는 노래를 따라 피아노반주를 시작했다. 음악을 듣고 연주하는 재능을 가진, 절대음감을 소유한 천재적인 피아니스트였다.

최성봉 군은 세 살에 고아가 되었고 다섯 살에 고아원을 나와 껌팔이며 노숙 등으로 암흑 같은 유년기를 보냈었다. 그러한 한 아이가 재단의 수혜자로 TV오디션프로그램에서 준우승을 한 것이다. 그 아이가 세상에 널리 알려졌고 이제는 당당하게 재단의 홍보대사가 되었다. 온 세상에 어린이재단을 널리 알리고 있는 그야말로 반전反轉 인생의 주인공인 것이다.

'유라시안 필하모니 오케스트라연주'에 이어 Harpist 곽정&하피데이 앙상블 연주 뒤에 어린이재단 인재양성 팀들의 무대가 이어졌다. 제2의 정경화를 꿈꾸는 바이올린 장가행 학생과 장한나를 꿈꾸는 첼로 장신행 학생은 자매로 태어나 1학년 때 바이올린과 첼로를 시작했다. 장가행은 개인레슨을 받지 않았음에도 뛰어난 재능으로 2012년 전국학생음악콩쿠르에서 1등을 했고, 장신행은 앱솔루트 클래식 페스티벌 오케스트라(지휘-장한나) 공연에 참가한 진실로 장래가 촉망

꿈을 연주하는 아이들

되는 학생 자매이다.

허민은 색소폰 재능이 뛰어났지만 형편이 어려웠다. 어려서부터 독학을 하다가 인재양성의 지원을 받게 되었고 끈질기게 노력한 결과 출전한 여러 대회에서 실력을 인정받았고 지금은 프랑스 국립대학입학 예정 생이다. 제2의 데이브 코즈를 꿈꾸는 허민 군은 운동화 차림에 청바지를 짧게 말아 올린 복장으로 사랑하는 사람에게 부르는 〈10월의 어느 멋진 날에〉를 첫 곡으로 연주한 뒤 온몸을 던지는 열정을 쏟았다. 〈September〉를 경쾌한 리듬과 우렁찬 브라스의 사운드로 공연장 안의 관중을 하나로 묶어 호흡하게 했다. 허 군은 2011년 한국시리즈 4차전 애국가 연주, 허민 색소폰 리사이틀, SBS 스타킹 출연, 2012년 조수미 인천콘서트협연, 허민의 프레이즈 콘서트 등등의 경험을 살려 실력과 끼를 유감없이 마음껏 발휘해 주었다.

TV를 보며 성악가의 꿈을 키워오다가 2011년부터 성악을 공부하기 시작한 고3 이준희는 광주학생음악회 동상, 재단 나눔 콘서트에서 최성봉 홍보대사와 함께 공연한 유망주다. 33명의 단원으로 구성된 부산 종합사회복지관 초록우산 합창단은 〈좋은 세상 만들자〉 외 네 곡을 들려주었다. 부산에서 새벽부터 달려왔다며, 그냥 내려갈 수 없는 게 아니냐며 지휘자가 앵콜송을 유도하기도 했다.

클로징 무대는 전남지역본부 소속 184명의 '초록우산 오케스트라'의 20세기 클래식음악을 이끌었던 흥겨운 왈츠곡, 그리고 미국의 대표적인 뮤지컬 〈Sound of Music〉이었다. 객석의 나로서는 오직 감동 그 자체만으로, 저들 '나눔 음악회'의 주인공들을 뜨거운 경애의 눈길로 바라보며 시종일관 열중했다.

섬마을 콘서트

세계적인 피아니스트 백건우가 아름다운 섬마을 콘서트를 위해 우리 고장 위도를 찾을 예정이란다. 나는 9월 21일 부안에서 위도행 고속 페리에 MBC 전주방송 선동규 사장과 시청자 위원 몇 분과 함께 동승했다. 지어진 지 18년째라는 페리호는 허술했지만 수많은 승용차를 거뜬히 실었다. 갈매기 떼들은 뭘 기대하는지 선박 위를 무수히 에돌며 끼룩거리고, 승객들은 다투어가며 새우깡이랑 과자부스러기를 던져준다.

50여 분만에 위도에 도착했다. 백건우의 대형사진이 걸린 콘서트 간판이 훤하게 한눈에 띈다. 식당으로 가는 길가에도 유사한 표지판이 안내를 자임해주고 있다. 식당에서 김호수 부안 군수가 반갑게 맞아 준다. 식탁 맞은편에 앉아 국자를 들고 맛있는 생선탕을 자꾸만 떠준다. 원 없이 공기 맑은 청정지역의 자연산 해물탕이라선지 맛 또한 각별한가 싶었다.

위도 해수욕장에 도착했다. 천혜의 해수욕장이다. 자연경관도 그만인 곳이다. 잔잔한 바다를 드넓게 조망할 수 있는데다가 음향이며 조명, 야외무대 시설 등의 뒤에서 아름다운 석양까지 무대를 조명해 주니 어찌 환상적이지 않을까. 관람석의 맨 뒤편에선 곱고 멋스런 할머니가 워키토키를 들고 피아노 조정자와 연신 교신하느라 여념이 없다. 노배우 윤정희 씨였다. 그녀의 주름살에 배어있는 연륜과 푸근함 그리고 열정을 헤아리자니 아름다움이 배가되는 느낌이 컸다.

백건우 연주자가 지정석을 두지 않기를 원했다며, 자유스럽게 자리를 잡아달라는 군청 홍보 담당의 전언을 듣고 역시 세계적인 피아니스트라 뭐가 달라도 다르다는 생각이 들었다. 관중은 500석을 다 메우고 언덕에 200여 명이 넘게 자리를 했다. 나는 MBC 선 사장과 피아노 건반이 잘 보이는 곳에 나란히 자리를 잡았다.

무대에 오른 백건우 씨가 관중석을 향해 허리를 깊게 숙여 인사하고 피아노 앞에 앉는다. 기도하듯 잠시 숨을 고르더니 연주를 시작한다. 첫 번째 곡은 이탈리아 베니스의 곤돌라를 젓는 쇼팽의 〈뱃노래〉, 두 번째 곡은 〈물 위를 걷는 파울라의 성 프랑소아〉다. 나는 음악에 별반 조예가 없지만 연주자의 몸짓이나 선율에서 흘러나오는 느낌이 마치 바다 위 물결의 잔잔한 술렁임이며 또한 거친 파도의 생생한 호흡을 바라보고 있는 듯하였다.

세 번째는 드뷔시의 〈기쁨의 섬〉을 그린다. 자유자재로 변화하고 약동하는 리듬과 음향의 확대, 음색의 다채로움은 피아노의 선율로 화려하게 그림을 그리는 것 같았다. 마지막 곡 베토벤의 〈월광〉은 호수 위의 잔잔한 물결을 연상케 하다가 산뜻한 느낌으로 바뀌더니 이내 당당하고 힘 있는 오케스트라적인 효과를 유감없이 드러낸다.

폭풍우처럼 휘몰아치는 열정적인 피날레의 진수를 보여준 것이다.

손가락의 움직임이 보이지 않을 정도로 전광석화, 발끝부터 머리카락까지 혼신魂身을 다해 연주하는 모습에 실로 찬탄하지 않을 수가 없다. 불과 45분 동안에 연주자는 전신의 에너지를 다 쏟아넣은 것 같았다. 하지만 앵콜을 받았고 무대에서 내려갔다 올라와 연주로 화답하고 인사하기를 세 차례 거듭하고서야 화동을 맞아서 꽃다발을 안고 퇴장했다.

백건우는 평소에 음악은 교육을 통해 이해하는 것이 아니고 연주자가 음악을 잘 해석하고 연주하면 인간이라면 누구나 느낌을 공유할 수 있기에 음악이야말로 만인을 위한 언어라 주장했다한다. 오늘 섬마을 사람들과 음악으로 소통하기 위해 온몸으로 그 소신의 진정성을 보여준 것이리라. 문화혜택이라면 두어 손가락도 꼽을 수 없는 외로운 섬, 위도에 난데없이 세계적인 피아니스트의 위대한 음악이 햇살처럼 눈부시게 쏟아졌으니 얼마나한 축복인가. 고개 숙여 무언으로 인사했고, 신기에 가까운 연주자의 피아노선율과 청중의 박수소리며 환호하는 앵콜 소리로 가득해진 섬이었다.

연주를 마치고 주민이 준비한 음식에 막걸리를 마시며 섬마을 사람들과 허심하게 자리를 같이했다. 그는 내심 위도가 반갑고 그리웠었나 보다. 그는 1972년 뮌헨올림픽 때 당시 최고의 여배우 윤정희를 만났고 자가용 하나 없이 평생을 걸어 다니며 소박한 삶을 누리며 지내고 있다고 한다.

주민대표 20여 명을 음식점으로 따로 불렀다. 나도 MBC 선 사장과 함께 백건우 내외를 마주하고 앉았다. 부안 군수가 신기에 가까운 열정적인 연주에 감동받았다고 인사하자 연주자는 물고기가 춤을 췄

연주하는 백건우 씨 모습

는지 모르겠다고 반문을 했다. 여기저기서 이구동성 응답이 쏟아졌다. 고기가 무리지어 춤을 췄기에 파도가 일었다고. 고래들이 춤을 추어서인 것이고 용왕도 함께 추어서인 것이라 목청을 높이는 찬사를 들으며 백건우 커플은 입이 귀에 걸릴 듯 기뻐했다.

고급스런 자주색 터들넥(turtle neck) 차림의 윤정희 씨를 향해 부면장이 추켜세운다. 한국영화의 황금기였던 60년대 문희, 남정임과 함께 여배우 트로이카 시대 주역으로 최고 인기를 누렸던 영화배우였다며 남자라면 누구나 한번 가까이 하고 싶었던 분이었다고…….
그러자 그 곁의 여성분은 여자라도 한번 안아보고 싶다고 거들고 나섰다.

"우연입니다만 음력으로 오늘이 1993년 서해페리호참사로 292명의 소중한 목숨을 잃은 그날"이라고 군수가 귀띔하는 바람에 장내가 잠시 숙연해지자 윤정희 씨가 "그럼 오늘의 콘서트는 영령들도 달래

주었겠네요." 하였다. 나의 뇌리엔 불현듯 그날의 영령들이 함께 춤을 추었을 수도 있었겠구나 싶은 생각이 스쳤다.

진귀한 자연산 해물 먹기에 푹 빠진 나에게 한 마디 하라고 MBC 선 사장이 주문한다. 장내가 조용해지고 백건우 내외가 음식 먹기를 중단하고 눈을 마주치며 바라보았다. 무대에 들어설 때 빨간 카펫을 밟지 않고 백사장 쪽에서 검소한 차림으로 올라와 온몸으로 혼신을 다해 열연하는 모습은 잘 듣고 보았는데, 간단한 인사말이라도 건네고 연주를 시작했으면 좋았지 싶은 아쉬움이 남는다. 잘 알려진 윤정희 씨가 하였어도 되고 군수나 주최 측 MBC 사장이라도 연주자 소개를 해주었더라면 하는 아쉬움이 남는다고 말했다.

두 분이 빙긋이 웃음으로 답한다. 진정 자연과 음악을 함께하며 세계를 느끼고 싶다는 순수한 마음인가 보았다. 이렇게 만남이 쉽지 않으니 기념사진을 남기자는 청에 윤정희 씨가 선뜻 좋다고 응했다. 좌담이 끝난 뒤 연주자 내외와 선동규 MBC사장과 함께였다.

백건우 내외는 수수하고 서민적이면서 미식가였다. 공연 전 점심에도 지금 딴 것이라고 무화과를 맛보라 했더니 직접 따보는 체험도 자청했다. 멍게도 현장에서 깨서 잘 먹었다는 이야기를 행사코디 강정민 부장으로부터 전해 들었다. 음식을 가리지 않고 위도 명물 백합, 홍합을 잘 먹었으며 특히 김치가 맛있다며 추가로 주문하여 막걸리 잔을 마주하는 모습이 섬사람이 다 된 것 같았다. 김치와 젓갈을 사서 프랑스로 부칠 계획을 피력하기도 했다.

언론인 김성우 씨로부터 전라도 젓갈이 좋다는 정보는 들었는데 돌아갈 때, 호남의 위도 젓갈과 경남의 욕지도 젓갈을 사가지고 가서 맛을 비교해보겠다고. 15세 어린 나이에 미국으로 건너가 20대를 미국에서, 이후는 이태리, 독일, 프랑스 파리에서 보낸 셈인데 한국문화를 소중하게 간직하고 있는 게 연륜에서 느껴지는 여유로움과 자연스러움과 더불어 지극히 아름답다는 생각이 들었다.

윤정희 씨도 소탈하게 잘 먹고 홍합껍데기 속 무늬가 좋다며 껍데기 몇 개를 챙긴다. 전성기 시절, 꽃장식 모자에 화사한 의상까지 치장했던 분이기에 절로 고개가 끄덕여졌다. 통영시 욕지도에서 24일 마지막 공연을 준비하기 위해 뭍으로 나가야 하는데도 '위도'를 잊지 못해 내일 예약된 오전 배를 오후 늦은 시간대로 변경했다.

마을 간담회를 마치고 숙소로 돌아왔다. 세계적인 피아니스트 백건우의 따뜻한 나눔 콘서트는 아름다운 대자연을 배경으로 환상적인 피아노 선율을 펼친 소중하고 뜻깊은 자리였다. 꿈과 희망, 사랑과 용기를 얻었고, 섬과 바다의 이야기를 담은 클래식 명곡은 영원히 잊지 못할 추억을 만들었다.

샤워를 마치고 빈방에 누운 시간은 밤 12시다. 평소 피아노 연주를 좋아하고 윤정희 씨를 좋아하는 집사람과 함께하지 못함이 마음에 걸렸다. 늦은 시간에 잠들었어도 평소와 다름없이 새벽 4시에 일어나 샤워했다. 어제 일들을 정리하고 날이 밝아 부두에 나가 접안된 배를 구경하며 등대에 다녀왔다. 이른 새벽에 몇 사람을 만났다. 콘서트에 참여하기 위해 서울에서 온 사람들, 음악 전공대학교수, 19일째 서해안 길을 걷다가 콘서트 일정에 맞췄다는 사람 등 다양했다.

9시 배를 타고 우리는 뭍으로 나왔다. 중계방송 차는 물때를 맞출 수밖에 없어 5일 동안 위도면사무소에 세워둘 수밖에 없단다. 선 사장은 섬 행사는 이런 어려움이 있다며 면사무소에 잘 부탁하라는 씁쓸한 말을 남기고 돌아왔다.

백건우 씨 부부, MBC사장과 함께

윤정희, 백건우 부부는 서로의 영역을 존중하고 자신의 분야에서는 최고임을 인정하면서 서로에게 관심을 가지고 수수하게 살아가는 모습을 보면서 많은 것을 배웠다. 섬, 바다, 음악, 관객이 하나가 되어 뜨거웠던 열기가 이제 욕지도로 이어질 것이다. 욕지도는 김수용 감독의 영화 〈화려한 외출(1977년)〉에 윤정희가 출연, 결혼 직후 일주일 정도 함께 머물던 곳이라 더욱 의미가 있을 듯하다.

백건우는 평소에 문화적 혜택이 열악한 지역을 찾아가 그곳 주민들과 함께 음악으로 소통하고, 그들을 이해하고, 끌어안고, 감싸안아 주고 싶다는 꿈을 위도에서 이룬 감회가 깊을 것이다. 나도 세계적인 피아니스트 백건우의 섬마을 콘서트를 볼 수 있어서 정말 기뻤다.

진정한 예술가의 모습을 가까이서 보면서 감동과 감화를 받았음이다. 열정적으로 혼신을 다하는 모습이 기업인으로서의 나를 뒤돌아보게 하였다. 콘서트를 주선해준 MBC와 위도 섬마을 주민, 백건우, 윤정희 씨가 고맙기 그지없다.

참 좋은 음악회

'참! 좋은 은행' IBK기업은행이 주최한 '참! 좋은 음악회'가 2012전주세계소리축제에 맞춰 전북대학교 삼성문화회관에서 열렸다.

음악회 당일 저녁 초대를 받고 고궁에 갔다. 안홍열 부행장, 김석준 호남본부장, 박승규 전주지점장, 유희태 전 부행장과 함께 부부동반으로 참석했다. 맛있는 비빔밥에 훈훈한 나눔의 대화까지 잘 버무려 맛있게 저녁을 함께한 참, 좋은 시간이었다. 후식 전인데 박승규 지점장이 연신 시계를 들여다보았다. 시간에 쫓기는 것 같아 서둘러 40분 전 음악회장에 도착했다. IBK 기업은행의 모든 행사가 그러듯 전북대학교 정문을 들어서면서부터 차 안내를 받았다. 비가 부슬부슬 내리는데 우산을 들고 차 문을 열어주며 공연장 로비까지 안내했다.

공연장 로비에 '참! 좋은 카페테리아'를 마련하여 다과를 나누며 공연 전 시간을 오붓하게 갖게 했다. 군데군데 지인끼리 혹은 새로운

안홍열 부행장과 함께

얼굴끼리는 명함을 주고받으며 인사하고 정담을 나누는 모습이 보기 좋았다. 석고마임 삐에로(Pierrot)가 다가와 손을 내밀며 안홍열 부행장과 포즈를 취하도록 권하여 기념사진을 찍었다. '참! 좋은 고객' 앞으로 찰리채플린과 삐에로가 다가와 환영하는 퍼포먼스까지도 참! 좋은 음악회였다.

이번 음악회는 IBK 직원들도 함께하였다더니 평소 몸에 밴 진정어린 직원들의 서비스가 돋보였다. 무대 앞 중앙 4번째 줄 좌석에 안홍열 부행장, 유희태 전 부행장과 나란히 앉았다.

언제나 푸근한 인상의 이상벽 MC가 '참! 좋은 음악회' 막을 활짝 열었다.

"IBK 기업은행은 대한민국 국민 모두가 거래할 수 있는 은행! 기업은행에 예금하면 기업을 살릴 수 있다. 기업이 살아야 일자리가 늘어

관객의 환호를 받는 이은미

난다." 송해의 홍보영상과 수화를 담당했던 아나운서가 직접 나와 홍보물을 소개했다.

먼저 조준희 행장의 "유로존 위기에 따른 세계경제의 불안으로 우리 경제는 점점 더 어려워지고 중소기업과 서민의 신음은 날로 늘어만 가고 있습니다. 어려울 때일수록 중소기업과 서민에게 꿈과 희망을 드리는 참! 좋은 은행이 되도록 노력하겠습니다. 참! 좋은 고객님들과 더욱더 깊은 감동을 나누고자 작년에 이어 올해도 '참! 좋은 음악회'를 마련하였습니다. 오늘저녁 잠시나마 참! 좋은 은행 IBK 기업은행과 함께 음악여행을 하면서 애틋한 추억을 되새기는 가슴 뭉클한 시간을 누리시길 기원합니다. 오늘의 참! 좋은 음악회가 삶의 여유를 되찾고 활력을 장진하는 계기가 되길 바랍니다."라는 영상메시지를 시청, 그리고 1부 행사가 이어졌다. 가수 송대관과 이은미, 마야가 연달아 열창을 했고 2부에서는 '장사익과 소리얼 필하모니 오케스트라'가 늦은 밤까지 열기를 이어갔다.

첫 무대에 나온 마야가 〈위풍당당〉, 〈쿨하게〉, 〈나를 외치며〉, 〈진달래꽃〉으로, 시원하고 파워풀한 가창력으로 관중을 매료시켰다. 앙코르를 세 곡이나 부르고나서야 자기는 열 곡이라도 좋겠지만 다음에 나올 선배가수를 위해 물러간다 했다. 마야는 이층 관객을 수시로 바라보며 박수와 함성을 유도하며 일층 객석으로 들어가 팬들의 열렬한 환호와 악수 속에 묻혔다.

트로트계의 대표주자 송대관은 방금 전에 '전북일보 인터뷰'를 마치고 오는 중이라며 전북은 어딜 가나 다 고향이란다. 자기소개를 마치고 이층 관객을 위해 자기는 무대 하단으로 내려가지 않고 중앙무대에서 점잖게 노래만 부르겠다며 〈분위기 좋고〉, 〈차표 한 장〉, 〈네 박자〉 등 세 곡을 부르고 겉옷을 걸어놓은 채 퇴장했다. 청중의 앙코르 함성 끝에 사회자가 "겉옷을 두고 나갔으니 다시 등장할 수밖에 없겠고 바쁘신 몸 기왕에 전주까지 왔으니 차비라도 보태 주겠다."며 서울에서 오신 IBK기업은행 안홍열 부행장을 자리에서 일으켜 세웠다.

참! 좋은 음악회를 열어줘서 고맙다며 관객들의 박수를 유도한 후 차비를 좀 보태 줄 수 있겠느냐고 흥정을 한다. 부행장이 흔쾌히 '좋다'는 표시를 수화로 전하자 송대관이 펄쩍 사양을 한다. 고향에 와서 차비를 받아갈 수는 없지 않겠느냐고. 꼭은 짜고 치는 고스톱같이 쿵짝이 잘 맞았다. 송대관은 요즈음같이 어려울 때에 적합할 성싶은 노래 〈해뜰날〉을 앙코르 곡으로 골랐다. 태진아와 콤비로 트로트를 부르며 방송에도 자주 출연하여 웃음과 감동을 줬던 송대관이 오늘도 태진아 이야기를 심심찮게 꺼내어 웃음과 박수를 끌어냈다. 재치와 만담을 잘 아우르는 게 과연 베테랑 가수답다 싶었다.

1부 마지막으로 무대에 선 '맨발의 디바 이은미'는 고개를 옆으로 기울이고 관객을 바라보더니 "여러분들보다 좀 젊은 층이 자기를 좋아 한다."며 가사를 몰라도 호응을 잘 부탁한다며 〈녹턴〉, 〈좋은 사람〉, 〈사랑과 평화 메들리〉를 부르며 객석을 돌았다. 악수하며 팬들의 환호를 받아들이며 아래 · 위 관객들을 한동아리로 만들었다. "신촌블루스의 객원보컬로 활동하다가 솔로가수로 데뷔했다."고 중간에 본인소개를 덧붙이자 관객들은 잘 알고 있다는 듯이 큰 박수로 화답했다. 앙코르 두세 곡을 더 부르고 우레와 같은 박수를 받았다.

사회자와 가수들이 모두 참! 좋은 음악회를 열어준 참! 좋은 IBK 기업은행 측에 거듭 감사 멘트를 보냈다. 도대체 어떤 은행이기에 그렇게 많은 칭찬을 받는 걸까? 참! 좋은 IBK 기업은행은 중소기업은행법에 따라 1961년 8월에 정부 지분율 76.3%로 설립된 은행이다. 자산이 202조 원, 임직원 수가 11,769명, 국내외 점포 수가 658개로 운영되는 국내에서 가장 안전한 은행이다. 국가와 동일한 신용등급 A+를 인정받은 국내 유일한 은행이다.

주주와 고객에게 최상의 가치를 제공하고 이익을 사회에 환원하는 참 좋은 은행이다. 조준희 행장 취임 후, 올해로 두 번째 열리는 참! 좋은 음악회를 전국 11개 지역에서 열일곱 번이나 공연하는 것만 보아도 '참! 좋은 IBK 기업은행'이 얼마나 좋은 은행인지 알 수 있다.

최선용 지휘로 밤 9시에 '소리얼 필하모니 오케스트라' 연주 2부 공연이 열렸다.

한국인의 희로애락을 잘 표현하기로 이름난 장사익이 하얀 모시

'소리얼 필하모니 오케스트라' 그리고 장사익 공연장면

두루마기를 입고 나왔다. 소리얼 필하모니 오케스트라와 그만이 가질 수 있는 독특한 음악으로 〈찔레꽃〉, 〈꽃구경〉, 〈봄날은 간다〉, 〈나 그대에게 모두 드리리〉를 메들리로 열창했다.

노래 중간에 충청도 사람이라고 자기소개를 하고나서 "저는유, 기업은행을 잘 모르는디유. 참! 좋은 은행이네유."라며, 손수건을 꺼내 뻘뻘 흘린 땀을 닦고 퇴장하려 했다. 앙코르 요청박수에 되돌아 나와 다시 한 곡을 불러주었고 소리얼 필하모니 오케스트라 연주를 마무리로 막이 내렸다.

현관 밖에서는 안홍열 부행장을 비롯한 김석준 호남본부장, 박승규 지점장과 도내 각 지역 지점장들이 서서 돌아가는 고객들과 일일이 악수를 나누며 못다 푼 정인 양 예쁘게 포장한 케이크상자 하나씩을 그들의 손에 쥐어주었다. '참! 좋은 음악회'는 그 대미마저도 '참! 정겨움'이었다.

용선을 타다

2012년 5월 18일 은파유원지에서 용선을 탔다.

송준영 감독으로부터 5월 14일부터 일주일간 카누체험기간이라는 연락이 왔다. 즉석에서 김정숙 교수와 연락하여 함께 가겠다고 대답했는데 그만 깜박 잊고 있었었다. 마침 이순자 선수가 왜 안 오는 거냐고 채근하는 전화를 받고서야 부랴부랴 현대자동차 개발실장과 기업인 대표 몇 분에게 전화를 했다. 특별한 체험도 좋지만 무엇보다 카누에 대한 관심을 확산시키고 싶은 속셈이 컸기 때문이었다.

하지만 워낙 생소한 카누인지라 체험하기에 알맞은 복장을 구비하는 문제며 평일인지라 시간적인 여유도 궁하여서 동행 팀 구성은 결국 무산되고 끝내 군산대 김정숙 교수와 한국귀금속 디자인협회 전북지회장 김연하 씨와만 군산 은파유원지를 찾게 되었다.

'카누'라는 용어는 배를 의미하는 스페인어 'CANOA'에서 온 것으로 그 유래는 원시인이 강이나 바다에서 교통수단이나 수렵을 위하여 고안한 조그마한 배를 사용한 데서부터다. 그러니 인류의 역사와 맥을 같이한 수상 스포츠인 셈이다.

북미 인디언들은 자작나무로, 그린란드 에스키모들은 동물 뼈에 바다표범의 가죽을 씌워 만들었는데 현대에 이르러서는 섬유(fiber glass cloth), 에폭시(epoxy), 우드스트립(wood strip) 등으로 만들어 더욱 가볍고 튼튼하다. 플라스틱을 이용한 FRP 카누도 대량으로 만들어지고 있단다. 우리나라에서도 1978년도 아주대학교에서 학생들이 최초로 FRP카누를 직접 제작한 바 있고, 우리 조상들도 카누와 비슷한 배를 사용했던 바 통나무카누가 국립경주박물관에 전시되어 있단다.

카누경기는 잔잔한 호수나 급류의 하천에서 정수정미가 날카로운 배를 패들(노)로 저어 스피드를 겨루는 경기이다. 조선해양 백과사전에서 찾아보니 용선(傭船)이란 해운업자가 경영상 필요한 선박을 타 선주의 소유 선박으로 운용하는 경우라고 되어있다. 배를 세내어 쓴다

카누선수들과 함께

해서 한자로 傭船, 龍船, 用船 등으로 혼용해서 쓰고 있다고.

우리가 타본 용선(Dragon Boat)도 체험하기 위해 카누연맹에서 일주일동안 빌려온 배다. 국내 용선대회는 속초, 충남, 울산에서 매년 개최되고, 중국 남부의 섬마을 리앙시에서도 연례행사로 용선龍船 경주의 전통을 잇고 있다한다.

통도사 극락전 뒷벽에 그려진 반야용선般若龍船이 생각났다. 푸른 바다에 연무가 일고 운무 사이로 연화가 만발하여 억겁고해 파도를 헤치고 극락세계, 정토에 가까이 와 있음이 느껴지는가 싶다.

청사초롱 불 밝혀 들고 극락세계로 찾아가네
반야용선 띄워보니 팔 보살이 호위하네
가네 가네 나는 가네 극락세계로 나는 가네
보리수에 봄이 드니 우담바라 꽃피었네.

상여 메고 부르는 만가輓歌의 한 구절이다.

용선에 승선하고 보니 문득 4년 전 이순자 선수와의 인연의 단초가 더듬어졌다. 2008년 8월 중국 베이징에서 29번째 하계올림픽이 개최되었을 때다. 개인 자격으로 이순자 선수가 올림픽에 출전한 것이 인연의 싹이요 연결고리가 되었다. 이순자 선수는 장수군 계남면 산골 마을에서 태어나 아시아권을 제패하여 올림픽출전 개인자격을 얻어냈다. 카누선진국 헝가리 출신 야누스 코치와 함께 외롭게 중국 베이징으로 건너가 중국에서 배를 빌려 올림픽에 출전한다는 내용의 방송이며 신문 기사를 접하면서 나는 진심으로 격려와 치하를 보내주고 싶었다.

2010년 10월 25일 '자랑스런 전북인 대상'에 체육 부문 수상자 이순

12번째 금 물살을 가르는 순자

이순자 선수와 함께

자 선수가, 나는 경제 부문에서 수상을 했다. 시상식을 마치고 전라북도 체육대회가 열린 고창군 공설운동장 트랙을 이 선수와 나는 나란히 오픈카를 타고, 우레와 같은 박수를 받으면서 돌았다. 그때에 찍힌 사진이 우리 인연의 증언처럼 지금껏 선명하다.

현대중공업 군산조선소 박중순 소장 부임 만찬장에 나는 예고 없이 이순자 선수와 나란히 입장했다. 송준영 감독과 함께하려고도 생각했지만 모임의 목적이 전도될까 우려해 감독의 양해와 허락을 받고 선수만 초청했다. 박중순 소장과 표한근 상무가 눈을 크게 뜨며 의아해하는 순간이었다. 나는 깜짝 소개를 통하여 전북인의 자랑이며 올림픽 개인 자격 출전 선수인 이순자 씨를 홍보하고 연하여 카누에 대한 대기업들의 관심도 이끌어내고자 했다.

정성들여 표구한 '자랑스런 전북인 대상' 카페레이드 사진을 이순자 선수에게 증정했다. 참석자들의 얼굴이 환해지면서 분위기가 한층 고조됐다. 선수의 식습관이며 규칙적인 생활, 팔의 근육이 얼마나 단단할까 등등으로 카누와 관련된 화제의 꽃을 피워냈다. '카누'와 '카약' 그리고 '조정'이 어떻게 다른지를 이야기하고 실례가 되지 않을 만큼으로, 옷 위로 팔 둘레를 뼘으로 가늠해 보기도 했다. 이순자 선수는 육식보다 채식을 즐겼고 술은 한모금도 못했다. 규칙적인 생활에 완벽한 체력관리로 선수생활에 충실하면서도 여성스럽고 예의 바르며 특히 어른들 공경하는 마음이 남달랐다.

다음 날 송준영 감독으로부터 감사 전화와 훈련장 견학 초청을 받았다. 평소 봉사와 이웃돕기에 앞장서는 군산대 김정숙 교수와 함께 은파유원지 훈련장으로 갔다. 은파유원지의 물은 맑고 파란 하늘색이었다. 주변에 둘레길이 있어 많은 시민들이 훈련을 지켜 보아주는 것이 훈련의 효과를 배가시킬 성싶었다. 유원지를 가로지르는 다리가 예술품이고 카누연습장으로 최적이게 하는 것 같았다.

한편 전국체전에서 12회 연속 금메달을 안겨준 카누선수들을 대하는 전북체육회의 배려는 어떠한가. 선수들의 이동식 컨테이너 생활이라니! 노상 젖은 옷을 갈아입을 갱의실, 샤워룸, 휴식공간은커녕 이동식화장실을 사용하고 있지 않은가. 도민의 한 사람으로 얼굴 들기가 부끄러운 현실이었다.

송준영 감독은 현재의 부지가 사유지여서 건물을 지을 수 없지만, 조만간 저수지 건너편 호텔 옆으로 이전하면 건물을 짓겠다며 애써 불편함을 감추었다. 하지만 나는 전라북도체육회에 대한 서운함을 쉬이 떨칠 수가 없었다. 이곳에 전북체육회 소속 7명의 일반선수와 군산대생 5명, 서해대생 1명 등 총 13명의 선수가 있고, 초중고생 캠프는 구이저수지에서 별도로 운영되고 있다니 아무래도 이해가 어렵다. 이순자 선수는 후배 선수를 위해 실업팀 만드는 것이 꿈이라고, 완주군 소속이면 더 좋겠다고 했다. 카누 팀을 단일하게 통합했으면 하는 포부의 일단일 게 분명하지 않은가 말이다.

타 지역에서는 우리 이순자 선수를 어떻게 평가하고 있는지 궁금했다. "카누 이순자, 12연패 위업', '우리나라 카누 여제女帝!"

이순자(34. 전라북도체육회)가 전국체전 K1－500m서 금메달 12연패 위업을 달성했다. 이순자는 경기도 하남시 미사리 조정 카누경기장에서 열린 '제92회 전국체육대회' 여자 일반부 결승에서 1분 57초 24로 충남 부여군청 이혜란(21. 1분 59초 73)을 2초 이상 차이로 따돌리고 제일먼저 골인했다. 타 시도 선수와 지도자들은 그의 전국체전 12연패 달성에 대해 '대단한 일'이라고 입을 모으고, 중・고등학교 지도자들은 선수들에게 자기관리가 철저하고 성실한 이순자 선수를 롤모델로 들어 가르친다고들 한다.

대회심판을 맡은 황선자 코치는 "12연패 위업에 소름이 끼친다."라고 표현할 정도로 극찬을 했다. 그런데 정작 전라북도에서는 '그저 12연패' 정도로 여기고 별반 큰 타이틀로 부각시키려고 하지도 않는 것 같다. "이순자 선수가 어찌 외롭지 않을 수 있을까."라고 쓴 경기도 기자 김준희의 기사 내용이 새삼 내 가슴을 두드린다.

도민의 한 사람으로 책임을 느끼지 않을 수 없다. 카누를 널리 알리고 훈련에 열악한 환경의 개선을 도모해보자. 우선 언론의 문을 두드렸다. KBS 전주방송 김영성 총국장을 찾아 방송사장(KBS, MBC, JTV, CBS)들과 전북일보 사장을 중심으로 경제 교육 문화 행정 사회단

용선 타기 체험

체장들을 초청하여 가칭 '지역발전 좋은 모임'이라 명명하고 전라북도의 카누 현황을 제일 화두로 던져놓았다.

이명노 새만금 군산경제자유구역청장, 김종식 타타대우 사장, 유영미 여경협 전북지회장, 김정숙 군산대 교수 등 10명과 이순자(간곡한 바람 1분 발언 기회를 주기 위해서) 선수를 포함한 초청이었다.

모임은 성공적이었다. 천혜의 조건을 갖춘 은파유원지에 비해서 열악한 시설물들을 비교한 영상을 보여주고 선수들의 소원을 잘 전달했다. 방송 3사에서 1시간 전후로 이순자 선수와 김종식 타타대우 사장의 대담 프로를 방영하였고, 여자경찰 모임으로 오인받던 여성경제인협의회의 홍보효과도 지대했다.

그로부터 카누 국내외경기 출전을 전후해서는 반드시 '여산재'가 아니면 군산의 음식점으로 선수들을 초청하여 격려와 축하의 만찬장을 마련하고 고무적인 분위기를 만끽하도록 해주었다. 유독 귀엽고 어여쁜 막내 선수 염인화, 김국주, 유미나. 믿음직스런 남자 같은 김국주 선수는 장차 이순자 선수의 대를 이을 재목으로도 보인다. 군산대생 5명과 서해대생 1명의 장래도 물론 촉망된다. 누구 하나 귀하지 않은 선수가 없는 것이다.

송준영 감독은 목포대학에서 레스링을 전공하고 선수생활을 하다가 카누로 전향한 전남 광양 출신이다. 딱 붙은 귀만 봐도 감독의 성실도와 열성을 짐작할 수 있겠다. 보증수표나 다름없다. 선수와 감독 사이엔 신뢰심이 여실해 보인다. 송 감독이 어머니가 만드셨다며 대병에 담은 매실 원액을 선물로 내놓으며 감사의 표시를 했다. 얼마나 순수하고 때묻지 않은 언행인지 미소가 절로났다. 이러한 인연의 연장선에서 용선을 타게 되었으니 어찌 고맙고 즐겁지 않겠는가.

6월 5일, 두 번째 지역발전 좋은 모임을 여산재 영빈각 연회장에서 가졌다. 방송 4사장과 전북일보 사장, 송하진 전주시장, 서거석 전북대총장, 강이순 전북지방경찰청 차장, 최무연 전주예총회장, 나병윤 전주페이퍼 본부장, 김연하 한국귀금속디자인협회 전북지회장 등이었다. 먼저 전성진 MBC사장 취임과 JTV전주방송 사장 재취임을 축하한 뒤 첫 번째 모임의 성공적인 성과를 브리핑하고 전주 · 완주 통합의 절실함, 한옥마을 화장실 증설 등에 관하여 열띤 토론을 벌였다.

이순자 선수는 나를 만나면 접었던 꿈을 다시 펴고 불태운다고 했다. 더욱 용기백배하고 꿈을 향한 질주에 보탬이 되도록 애쓸 터이다. 2014년 인천 아시안 게임에서도 금빛 물살을 가르며 기필코 최선두로 결승선에 들어서는 이순자 선수의 늠름함을 확인할 수 있을 것이다.

자랑스러운 친구들

1988년 3월 울산대학교 산업경영대학원에서 만났던 친구를 자랑하려한다.

나는 죽을 때까지 배우고 일하기 위해 꿈에도 그리던 사업을 시작했다. 그리고 일 년 뒤 울산대학교 산업경영대학원에 입학했다. 울산대학은 지역 특성에 맞게 산업 경영대학원을 신설했다. 서울공대 토목공학을 전공하고 산학을 겸비한 정영식 박사를 초대 원장으로 모셨다.

어느 날 정영식 박사가 상복차림으로 찾아왔다. 컴퓨터 도입 당시 현대중공업 전산교육에 강사로 모셨던 인연이다. 배움을 원하는 기업인이나 간부사원을 추천해달라는 청이다. 원생 모집에 얼마나 책임을 느꼈으면 삼오 전에 상복 차림으로 오셨을까.

나는 뜻을 같이하는 몇 사람과 함께 대학원의 문을 두드렸다. 입학시험 면접관 중 한 분이 연구 과정 아닌 힘든 석사과정을 그 연세에 선택한 이유가 무엇이냐고 질문했다. 나는 기회가 허락되면 박사과정에 도전하기 위해서라고 나의 꿈 이야기를 했다. 잠시 동안 장내가 술렁였다. 숨어 웃는 소리가 여기저기서 났다.

그로부터 발동한 나의 오기는 이를 악물게 했다. 면학 정진에 온갖 열정을 다 쏟은 결과 학내외에 모범생으로 널리 알려지게 됐다. 신문 방송 잡지사에서 원고 청탁이 쏟아졌고 그럴수록 나의 행보엔 신명이 붙었다. 어쩌면 그때부터 쓰기 시작한 글쓰기가 오늘날의 나, 수필가 국중하를 낳아준 것일 수도 있으리라.

대학원에서 나는 학생회장으로서 김배호 동양시멘트(주) 경남지사장이 부회장으로 궂은일을 도맡았다. 울산대학교 학부 총학생회장을 지낸 정갑윤 원생은 매사에 협조와 융화 그리고 정확한 판단으로 언제나 협조를 아끼지 않았다. 한국미포 한종국 사장은 예나 지금이나 항상 미소를 지으며 원생 간의 친화력을 도모하는 데 최우선이었으며 금번 20주년 모임도 앞장서서 주선했다.

당시 대학원의 구성원을 들여다보면 울산상의, 울산시청, 울산대학교, 한국석유개발공사 등 7명의 간부공무원과, 유공, 현대자동차, 현대중공업, 선경건설, 한국전력, 동양시멘트, 대한유화 등 17명의 대기업 간부사원, 그리고 8명의 중소기업 경영인 등 총 32명으로 구성되었다.

각양각색의 칼라플한 조직이었다. 직위와 연령차도 많았다. 어떻게 보면 화합하고 뜻을 같이하기 어려울 것 같았는데도 '배운다는 목적'이 뚜렷했고, 원장의 탁월한 지도력과 어려운 고비마다 학연과 지역의 인맥을 통해 가르마를 타줬던 정갑윤 사장이 있었고 특히 묵묵히 분위기를 잡아준 양영모 전무, 최헌기, 김관진, 김인정 사장의 역할이 돋보였다. 이렇게 산학연관의 대표성격인 동창생 모두의 협조에 힘입어 학업탐구에 열중할 수밖에 없었던 것 같다. 토론 문화를 정착시켰고, 학술논문에서 산업에 직접 적용할 수 있는 주제를 선정했다. 학문이 산업으로 연계되는, 명실 공히 산학연의 초석이라 할 수 있는 살아있는 교육의 장이었다.

정영식 원장을 중심으로 중앙에서의 명사 특강이 한발 앞서가는 사고를 가지게 했다. 송자 연대총장, 이상주 울산대총장, 최형우 내무부장관, 이관 장관, 청와대 특보 등 명사특강에서 많은 깨우침을 얻었다. 김복만 교수(현 울산교육감)를 비롯한 교수진과 나이 든 학생들 간의 분위기도 화기애애했다. 오죽했으면 이상주 총장이 학부교수회의에서 자랑할 정도였을까? 일본 와세다대와 자매결연기념으로 수안스님의 ≪달 항아리≫ 작품을 안고 간 기억이 떠오른다.

돌이켜보면 정갑윤 의원은 그때부터 정치에 꿈을 갖고 차근차근 준비한 친구다. 욕심을 버리고 포용하며 끈끈한 정으로 인연을 맺어왔다. 어느 회사 준공식에서 김태호 내무부 장관에게 대학원 학생회장이라고 소개하며 "앞으로 큰 일할 분이라며 잘 지켜봐 달라." 소개해 준 내용을 기억하고 있다. 김 장관은 김배호 부회장의 형님이어서 친숙하기도 했었다.

1991년 대학원 문을 나와 시간이 많이 흘렀다. 8월 24일 11시 30분 국회예결위 방청을 시작으로 20주년 동창회를 국회에서 시작하였다. 동창 정갑윤 의원이 국회 예결위원회 위원장을 맡아 예결위가 열리고 있기 때문에 국회에서 동창회를 하게 된 것이다. 예결위 소속의원은 50명으로 막강한 조직이다. 전북에선 장세환 의원이 소속되었다.

위원장 맞은편 방청석 앞줄에 앉았다. 위원장이 회의를 진행하면서 손을 들어 인사했다. 나도 손을 들어 화답했다. 박재윤 기획재정부장관, 김석동 금융위원장, 서규용 농림수산식품부장관 등 많은 정부 측 장관의 답변자와 예리한 예결위원들의 질의응답이 펼쳐졌다. 특히 이정현 의원의 질의가 길게 이어지는데 위원장이 손가락 하나를 펼쳐 보너스시간 1분을 더 주는 것 같았고, 정회선포 전에 참석의원을 일일이 거명하여 감사의 표시를 하는 등 원만하게 회의를 진행하는 모습에 흐뭇했다.

12시 20분에 정회하고 의원식당에서 비빔밥을 먹으면서 동창회를 시작했다. 오후 2시부터 예결위가 속개되기 때문에 의원식당에서 식사를 할 수밖에 없었다. 식후에 위원장 방에서 이런저런 이야기를 나눴다.

나는 오늘의 소감을 말했다. 국회 안내원들이 생각보다 친절하고

국회 예결위원 자리

의원들 밥 먹는 속도를 보면서 '한국호'가 살아있음을 실감한다고. 여의도를 풍수지리학자는 커다란 배 한국호로 풀이한다. 의사당은 기관실이고 63빌딩은 방향을 제시하는 포마스트(fore mast 앞 돛대)라고 할 수 있다. 그런데 우연하게도 기관실(국회의사당) 설계를 내가 모시던 김수근 사장께서 하셨고, 배의 방향을 알려주는 돛대(63빌딩)는 골격부터 외벽까지 나의 작품인 것이다.

입주식立柱式에 건축주 최순영 회장, 제작자 국중하, 설계자 일본인 등 세 사람이 첫 기둥에 너트를 조이는 것으로 입주식을 마쳤다. 그렇게 만들어진 작품 '한국호'의 기관실에서 동문 친구가 나라 예산을 다루고 있으니 자랑스럽지 않을 수 없다.

이런저런 인연을 말하고, 예결위원장에게 예산 책정에 있어 국가 균형발전을 감안해달라는 부탁과 함께 전북은 지정학적으로 경제 중

국회 카펫 계단

심이 될 수밖에 없다는 점을 강조하고, 한국의 '새만금' 대형프로젝트가 성공적으로 완성될 수 있도록 적극 지원할 것을 요청했다. 거제부산은 마치 다른 나라 같더라는 이야기도 덧붙여가면서였다.

친구에게 예결위원장 다음은 국회의장 자리라고 주문했고, 고개를 끄덕여 긍정의 표시를 하는 믿음직스런 친구를 다선의원으로 만들자고 동창들에게 제의했다. 정 의원은 시간에 쫓기면서도 무엇을 찾더니 유명한 화가의 작품 달마 그림 한 점씩을 챙겨서 일일이 손에 쥐어주었다. 살다가 혹시라도 어려운 일 있으면 연락해 달라했고 우리는 예결위 속개 전에 빨간 카펫 위에서, 그리고 위원장 자리에서 기념사진을 찍고서 돌아섰다.

다음 코스는 현담 김배호玄潭 金培鎬 정사正師의 연구소 현담제玄潭齊였다. 마포구 신공덕동 52-1 메트로디오빌 빌딩 1209호에 자리하고 있었다. 교통 요충지에 적당한 높이의 창밖 고층건물 사이로 '한국호'의 돛대가 보인다. 참선을 하면서 김배호 정사正師가 국정을 감시라도 하는 것인가 참으로 예사롭지 않은 일이다. 동창의 한 사람은 배의 돛대를 만들어 세웠고 또 한 사람은 나라 예산을 주무르고 한 사람은 감시를 하고 있으니 한국호가 어찌 순항하지 않을 수 있으랴 싶다.

현담제 안에는 진열대에 다구류茶具類가 보기 좋게 진열되었고 도자기 화로에서 찻물 끓는 소리가 내 마음을 차분하게 어루만진다. 차상茶床 위의 다포, 다관, 수구, 찻잔, 차받침, 향로와 향통, 한국전통차에 대한 각종 자료와 기물 하나하나에 정성이 듬뿍 담겨 있다. 20여 명이 행다할 수 있는 넓은 공간에 한국전통차 연구와 다도茶道 연마에 빈틈이 없다. 차상 앞에 둘러앉아 구수한 우전차雨前茶와 말차를 마시고 입가심까지 할 수 있게 배려해준 차 박사 김배호 정사님의 따뜻한 배려가 은연중 내 가슴에 여며졌다.

십 년이면 강산이 변한다 했던가. 많은 변화와 발전상을 볼 수 있었다. 유공 양영모 전무는 양평에 휴식공간을 마련하여 미래를 연구하는가 하면 해성목재 사장 정갑윤은 삼선 중진의원으로 나라 살림을 맡아하고, 한국미포 한종국 사장은 미래경영 컨설팅그룹을 이끌고, 동양시멘트 김배호 경남지사장은 사장을 거쳐 다도인茶道人이 되었으니 만천하에 이런 친구들을 자랑하는 게 어찌 탈이 될까.

단지 2002년 전북대학교 일반대학원에서 공학박사학위를 받아들었을 때 회상한, 울산에서 대학원 면접 당시 내뱉었던 "기회가 되면 박사 과정에도 도전하겠다." 했던 공언의 정신적 근간만은 절대로 잊지 말고 살아갈 일이로세 다짐할 따름이다.

천만 번 인사人事 나누기

내가 살고 있는 호성동 진흥더블파크 아파트는 전북대 뒷산 건지산을 끼고 있다. 건지산은 1964년 전북대학교 학술림(138ha)으로 지정되어 산책 코스로 그만이다. 취향에 따라 짧은 코스부터 3시간 코스에 오르막 내리막과 가파른 산길까지 다양하다. 느티나무, 단풍나무, 상수리, 잣나무, 편백, 히말라야시다 등 각종 수목이 빼곡히 들어섰다. 언제부턴가 도시자연공원으로 개방되어 인근지역 주민의 휴식공간이 되었다.

단풍과 향나무 사잇길 나무 밑은 수호초, 옥잠화, 맥문동으로 장식했다. 예부터 회화나무 세 그루만 대문 안에 심으면 행복이 찾아든다 했던 일명 학자 수, 행복 수 길을 걷다보면 내가 곧은 선비가 된 기분이다.

나는 지난 오월부터 건지산을 걷기 시작했다. 아파트에서 동물원을 왼쪽에 끼고 지산동을 거쳐 소리문화전당 뒤편을 지나 어린이공원 앞 상봉이 정점이다. 편도 3,5km, 각종 운동기구가 설치되어 있다. 다리를 앞뒤로 벌리고 좌우 옆으로 흔드는 운동, 몸을 회전시키고 윗몸 일으키는 운동, 평행봉과 철봉 등 운동기구가 잘 구비되어 있다. 항상 행정당국에 감사한다. 나는 5개월 만에 체중 5kg을 줄였다. 허리둘레 1인치가 줄고 69kg으로 몸이 가벼워졌다.

그런데 건지산을 걷기 시작한 처음부터도 나는, 스쳐 지나는 사람끼리 인사 없이 무표정하게 지나는 것이 이상했다. 일면식도 없는 산사람끼리는 힘겹게 오르는 등산객에게 반갑게 인사한다. "반갑습니다. 힘드시죠, 정상까지 얼마 안 남았습니다."라고 응원해주면서 안전한 길을 양보하는 것이 산사람들의 통례다. 헌데, 동네 인근 이웃 간에 매일 만나는 사람끼리 인사 없이 얼굴을 가린 채 스치는 것을 이해하기 어려웠다.

우리들 자랄 때만도 어르신을 길가에서 뵐 때는 진지 잡수셨느냐고 식전 이른 아침에는 밤새 안녕하셨느냐고 고개 숙여 정중하게 인사했다. 인사人事의 한자를 풀어보아도, 사람의 일이라는 뜻이니 인사하는 것이 사람이 하는 가장 기본이라는 뜻 아니겠는가. 나부터 인사하기로 마음먹고 인사말을 "안녕하세요."로 정했다. 인사 목표를 생전에 천만번을 하겠다고 다소 높게 잡았다. 약산하면 하루에 천 번씩 삼십 년을 해야 달성할 수 있는 높은 목표다. 때문에 강의할 때나 회사직원조회 공정회의 등 모든 집회에서의 주고받는 인사까지 통산키로 했다.

처음에는 피차가 어색했다. 준비 없이 인사를 받는 편이 더 서먹서먹해하고 당황하는 것 같았다. 개중에는 복면하고 들은 척도 않고 지나는 여성이 있는가하면 말똥말똥 눈을 크게 뜨고 말없이 앞만 보고 지나는 로봇 같은 젊은 여성 등 귀 먹은 것 같은 여성이 많았다. 숲을 거대한 녹색 댐이라한다. 맑은 공기를 호흡하며 걷는데 무슨 위험요소가 있다고 눈만 내놓고 걷는지 불쾌감까지 느껴졌다.

한번은 남성이 복면을 벗으며 깍듯이 고개 숙여 인사한다. 전북대학교 전 학생처장이다, "회장님, 건강하시네요. 그리고 참 독특하세요." 한다. 다른 사람 안 하는 인사를 한다는 뜻이겠지만, 첫마디에 "왜 복면을 하느냐, 여성들도 보기 싫은데 안면피부 보호 목적이라면 선크림을 바르면 될 터인데 남에게 불쾌감을 줘서 되겠느냐."고 충고했다. 초등학교 후배지만 회갑이 넘은 원로교수다. 금세 알겠다며 복면을 접어 주머니에 넣는 모습을 보면서 '역시 교육자다.' 싶고, 당

단풍나무 사잇길

장 수긍해 주는 태도에 안도도 되고 고맙기도 했다.

인사를 받고 잘 모르겠다며 누구냐고 묻는 할머니도 있고 동행자들끼리 아는 사람이냐고 수군거리는 사람들도 있다. 그들에게 다가가 스쳐 지나는 사람끼리라도 서로 인사하면 좋지 않겠느냐고 전하고 얼른 지나간다. 그래도 예의바른 사람이 더 많았다. "네, 안녕하세요?" 하며 모자를 벗으며 인사하는 사람, 허리를 굽혀 인사하는 사람. 젊은 부부가 정답게 걸으면서 여성분은 고개 숙여 인사하고 남성분은 75도로 허리 굽혀 답례하는 잉꼬부부, 인사를 받고 어쩔 줄 몰라 하는 젊은이 등 인사 뒤 기분이 좋을 때가 더 많다.

오후 일정한 시간에 항상 만나는 할머니 한 분이 있었다. 얼굴이 맑고 부富티가 나는 분인데 하루도 거르지 않고 열심히 걸으신다. 할머니는 빙긋이 웃으며 고개를 끄덕여 인사에 답례하신다. "할머니, 건강 하세요."라고 재차 인사를 드리고 헤어진다. 나는 그 할머니를 뵐 때마다 돌아가신 어머니 생각이 났다. 마음공부를 많이 하신 분이다.

얼굴이 맑고 곱게 늙으셨다. 중간에 말씀을 잃으신 것 같다. 어머니보다 키가 훨씬 큰 두 아들은 걸으면서 어머니 말씀에 귀를 기울여 경청한다. 검정 모자를 눌러쓴 어머니는 산행 환담 중에도 인사 소리에 교화를 잠시 멈추고, 아들 둘은 기다렸다는 듯이 "안녕하세요?" 하고 어머니도 따라서 인사한다. 참 행복한 가족으로 보여 기분이 좋다.

어린이 동반가족에게는 "안녕하세요, 안녕!" 하면서 손을 흔들어준다. 아이는 상냥하게 "안녕하세요?"라고 화답하며 어머니에게도 인사를 권한다. 아이는 상냥하게 인사하는데 간혹 젊은 엄마들이 입을 다물고 있는 것을 보면 인사교육의 문제점을 지적해주고 싶어진다. 나의 한량없이 넓은 오지랖이 더 문제일까?

가을이 깊어진 어느 날 서로 간에 "안녕하세요." 인사하고 눈을 마주친 뒤였다. 가벼운 등산복에 검정 모자를 푹 눌러썼기에 처음에는 알아보지 못했다. 뒤늦게야 알아보고 "아이고, 회장님!" "어, 학장님! 여기서 이렇게 만나네요." 했다. 전북대학교 상과대학 전 학장이다. 가던 길 잠시 멈추고 "아하, 회장님이 이렇게 몸을 만드시는구만요." 하며 몇 번이고 감탄을 한다. 몇 마디 나누다보니 가족들은 저만치 내려갔다. "학장님, 그럼 다음에 또 만나요." 하고는 고개 돌려 다음 교행자交行者에게 아는 체하며 발걸음을 재촉했다.

어느덧 겨울이 되었다. 오늘은 소한인데도 포근하다. 일부 산책로에는 밤나무와 단풍나무길이 있다. 밤나무 잎은 널찍하지만 단풍잎은 별모양으로 조그맣다. 홍단풍 청단풍잎이, 노랑 잎과 파랗고 붉은 잎이 수북이 쌓였다. 단풍잎 비단길도 걷고 밤나무 잎을 밟으며 낙엽귀근落葉歸根이라더니 '낙엽이 뿌리로 돌아가는구나.' 중얼거리며 걸었다. 어제 내린 눈이 낙엽위에 소복이 쌓여 생각보다 덜 미끄럽다. 우거진 숲 위를 날며 창공이 찢어져라 짹-짹거리는 새들은 배가 고파서일까, 아니면 설백에 대한 감탄사가 저리 큰 것일까. 까치도 덩달아 짹- 짹 짹 짹 짹 같은 소리를 네댓 번씩 질러댄다.

하산 길은 오를 때와 다르게 뽀드득뽀드득 발장단을 쳐준다. 추위를 덜어보려고 모두가 안면을 가렸지만 나는 인사를 하기위해 귀만 가리고 내려왔다. 가족과 함께였다면 손을 꼭 잡고 하얀 눈을 밟으며 지난날의 노고에 대한 감사와 아름다운 미소를 보냈을 터인데 하는 아쉬움이 느껴졌다. 인사 뒤에 응답해 오는 인사말을 들으면 많은 것들을 짐작할 수가 있다. 가정교육 정도, 직업, 출생지역, 사회활동 정도, 사람의 됨됨이며 그들의 인생철학까지 헤아려진다.

이제 내가 다니는 코스에서는 스치는 사람들 99%가 인사를 주고받는다, 그 중에 1% 정도는 처음 뵙는 분들이다. 요즘은 나보다 먼저 인사하는 분도 가끔 있다. 인사하면 기분 좋고 편안해지니, 생활화한다면 건강을 챙기는 결과려니 일석 몇 조가 될지는 아무도 계산해내지 못할 것이다.

건지산에서 시작한 인사운동이 전주 시민 모두에게 전염이 되어 예향 전북의 상징이 되고 전국으로 확산되어 온 국민이 다투어 먼저 인사하는 우리 국민이 되길 바라면서 나는 오늘도 열심히 인사人事를 건네며 걷고 또 걷는다.

행정구역 개편을 바라며

중앙정부가 10년간 3조 9천 182억 원 이상을 지원하겠다며 자율통합을 유도했지만 전주시와 완주군의 통합을 이루지 못했다. 인구도 많고 우리보다 잘살고 있던 마산, 창원, 진해는 통합을 이뤄냈다. 지난 일이지만 막대한 인센티브가 걸려있던 방폐장도 부안에서의 반대가 심해 무산되었다. 보다 못해 군산에 유치하겠다고 강현욱 지사까지 나서서 삭발경쟁을 했지만, 유치결과는 경상북도 경주로 굴러가 버렸다. 그야말로 굴러든 복을 차버린 셈이다.

중앙정부는 전주 · 완주 통합에 따른 시너지효과를 크게 기대했다. 지방자치제의 세분화로 발생하는 지방행정상의 낭비요소를 줄이고 경쟁력을 갖출 수 있기를 도모한 때문이었다. 작금의 활용가치나 효율성을 고려하지 않은, 지자체간 경쟁적으로 지어놓은 시설물 활용의 비효율성과 인구감소에 따른 행정력 낭비 등을 행정체제 개편을 통해 해결의 단초를 마련하자 함이 시대적인 당면요청이라 하겠다.

내가 울주군과 울산시를 통합하여 울산광역시를 만들겠다고 뛰어다닐 때, 당시 집권여당 이세기 정책의장이 울산이 광역시가 된다면 전주 · 완주가 가만히 있지 않을 것이라고 말했다. 하지만 16년이 지난 지금도 전주 · 완주간의 통합은 이뤄지지 않고 있다. 지난해(2011년), 내가 전주 · 완주 통합추진협의회 공동대표를 맡아 추진을 했지만, 결과는 실패였다.

정부가 230여 개의 세분화된 지방자치행정 구역을 70여 개로 축소 개편하기로 하고, 강현욱 전 전북지사를 추진위원장으로 선임한 것이 천만다행한 일이다. 현재의 행정구역은 산과 강, 하천 등을 경계로 나누고 있지만 도계를 떠나 문화까지 고려한 행정구역으로 개편되면 좋겠다.

예를 든다면 강 하구는 연결된 문화권이 있다. 금강 하구만 해도, 철새도래지라든가 항구, 포구 등이 있다. 따라서 새만금을 중심으로 부안, 김제, 군산, 장항, 서천군 일부 등 금강 하구 문화권을 통합하는 것이 바람직하지 않겠는가. 행정구역 개편은 국가경쟁력을 높이고 행정서비스를 개선하여 지역민을 보다 잘살게 할 방책이 될 것이다.

개편 때문에 유휴 고급인력이 생긴다면 해외로 나가 신흥국을 지도할 수도 있으리라. 우리에겐 성공적으로 이끌어온 '새마을운동'이라는 좋은 프로젝트가 있다. 신흥개발 국가에 나가 마을길도 넓히고 우리 모두 잘 살아보자고 외쳐 노래할 일이다. 고급인력 수출을 전개하여 국가 브랜드 가치도 높이고 외화벌이와 함께 한국문화를 수출해 나가면 좀 좋겠는가.

지금부터 세계를 지도하고 이끌어 나가 2050년에는 한국이 미국과 나란히 G2국가로 세계에 우뚝 서기 위해서라도 행정구역 개편은 반드시 이뤄내야만 하는데…….

독서의 생활화를 다지고자

현대가 아무리 자본주의사회요 물질만능 시대라 하지만, 그러함에 더욱 독서의 중요성은 간과할 수가 없다. 자고로 동서고금의 누적된 학문과 교양 그리고 철학은 독서를 통하여 찾았고 그만큼 중요시해 온 것이 책이요 독서였다.

예부터 우리의 어른들은 낮으론 고된 농사일을 하고 밤으론 호롱 밑에서 책을 읽는 것(주경야독晝耕夜讀)을 당연시했으며 미덕으로 여겼다. 틈틈이 책에 매달려 살면서 책 속에서 길을 찾고 진리를 구함으로써 바른 생각, 훌륭한 일을 할 수 있다고 굳게 믿었기 때문이었다. 그렇건만 우리에게는 해방 직후까지 책이 무척 귀했다. 잡지도 흔하지 않았고 신문조차도 여간 귀하지 않았다. 시골에는 마을 이장 댁이나 잘사는 몇몇 유지의 집에서나 신문을 볼 수 있을 정도였다.

어느 날 들에서 모내기 도중에 새참을 먹고 나서 잠시 쉬고 있는 참이었다, 두 내외가 한식구같이 지내며 우리 집일을 돌봐주던 온용

균이라는 사람이 있었는데 흙 묻은 신문지 쪼가리를 들고 도랑의 물로 거기에 묻은 흙을 씻어낸 후 골똘히 읽고 있는 모습이 나에겐 참으로 유심하게 보였다. 진짜로 그가 예사로워 보이질 않았기 때문이다.

하루 종일 일하고 몸 가누기조차 고단할 텐데도 집에만 들어오면 무엇이든지 읽을거리를 찾고 갈구하는 그였다. 6·25전쟁이 끝나고 서울에도 판자촌주거문화가 대부분일 때 그는 무작정 상경했다. 그리고는 온돌을 놓는 기술자가 되더니 어느새 일류 미장공이 되었다. 그런 다음에는 대형 건축공사 하도급 시공사이더니 드디어는 종합건설회사를 설립한 후 서울대학교 관악캠퍼스 이전공사의 일부 설계에서부터 시공까지 수주를 받았다. 그러한 그의 생활 역정을 가까이에서 지켜보면서 나는 독서의 생활화가 진정 위대한 힘인 것을 거듭거듭 상기했었다.

책이란 끊임없이 방황하는 사람을 바로잡아주는 멘토이자 희망의 손길이라고 여겼다. 현실적으로 고민을 스스로 풀기 어려울 때, 그 고민을 잠시 밀쳐두고 소설책을 읽으면서 그 책의 주인공이 되어 다른 세상을 여행하고 나면 뜻밖으로 길이 보이고 맑은 정신으로 그 일에 집중한 경험이 비일비재다.

'무중력 상태'를 경험하게 해주는 마법의 도구가 책이라고 말한 어느 작가가 생각난다. 상상과 욕망을 가로막는 현실세계의 중압감이 책장을 펼치는 순간 깡그리 사라지고 공간대와 시간대가 무한으로 확장되어 스스로의 삶뿐 아니라 전 인류의 삶을 체험할 수도 있기 때문이라고. 현실세계가 답답할 때면 책을 펼치고 일상에 갇힌 폐쇄회로에서 과감히 탈출하여 훨훨 날아오를 수도 있다는 얘기였던 것 같다.

인간이 먹지 않고 살 수 없듯이 책은 생명의 에너지와 같아 “책은 음식과 같다.”는 의학 전문의가 있는가 하면 어느 사업가는 “넓고 넓은 시간의 바다를 지나는 배”에 비유하기도 했다. 아무리 난해한 어떤 문제라도 책 속에선 반드시 해법을 찾을 수 있다는 주장일 터이다.

그러기에, 영국은 민간단체 북 트러스트가 대학도서관 등과 공동으로 1992년부터 매월 10만 권 이상의 도서를 어린이들에게 전달하였고 미국은 저소득층 어린이들에게 정부주도 북 포커스(Book Forkids)와 민간주도의 퍼스트 북(First Book)운동하에 1990년부터 지금까지 약 5백만 권의 책을 흑인과 빈곤가정 자녀들에게 보냈다고 한다. 그 책들을 받아 읽은 아이들은 그러지 못한 같은 또래 아이들보다 읽고 쓰는 능력이며 수치계산능력 또한 뛰어났다는 관찰 결과가 나왔다니 어찌 예사로운 일일까.

한국도 문학단체와 종교단체 등 각 기관에서 산발적이나마 책 보내기운동을 전개하고 있다. 어린이재단 전북본부에서도 소외지역 어린이의 독서 생활화를 위해 전북일보사와 함께 ‘책 나눔 캠페인’을 벌이며 책 기증운동에 기여하고자한다. 일만여 권의 책을 기증받아 저소득가정 아동과 지역 아동센터 그리고 아동복지시설 등 아이들을 돌보는 공부방에 보낼 계획이다.

자녀들이 다 자라서 현재는 읽지 않는 아동도서나 청소년기에 필독해야할 도서를 소장하고 있는 가정들에서 차세대 어린이를 위해 그들 도서를 기증해준다면 정말 좋겠다. 우리 청소년들의 가슴을 훈훈하게 데워줄 양서를 골라서 진정을 다해 전달하리라. 세상풍파에 대처할 아무런 방패가 없이 자라야하는 아이들과 농어촌의 학생들이 꿈을 꾸고 그 꿈을 실현할 지주를 세울 수 있으리라. 그들 성장 역정의 큰 주춧돌이 될 작은 불씨 한 톨이라도 지펴주기를 삼가 바라는 마음이다. 대한민국을 세계 중심국으로 이끌어갈, 미래의 희망인 청소년들의 알차고 바람직한 독서생활 풍토에 명실상부한 기틀이 마련되길 바라마지 않는다.

책 보내기운동을 함께하는 전북일보사와 후원해준 현대자동차 전주공장, 한국GM노조, 한국증권거래소, 아이 엠 아이, 셰플러 코리아 전주공장, 롯데백화점 전주점, 전북지방우정청, 현대스위스4저축은행, 한국KPS 군산사업소, 나무풍경 등 후원사에 이 지면을 통해 깊은 감사를 드린다.

차별화 방송에 대한 기대

나는 뜻밖의, MBC 전주방송 시청자 위원장을 맡게 되었다. 시청자 위원은 시청자가 뽑아야 할 텐데 방송국에서 추대를 하는 경우가 더러 있다. 위원장도 위원들이 뽑아야 할 것인데 이번에는 라종일 위원장이 우석대학총장 임기를 마치고 전주를 떠나기 때문에 부회장을 맡고 있던 나에게 잔여임기가 승계된 것이다.

라종일 위원장이 세계화 수준의 방송잣대를 대고 변화의 바람을 이뤘기 때문에 이를 이어가야할 책임이 크다 하지 않을 수 없다. 위원회는 라디오 프로그램, TV프로그램, 뉴스 프로그램 등 전주 MBC프로그램에 대한 고견과 소감을 자유롭게 논의하고 의견을 개진하는 소임을 다해야 하는 조직이기에, 회의가 시작되면 날카롭게 지적을 한다.

구성위원들의 면면을 보면 경제, 문화, 교육, 환경, 언론, 여성, 청소년, 소비자 단체 등 각계 12명의 대표자들이다. 시청을 많이 못하여 별로 할 말이 없다면서도 일단 회의가 시작되면 진지하기 짝이 없다.

프로그램 개편 요구, 방송자막의 중요성(전문성 시대를 대비한), 언제까지 공영방송을 할 것이냐, 부정적 뉴스가 많다, 진행자의 성대모사가 너무 식상하다, 진행자의 자세, 배경화면의 색상 등 지적 양상이 각양각색이다.

언젠가는 토론회를 진행했던 MC에게 면전에서 토론 내용이며 의상이며 자세까지 칼날 같은 지적을 거침없이 날리기도 했다. 2시간여 동안 신랄하게 난도질하고도 모자라 식사시간까지 이어지기도 일쑤였다. 오죽하면 담당 국장이 등에서 땀이 흐른다고 표현을 했을까.

전주 MBC는 올해로 창사 46주년을 맞아 연중캠페인으로 나눔과 상생, 배려와 감사, 정이 넘치는 따뜻한 세상 만들기 등 전통문화, 환경, 지역발전, 나눔 등으로 지역방송답게 잘 설정하였다.

MBC방송인들은 독특한 면이 있다. 개성이 강하고 고집이 세고 항상 변화와 새로움을 추구하며 무한도전을 꿈꾸는 특장을 가진 집단인 것이다. 진분홍 블라우스에 하얀 재킷을 입은 밝은 모습으로 산뜻한 기분이 들게 한다든가, 헤어스타일 등 외모 면에서도 차별화를 꾀한다. 방송 내용에서부터 용모와 행동거지까지가 차별화된 방송인들이 모여 일하는 곳이 바로 MBC다.

지난날 대내외적으로 힘겨운 싸움을 하느라 광고매출이 40%까지 급감하는 상황에서도 회사 구성원들이 긍정적인 자세를 견지하려 무척이나 노력했다. 지역신문보기 캠페인과 전통시장 활성화에 앞장서 지역민의 시선을 모았고, 지방이미지 부각과 해외동포 소식을 확대하는 등 타 방송과의 차별화를 꾀하였다.

조직도 5개국 1실 12개 부서를, 3국 9개 팀으로 통합 축소 개편하는 등으로 시청자를 위한 방송에 최선을 다하는 모습이 보기 좋았다. 선동규 사장이 취임하면서 임직원들이 자신에 차있고 방송의 역사성과 현실성 그리고 전북지역의 장점을 살려 한마음으로 비전을 제시함으로써 신속하게 단기간에 정상을 회복했다.

2010년도 결산에서 이를 증명해주었다. 25억 영업이익을 이뤄냈고 지역방송 중 4위의 좋은 실적을 달성했다. 이는 방송인들의 부단한 노력의 결실이라 하겠지만, 여기에는 날카롭게 지적하고 비판하고 끌어안아 준 시청자위원의 역할도 한몫을 거들었다고 자부한다.

시청자위원회는 앞으로도 MBC전주방송 임직원들과 함께 보다 시청하고 싶은 방송, 시청자의 욕구에 부합하는 방송이 되도록 당근과 채찍을 게을리 하지 않을 것이다.

우리 아이!

LOVE HARD(열심히 사랑)하고 LOVE SMART(진정으로 사랑)하자. 어린이재단 전라북도후원회는 우리 아이들과 함께 합니다. 1948년 3월 미국 기독교 아동복리회(CCF)가 한국지부를 개설하면서부터 우리나라 어린이재단지원 사업이 시작되었고, 전라북도는 1966년 3월 아펜셀러 어린이회 전주분실을 전주보건소에 설립하면서부터 시행되었습니다.

대망의 2011년 신묘辛卯 새해를 맞아 어려움을 겪고 있는 도내 어린이들에게 용기와 희망을 주고, 그들이 행복해질 수 있도록 축복과 소원성취를 기원합니다.

전라북도(2010년 12월 기준)에 따르면 도내 기초생활수급자 11만 3천명 중 6~17세 아동이 2만 3천700명으로 전체의 20%를 차지하는 것으로 나타났습니다. 경제적 어려움에 따른 가정의 해체가 증가하면서 빈곤아동의 수는 더 많아질 것으로 예상됩니다.

어린이재단 전북지역본부 후원회는 지난 2010년 한 해 동안 약 3,200여 명의 도내 빈곤아동에게 약 16억 원의 경제적 지원을 실시하였습니다. 또한 도내 사회복지시설과 협력관계를 구축하고, 방송, 단체, 기업의 후원을 통해 72명에게 주거안정자금, 생활안정자금, 의료비, 대학등록금 등 약 3억 원을 지원하였습니다. 도내 외 약 3천여 명의 개인후원자가 매월 후원에 참여하고 있지만, 도내 더 많은 빈곤아동들이 지원을 받기 위해서는 도민들의 더 많은 참여가 필요합니다.

어린이재단후원회에서는 학업, 예술, 체육 등 특정 분야의 소질과 재능을 가진 아동들에게 재능개발 기회를 제공하여 우수한 인재로 성장할 수 있도록 양성, 지원하는 사업도 전개하고 있습니다. 도내 국악신동으로 잘 알려진 박성열 학생을 비롯하여, 태권도, 축구, 미용요리에 재능을 가진 총 5명의 아동들에게 약 3천만 원의 인재양성지원금이 지원되었습니다.

어린이재단 전북지역본부 후원회는 빈곤아동의 경제적 지원 이외에도 도내 기부문화의 확산을 위해 언론사와 연계하여 산타 원정대를 비롯한 각종 캠페인, 나눔 현판 전달 등을 전개하고 있으며, 기업과 단체가 함께할 수 있는 다양한 사회공헌 사업도 전개하고 있습니다.

후원 분위기는 나눔을 실천하려는 도민들의 적극적이고 자발적인 참여가 이루어질 때 확산될 수 있기 때문에, 우리 주변의 소외된 빈곤아동에 대한 도민들의 관심과 후원참여가 절실합니다.

"아동의 경우 절대적인 빈곤보다 상대적인 빈곤이 더 문제가 되는 요즈음입니다. 아이들이 마음껏 배우고 체험할 수 있도록 아동 발달에 맞게 지원하는 것이 매우 중요합니다. 그리고 빈곤아동들도 내

아이와 똑같이 피아노를 배우고 학원에도 다닐 수 있게 해야 한다는 인식의 전환이 꼭 필요합니다."

1948년부터 60여 년간 세상 모든 아이들의 행복을 위해 한길을 걸어온 어린이재단은 투명성과 인류애를 실천하는 국제적인 아동복지기관입니다. 3,000여 개인 후원자님과 'KBS 사랑의 리퀘스트', MBC '어린이에게 새 생명을' 등으로 보내주신 방송사, 신세계, ECS, LIG 손해보험 현대자동차 등 기업후원사에 깊은 감사를 드립니다.

여산다실餘山茶室 학鶴손님

2011년의 어느 날씨 좋은 날이었다. 전북의 문인 몇 분과 함께 조이앙스 유춘순 사장의 안내로 경남 함양군 수동면 화산리 죽염종가 인산가仁山家를 찾았다.

의학자 인산 김일훈仁山 金一勳(1909~1992) 선생의 차남 김윤세 씨는 전주대 대체의학대학 겸임교수로 경남 함양의 삼봉산자락에 약 5만여 평의 인산가 기업체를 설립했다. 황토방, 문화관, 인수관, 이화관, 강당 등 총 35개실을 두고 일부에선 죽염제품을 전시, 인산제품을 판매하는 매장을 마련했다. 생명과학연구소와 제약 및 자연친화적 기능성식품을 제조하고 항암식품을 개발하고 있는 것이다.

점심때가 되어 준비한, 조미료 없이 자연식재료로만 조리했다는 반찬에 포도주를 반주로 맛있게 오찬을 든 후 지리산 롯지로 이동했다. 지리산 등산객과 둘레길 트레킹 마니아들의 쉼터인 롯지는 폐교를 현대식으로 리모델링하여 강당, 바비큐그릴, 텐트사이트 등 80여

명의 수용이 가능할 것 같았다.

곧장 우리나라 최초의 죽염공장이라는 함양읍 용평리 삼봉산기슭 인산죽염공장을 둘러보았다. 공장 입구에서 일반소금에 비하여 이곳 죽염의 우수함을 알 수 있는 실험결과물을 육안으로 일별했다. 소금물에 철편을 넣어 부식된 결과물을 보면서 정제염보다 천일염이, 천일염보다 죽염이 더 우수하다는 것과 항암, 노화방지 효과가 높다는 내용을 부산대학교 박건영 교수의 보도자료로서도 입증하고 있었다.

대통 속에 간수를 뺀 천일염을 넣고 입구를 황토로 막아서 가마에 넣은 후 장작불을 지펴 굽다보면 대나무는 타버리고 하얀 소금기둥만 남는다. 이를 다시 가루로 분쇄하여 같은 방법의 공정으로 8번을 굽고 마지막 9번째는 내열 특수로特殊爐에서 1,400도 이상 가열하여 용암처럼 녹아내린 소금을 냉각시킨, 단단한 돌덩어리를 분쇄하여 가루 또는 미세한 입자로 만드는 생산과정을 유심히 살펴보았다. 연간 천일염 수천 포대를 소화한다고 설명하는 김윤세 사장에게는 의학전문가보다도 사업가다운 면모가 더 여실해 보였다.

인산가 견학을 마치고 김윤세 사장의 안내를 받아 백두대간 삼도봉三道峰을 찾았다. 충청북도 영동군, 경상북도 금릉군, 전라북도 무주군의 경계에 우뚝 솟은 산(해발1,181m)이다. 사방이 탁 트이고 천하를 발아래에 두고서 인공저수지에 잉어를 키우면서 수달을 불러들여 함께 놀며 지낸다는 한산 대사를 만났다. 기암의 기세가 서려있는 명소에 신선정神仙亭이 있었다. 우리 일행도 신선이 된 양으로 그곳에 둘러앉아 한산 대사의 거처 내력 담談에 귀를 기울였다.

한반도의 자연적 상징이라고 할 수 있는 백두산 장군봉에서 시작하여 지리산 천왕봉까지 백두대간 1,400km에 이르는 크고 작은 산줄기와 계곡이 10대강 물줄기의 발원지이자 한반도의 명산들이 자리하고 있으며 남한의 경우 6개도와 32개 시 · 군에 걸쳐있다는 설명이었다. 한산의 일상생활 거처와 강의실 천자전天子殿, 죽은 이의 부도들이 함께하고 있었다. 생사의 차안此岸에서 열반하여 피안彼岸으로 건너가는 파라밀波羅密(Paramita) 수행법을 실천, 이승의 고통과 번뇌를 해탈, 열반에 들기 직전의 도사가 아닐까 여겨지기도 했다.

120세까지 살겠다며 혼자 살기 외롭다고 뜻이 있는 분에게 땅을 무상으로 주겠다며 들어와 함께 살자한다. 월남 이후 서울에서 강의로써 모은 돈을 털어서 아무도 돌아보지 않는 무주군 설천 일대의 저렴한 땅이며 마을의 계곡이며 주변 일대의 많은 토지를 무작위로 사두었던 것이라고 했다.

거처는 대형 벽걸이, 텔레비전, 수세식 화장실, 전통다실 등을 갖춘 조용하고 아늑하며 쾌적한 공간이다. 차상에 둘러앉아 차를 나누며 이런저런 이야기를 나눴다.

한산 대사는 고고학을 연구하는 시인이었다. 죽을 때까지 공부하고 일하기 위해서 이곳을 찾았다고 한다. 그래서인지 들어오는 초입부터 난간에 이르기까지 크고 작은 탑들이 수없이 많다. 한글이 세종대왕 이전 고조선 때부터 있었다는 자료를 가지고 있다며, 그래서 한글을 세종대왕께서 편찬하실 때 "4,000여 년 전 옛 글자 단군 시대의 가림토 문자를 참고했다."라는 이야기도 들려주었다. 시간이 짧아 길게 이야기를 듣지 못하고 그만 전주로 돌아와야 했다.

후일 한산 대사 일행이 '여산재'엘 왔다. 동반한 일행의 면면을 보면 국내대형극장 무대조명을 맡았던 방산芳山 김길선金吉善 작가, 일

한산 대사 일행 여산재 방문

학鶴작품 전달식 및 방산 바

본에서 의상디자인과 생활미술을 전공한, 색종이 접기의 달인 김정덕金貞德 작가, 전통천연발효염색 연구소 최옥자崔玉子 이사장 등 예사로운 분들이 아닌데다 이미 설천계곡에 별장을 짓고 신선같이 지내는 분들이다.

여산교육문화관, 세미나장, 여운정, 사방댐, 영빈각 등을 둘러보고 여산다실에 둘러앉았다. 침향을 피우고 은은한 음악을 들으며 차를 나누고, 좋은 이야기가 이어졌다. 여산재의 유래와 영빈각을 건축할 때 앞에 보이는 주봉을 약간 비껴서 기초를 했다는 설명을 하면서 주봉이 지도에는 학동산鶴洞山이라고 명기되었는데 산세를 보면 꼭은 학이 큰 날개를 펴고 여산재 쪽으로 날아오는 형상이라는 등의 학鶴에 대한 대화를 이어냈다.

그해 12월엔 예사롭지 않은, 김정덕 작가님의 임진壬辰 새해 연하 작품(색종이 소재)을 받아서 여산다실에 고이 보관하고 있다. 보낸 이에 '병천에서 김 올림'이라 적혀있고, 짙은 하늘색 바탕에 여의주를 물고 춤을 추는 용비봉무龍飛鳳舞 형상이다. 산천 맑고 신령神靈한 기세의, 용龍과 봉鳳의 춤을 상징하는 작품이다. 새해 복 많이 받고 지금처럼 하는 일마다 성공하기 바란다는 내용을 작품 뒤에 끼워서 보낸 것이다.

그로부터 한 해가 훌쩍 흘렀다. 우리 일행들의 발동이 문득 설천 쪽으로 걸렸다. 처음에 동행했던 박성숙, 공숙자, 조미애, 유춘순에 무주에서 김남곤 시인까지 합류했다.

삼도봉 계곡을 굽이돌아 올라서 왕년에 무대조명의 달인 방산芳山 선생의 별장을 찾았다. 방산 선생은 강원도에 오래 거하다가 이곳 대불리로 옮겨왔는데 이런 산골에 '바bar'가 있으면 안 될 이유 있느냐 싶었단다. 좌우로 설치한 긴 스탠드 앞에 다소 높고 길게 이어진 원목 의자를 배치하고 술잔들을 바의 덮개 내부 천장에 거꾸로 바둑알처럼 걸어놓았다. 약식이지만 간편 스탠드 바stand bar가 잘 차려져 있는 셈이었다. 세련된 내부인테리어와 고급스런 분위기로 손님을 즐겁게 맞는 바텐더[芳山], 지긋한 연세에 걸맞은 소위 뉴욕의 스탠딩 바를 연상시키지 않는가. 각종 양주가 벽면 진열대에 수두룩하다. 술잔을 비우기가 무섭게 바텐더가 얼른 술잔을 채운다. 양주를 나누면서 홀 안에 갖추어진 노래방 기구에게도 한몫을 담당하게 하여 좌중의 분위기를 한껏 달구어주기도 했다.

여산재 앞산이 학동산이었다면서 학 두 쌍(4마리)을 원목으로 다듬어 만든 진귀한 작품을 나에게 줄 선물로 준비해두고 있었다. 그 학들을 여산다실 안쪽 창가에 안치하여 학동산을 바라보게 해달라며 정겨움을 토로하였다. 거치 장소까지 배려한, 세심하고도 정성스런 작품을 받아들고 작가님께 고개를 깊이 숙였다.

놀기는 방산 선생 댁에서, 저녁은 이웃의 최옥자 이사장 연구소(쪽염색 1호명장)에서 감식을 했다. 늦은 저녁에야 집에 돌아와 방산 작가가 지정해준 장소에 학들을 안치했다. 그야말로 어울림이 환상적이었다. 감동이 아닐 수 없었다. 살다보면 무엇으로든 보답할 부분이 꼭은 있으려니 싶은 마음이 들었다.

2012년 12월 12일 또 작품을 받았다. 저자 김정덕의 ≪황토 집과 자연건강법≫이란 책과 계사년癸巳年을 맞는 연하 작품이다.

임진년壬辰年 작품 연하장

계사년癸巳年 작품 연하장

황금색 바탕에 노란색과 빨간 연꽃 그리고 파란 연잎 옆에 뱀이 똬리를 틀었다. 꼬리에 청개구리를 태우고 빨간 혀를 내밀고 있는 작품 옆에는 묘유만복래妙有萬福來라 새겨졌고 아래위에 낙관이 찍혔다. 카드 뒤에 "새해 건강하세요. 뜻하시는 대로 매사를 성공적으로 이끄시기 바랍니다. 더 멋있게 사실 것을 기대합니다." 병천에서 황토 土民 올림이라는 예서다.

받는 사람 기호에 맞게 디

자인하고 정성을 다한 작품을 받고 보니 감탄하지 않을 수가 없었다. 처음 만났을 때부터 "내가 침 발라놓았다."며 다른 사람들 얼씬 못하게 하면서 분위기를 살리는 멋진 여성이었다. 아드님이 천안에서 친환경으로 농사지었다고 친환경 오이를 큰 박스로 보내주기도 했다. 귀중한 옥서와 연하장을 받았으니 무엇으로든 보답을 하긴 해야 할 텐데 걱정이다.

2013년 계사년 3월 19일은 26번째 맞는 우신宇伸 창립기념일이고 3월 26일(음력 2월 15일)은 내 생일이다. 두 생일에 가까운 주말을 찾아보니 3월 23일이다. 기상의 날 토요일에 사람과 회사의 생일을 기념하는 출판행사를 하면 그 참에 생일도 찾게 되는 것이리라. 그날에 황금찬 선생님과 김우중 평론가의 시를 새긴 시비 제막도 함께하면 퍽 다채롭고 뜻깊은 행사가 되겠거니 싶다. 그날엔 필히 한산 대사 일행을 초청하여 여러 하객들 앞에서 나의 속 깊은 정을 다소나마 전할까 싶기도 하다.

3부

신비의 바닷길

······. 진도역사관 등의 운림산방을 들르지 못하고 돌아옴이 아쉬웠지만 생각거리도 많고 밝은 날빛 못지않게 눈빛을 맑힌 하루였거니 싶다.

신비의 바닷길

바닷길이 열린다는 방송을 듣고 ≪전북일보≫ 사장에게 전화했다. 4월7일부터 9일까지 매일 한 시간씩 열린다는 진도 '바닷길축제'에의 관심에 합의했다. 진도 출신 조미애 선생이 빈틈없는 일정을 짰다. 처음에는 개막일에 갔다가 해남에서 자고 섬진강변을 돌아 화개장터에서 재첩국에 점심을 하고 쌍계사 앞 녹향 다실에 들러 오신옥 양이 내려주는 자연산 작설차를 두어 잔 마시고 돌아오면 좋겠거니 여겼는데, 일정을 조율하다 보니 일요일인 8일 아침 10시에 출발하여 늦어도 밤에 돌아올밖에 없게 되었다.

전북일보 사장 내외분과 조미애 선생이 한차에 동승을 했다. 목포에 도착하여 예약된 낙지 비빔밥을 맛있게 들면서 우리도 언제까지 구태의연한 전주음식자랑에만 의존하지 말고 보다 특색 있는, 실질적인 음식 맛의 연구개발에 각고의 노력을 해야 하지 않겠느냐는 등등으로 음식문화에 대한 다양한 대화를 이었다.

(위) 바닷길이 열려서
(아래) 해산물 한가득

축제장을 향해 출발하면서 진도 읍내에서 진돗개 한 마리를 구매하자 정하고 나서, 진도대교 아래에서 잠시 소요했다. 불현듯 임진란이 떠올랐다. 정유재란 때 이순신 장군이 13척의 배로 133척의 왜선을 무찌른 울돌목에 세워진 이 대교가 아닌가. 울돌목이란 '소리를 내어 우는 바다길목'이라는 순수한 우리말이랬다. 한자로는 명량해협鳴梁海峽이라 불린다. 울돌목의 폭은 294m인데 물살이 세고 소용돌이가 심해서 그 물결소리가 해협을 뒤흔들 정도라 했다. 손가락으로 짚어가며 진지하게 나누는 이야기들 중에 갑자기 김 기사가 뛰어들었다. 진돗개 판매소가 지척에 있노라고. 강아지들의 이모저모를 뜯어보았지만 어쩐지 믿음이 안가서 읍내로 향했다.

어린이재단에서 소개받은 진돗개 전문인 이창무 씨를 찾아 '진돗개황구센터'에 갔다. 정봉수 씨가 2월 22일생이라며 강아지 두 마리를 들고 나왔다. 순종이라고 자랑일색인데 난데없는 바람잡이가 나타나 자기들이 사겠다고 경합을 벌인다. 천하의 순진동이 현대판 선비 김남곤 회장이 내 옆구리를 쿡쿡 찔렀다. 갖출 것을 다 갖춘 순종이라며 빨리 돈을 주고 사라는 뜻으로였다. 행여 저들 바람잡이들이 먼저 채어갈까 봐 안달을 냈다. 하지만 나는 그분들에게 팔 테면 팔라고 하며 뒷전에서 전문인과 흥정을 했다. 그 사람 역시 한통속일 수도 있다는 느낌이 짙었지만 방송국에서 왔다던 바람잡이들도 어느 샌가 온데 간데 없이 사라졌고 나는 끝내 마음에 꼭 드는 황구 암컷 한 마리를 사게 되었다.

나는 개 이름과 주소를 보내주기로, 개 주인은 개의 혈통증명서를 보내주기로 약속을 단단히 했다. 김남곤 회장이 진짜 진돗개라는 뜻을 담아 진진(Jin Jin－眞珍)이라는 견명이 어떠냐고 했다. 부르기도 좋고 국제화에 걸맞은 이름이거니 싶었다. 개도 이름도 부쩍 마음에 들어 서울로 전화했다. 아진, 무진, 은미 모두 좋아하며 출생일을 따지더니 크기 전에 진진이 보기 위해 주말에 내려오겠단다.

여산재의 '여운정餘雲亭', 수필집 ≪들녘 바람몰이≫, ≪여산재 가는 길≫을 더불어 개 이름 '진진(Jin Jin－眞珍)'까지 김 회장이 지어준 이름들이 세월 따라 늘어났다. 숨어있는 작명대가인 셈으로 얼마나 고마운 일인지 모르겠다.

진돗개는 용맹성과 수렵본능의 품성을 지니면서 충성심과 귀가 본능이 강하기로 이름이 나있다. 진도에서 대전으로 팔려간 진돗개가

진도대교 공원에서

7개월 만에 옛 주인을 찾았다는 이야기와 세상을 떠난 주인 곁을 떠나지 않고 자리를 지켰다는 충견 이야기 등은 널리 회자된 실화들인 것이다.

진도군 고군면 회동리에 도착하여 '34회 진도 신비의 바닷길 축제'에 참가했다. 뽕할머니 제례와 영등살 놀이(바닷길 놀이 한마당)는 어제 개막식 행사 프로그램으로 볼 수 없었지만 '회동바닷길무대' 공연장에 들어섰다. 예쁜 소나무가 간간이 서있는 경사진 산의 지형지물을 백분 활용하여 자연스럽게 조성한 관람석은 전천후 반구형 영구시설로 설치되었다. 위치가 신비의 바닷길을 가깝게 볼 수 있고 공연장 옆에 뽕할머니 사당이 있는데, 인근에 뽕할머니 무대가 별도로 마련되어 있었다.

오후 3시에 공연장에 도착했기 때문에 선박들의 화려한 퍼레이드는 보지 못했지만 서울시립 국악관현악단의 초청공연은 관람할 수 있었다. 진도 고유의 민속예술 강강술래, 씻김굿, 남도 들노래, 진도다시래기 등 국가지정 중요무형문화재와 만가, 북놀이 등 다양한 볼거리가 있었는데 안내방송이 시원치 않아 엉뚱한 곳에서 기다리다 일부 볼거리를 놓친 터라 잠시 진행에 불만을 토로하기도 했다.

세계적으로 알려진 진도 신비의 바닷길은 매년 음력 2월말에서 3월 초 고군면 회동리 뽕할머니 동상에서부터 의신면 모도리 뽕할머니 가족상까지다. 약 2.8km의 바다가 조수간만의 차에 의해 해저의 사구砂丘가 40여m폭으로 물위에 드러나 바닷길을 이루는 것이다.

매년 이러한 신비를 보기위해 국내외 관광객 수십만 명이 찾아온단다. 바닷길이 완전히 드러나 있는 약 한 시간 정도의 기적을 우리가 몸소 보듬어 안을 수 있다는 게 여간 고소한 일이런가. 여산재 관장이 장갑과 장화 비닐봉투까지 준비해 줘 바다냄새 물씬거리는 미역을 다량 채취할 수 있었다. 나는 신비의 바닷길을 두고두고 추억하기 위해 커다란 조개껍데기 하나와 미역이 붙어살던 수석 하나와 물속에서 지천으로 하늘대는 파란미역을 덤벙덤벙 걷어서 비닐봉투에 담았다. 꼭은 어린애가 다 된 모양으로 희희낙락 즐거움을 만끽했다. 일본인과 중국인 관광객들도 많고 서양인들도 목이 긴 장화를 신고 물길 건너 모도리까지 다녀온 이야기들을 주고받기에 여념이 없었다.

신비의 바닷길 유래며 뽕할머니 사당에 새겨진 뽕할머니 이야기를 들어본다.

조선 초기 손동지라는 사람이 제주도로 유배를 가다가 풍랑을 만나 표류하다 회동마을에 살게 되었는데 당시 호랑이의 침해가 많아서 마을을 호동이라 불렀고 그 뒤 호랑이의 침해가 날로 더해 살 수 없게 되자 마을사람들이 뗏목을 타고 의신면 '모도'라는 섬마을로 피하면서 황망 중에 뽕할머니만 호동마을에 남기고 말았다.

뽕할머니가 가족을 만나고 싶어 매일 용왕님께 기원하던 중 어느 날 꿈에 용왕이 "내일 무지개를 내릴 터이니 바다를 건너가라."고 선몽을 했다. 모도에서 가장 가까운 바닷가에 나가 기도하던 중 갑자기 호동의 뿔치와 모도 뿔치 사이에 무지개처럼 치등이 나타났다. 그길로 모도에 있던 마을사람들이 뽕할머니를 찾기 위해 징과 꽹과리를 치면서 호동에 도착하니 뽕할머니는 "나의 기도로 바닷길이 열려 너희들을 만났으니 이제 죽어도 한이 없다."면서 기진하여 숨을 거두고 말았다.

이를 본 주민들은 뽕할머니의 소망이 치등으로 변했고 영이 등천하

뽕할머니 사당

였다하여 영등살이라 칭하고 이곳에서 매년 제사를 지내게 되었다.

그리하여 뽕할머니 제례와 영등살 놀이(바닷길놀이 한마당)를 국제화 하고 있는데 이 영등살 놀이는 4월 7일 17시부터 18시까지 고군면 회동리에서 의신면 모도간 바닷길에서 벌어지는데 회동풍물 팀과 모도현대공연 팀이 만나 '신비의 바닷길'에서 강강술래로 하나되는 장면을 연출 신비의 바닷길 축제를 시작한다. 진도와 세계가 만나 미래를 열어간다는 컨셉으로 농악과 연막탄 신호와 함께 회동불치와 모도불치 양쪽에서 대형을 이룬 100여 명의 북 무리와 타악 팀의 연주가 동시에 출발하여 바닷길 중간에서 양쪽의 참가자들이 만나 화합을 기뻐하며 함께 어울림 한마당을 벌이는 것이다.

돌아오는 길에 진도읍에 들러 주말 전북문협 행사에 예약된 신호등회관을 찾아 식단을 골고루 시켜 시식하고 장소도 맛도 좋다는 품평을 나눴다. 주인아줌마의 정성과 혼이 담긴 부드럽고 시원한 열무김치며 갖가지 반찬들이 입맛에 잘 맞았다. 시식 중에 자상한 김 회장 "진진이에게도 우유를 주어야지."라며 챙기는 걸 잊지 않았다.

조선시대 남화의 대가 소치 허련선생(1808~1893)이 말년에 여생을 보냈던 화실과 연못 정원이 어우러져 조화를 이룬 초가집과 소치기념관, 진도역사관 등의 운림산방을 보지 못하고 돌아옴이 아쉬웠지만 생각거리도 많고 밝은 날빛 못지않게 눈빛을 맑힌 하루였거니 싶다.

센다이문화 탐방

여운정餘雲亭팀 문인 10명은 2010년 8월 4일 아침 5시, 4박 5일 일정으로 전주 코아리무진 편으로 전주를 출발, 미륵산 자연학교 손진동 선생과 익산 정류장에서 합류하여 인천공항으로 향했다.

출국수속을 마친 뒤 간단하게 시장기를 때우고 10시 20분 아시아나 비행기에 올라 2시간정도 비행하여 센다이공항에 도착했다. 길게 늘어선 행렬을 따라 입국수속을 마치고 JR열차로 갈아탔다. 참 오랜만의 기차여행이랄까? 목을 길게 늘이고 차창을 내다보며 푸른 자연과 함께 달리다 보니 25분여 만에 센다이 역이다.

센다이 시내와 성터를 둘러보고 몬토레 센다이 호텔에 짐을 내려놓고, 출국 전부터 약속된 만찬장으로 이동했다. 센다이에는 규탄(Gyutan)이란 요리가 유명하다. 규(牛)는 '소', 탄은 '혀(tongue)'를 뜻한다. 소 혀를 얇게 썰어 소금과 후추를 뿌려 숯불 석쇠에 구운 요리다. 맛좋고 영양도 많고 먹기에 부드럽고 쫄깃쫄깃한 육질이 식감을 달

야마데라 기차역에서

콤하게 자극했다. 준비한 양주와도 궁합이 잘 맞아서인지 기내에서 사 온 술을 금세 다 다 비웠다. 분위기가 한껏 고조되어 앉은자리에서 규탄 안주에 사케(일본 술)판을 더 벌였다. 참 흐뭇하고 만족스런 만찬이었다.

다음날이다. 센다이에서 JR열차 편으로 약 1시간동안 덜컹대며 야마데라 역山寺驛을 향해 달려갔다. 점심 먹을 음식점 하나를 정하고 짐들을 맡긴 후 산속에 있는 절 야마데라(山寺)를 찾았다. 하이쿠의 명인 마쓰오 바쇼가 거쳐 간 곳이어서 더 유명하다는, 이 산사의 정식 명칭은 호쥬산릿쿠리(寶珠山立石寺)다. 아무 생각 없이 1,016개의 계단을 올라 고다이도(五大堂)에서 조망하는 절경을 즐기는 것이 야마데라 관광의 정석이라 했다.

일행은 역전에서 10여 분만에 등산로 입구에 도착했다. 초입부터

릿사쿠지 본당 앞에서

돌계단길이다. 뙤약볕을 머리에 이고 계단을 따라 오른다. 구불 또 구불 다 왔구나 싶으면 또 구불계단이다. 이렇게 계단을 어렵게 올라가야만 릿사쿠지(立石寺)본당 곤본추도(根本中堂)가 자리한 곳에 이르게 된단다.

중요문화재 곤본추도 법당은 너도밤나무 목재로 건축되었고, 본당 앞에 타고 있는 불(불멸의 법등)은 중국에서 옮겨온 것으로 신성시되고 있다. 참배객의 발길이 이어지는가 하면 법당 앞에는 문지르면 병을 고치거나 소원을 이룬다는 석상이며 석등이 버젓이 서 있다. 안내문을 보면 '한 계단 한 계단 오르는 것만으로도 번뇌가 사라진다.'고 해서 예부터 불리는 이름이 신성산이랬다.

계단주변의 신선한 초록들이 눈길을 붙잡는다. 본당에서 20%정도 내려가다 보니 천하태평을 기원한다는 신사 고다이도(五大堂)가 있다.

이곳이 야마데라의 절경 포인트 중 하나로서 주위경관이 그지없이 아름답다. 함께 오르지 못한 일행 중 세 분이 생각났다. 돌계단에 부담을 느낀 박성숙 씨, 출국 전에 와운 천년송을 보러 갔다가 장딴지에 고장이 난 김남곤 씨, 몸 상태를 조절하면서 말벗삼아 함께 처진 소재호 씨다. 그분들이 쉬고 있는 소바 집이 멀리 보이는 것 같아 손을 흔들어 보기도 하고 어이! 불러보기도 했다.

아름다운 경관을 배경으로 사진 몇 컷을 취하고 하산하여 세 분 쉬면서 기다리는 곳에 이르렀다. 숙박을 겸해 음식(전문이 소바)을 파는 유명점이다. 시원한 다다미방에서 기다리던 세 분이 반갑게 맞이하면서 계단길이 좋았느냐고 삼구동성이었다. 여덟 사람의 몸에서 뿜어나는 열기가 갑자기 방안을 가득 데웠다. 담소를 나누는 사이에 나무상자에 푸짐하게 올려진 이타소바(板소바)가 들어왔다. 야마가다현의 대표적인 명물이라나. 맛(담박한 맛의 본)을 음미하면서 감식하고 연달아 아이스크림으로 달궈진 체온을 내려놓았다.

짐을 들러메고 야마가타행 기차를 탔다. 출발한지 10여분쯤 되었으리라. 조미애 씨가 그러잖아도 큰 눈을 더 크게 뜨고 당황하는 모습을 보였다. 여행 경비와 여권이 든 가방을 야마데라 역에 두고 승차한 것이다. 나는 “걱정 마라. 일본에서는 남의 물건 손대는 사람 아무도 없다.”라고 안정을 시키고 이내 차장을 찾아 역으로 전화해 확인케 했다. 하지만 금세 아무 것도 없다는 확인 답변이 되돌아왔다. 도착지 야마가타 역에 내려서 재차 역무원을 찾아 차분하게 자초지종을 말하고 전화로 재확인을 해보아도 “없다.”는 대답뿐이었다.

김사은 씨가 플랫폼 대기실에서 검정가방을 본 것 같다고 해서 조미애 씨와 함께 김사은 씨와 가이드를 야마데라로 급파했다. 보내면서 그곳에 틀림없이 있을 것이라는 확신을 갖게 했다. 나머지 일행들은 옹기종기 역사 안에서 기다림의 초조를 함께 나누고 있었다. 나는 계단을 밟으며 번뇌를 버려서인지 혹은 찾게 될 것을 확신함인지 마치 미친 사람 혼잣말하듯 계속 '걱정 말라.'라고 스스로에게 뇌였다.

도착시간에 맞춰 전화를 걸었다. 찾은 것이다. 기다리던 일행은 통화에 집중하면서 일제히 안도의 환호성을 올렸다. 돌아오는 열차의 도착시간에 맞춰 출구 앞에 늘어선 일행들과 번갈아 포옹을 했다. 기쁨으로 해후하는 감격을 만끽한 셈이었다. 그제야 역전에 위치한 리치몬드 호텔에 짐을 풀었고 시내의 일식집에서 달게 식사를 마친 후, 18시부터 21시 30분까지 이어지는 야마가타 하나가사 축제에 동참할 수 있었다.

하나가사 축제장면

'얏쇼, 마카쇼'의 힘 좋은 고함, 그리고 하나가사(꽃 삿갓) 큰 북소리와 함께 화려하게 장식한 다시(축제 때 끌고 다니는 장식한 수레)를 선두로 화사한 의상과 하나가사를 손에 든 춤꾼들이 가사마와시(삿갓 돌리기) 등 군무를 펼친다. 단조롭지만 관객이나 참가자들 공히 진지하게 최선을 다하는 모습이 축제다웠다. 퍼레이드 제일 마지막 부분에는 관객들이 즉석에서 곧바로 참여할 수 있는 코너도 있었다.

야마가타 시는 일본 동북지방 야마가타 현의 현청 소재지로 인구는 약 26만 명, 총면적은 381.58평방킬로미터로 우리나라 거제도 면적과 비슷한 한적하지만 여유 넘치는 도시였다. 여름에는 하나가사, 가을에는 '일본 제일의 리모니카이 페스티벌' 그리고 2년마다 '국제 다큐멘터리 영화제'가 열리는데 전 시민이 열정적으로 참여한단다.

다음날은 버스 편으로 1시간여 만에 야마가다에서 센다이로 이동했다. 센다이는 미야기현(宮城縣)의 중앙에 자리한 도시로 현청 소재지다. 도호쿠(東北)지방의 중심도시로 동북지방 전체를 관할하는 국가기관, 대기업의 지사를 비롯한 회사들이 많이 모여 있어 동북지방의 정치경제문화의 중심도시 역할을 하고 있다. 인구는 158만 명, 도시의 규모는 동경 오사카를 제외한 후쿠오카 도시권 삿포로 도시권에 이어 세 번째로 크다.

센다이 타나바타 마쯔리(仙帶七夕祭)는 우리나라의 〈견우직녀이야기〉와 비슷한데 매년 8월 6일부터 8월 8일까지 성대하게 이뤄진다. 일본의 3대 축제 중 하나여서 전국 각지에서 관광객들이 몰려와 인파로 북적이는 거리는 축제의 절정을 이룬다. 손으로 만든 화려하고 거대한 대나무장식을 상점 앞에 걸어놓았는데 그 규모가 어마어마했다. 과시 하늘의 강을 사이에 두고 애태우고 있는 견우가 가을바람

타나바타 마쯔리 장면

부는 7월 7일 밤에 배를 장식하고 강 건너 직녀가 있는 곳에 가서 일 년에 한번 소원을 이룰 수 있을 것만 같은 정도였다.

일본의 축제에는 볼 것도 많고 배울 것도 많았다. 어릴 때부터 축제가 무엇인지 어떻게 즐기는지, 그 축제를 통해 어떻게 많은 사람이 한 덩어리가 되는지를 자연스럽게 익히는 것 같았다. 또 축제를 통해 색감이나 문양을 직물에 적용하여 직조산업의 발전에도 활용하는 것 같았다.

오후에는 일본 삼경으로 꼽히는 마츠시마에 갔다. 만灣 일대는 크고 작은 섬들이 약 260여개나 되고 섬들 대부분에는 대나무가 잘 자라 있다고 한다. 섬들 사이를 유람하는 마츠시마 유람선도 있지만 멀리서보는 바위섬도 멋졌다. 이곳의 유명한 다구류 중에서 예쁜 물주전자 한 개를 구입했다. 여행의 덤으로 갖게 된 것이지만 꽤 뿌듯하고 나름 재미도 쏠쏠했다.

밤에는 모두 우리 방으로 몰려와 작은 파티를 벌였다. 뜻밖에도 큰 선물을 받았다. 색상과 디자인이 맘에 쏙 드는 명품 티셔츠였다. 연하여 둥근 케이크가 등장하고 여류들이 고희를 축하한다며 축가를 불렀다. 60대 초반으로 보이는 공숙자 씨가 고희를 맞았다니 도무지 믿기지가 않았다. 여태까지 '늙은 아이'였음을 처음 확인한 셈이었다. 나는 '고희인 줄 미리 알았더라면 여정 첫날의 만찬장에서 고희파티라도 할 뻔했다.'라는 아쉬움을 꿀꺽 삼키고 말았다.

언제나 여유롭기만 하던 조미애 씨가 가방을 잃고 얼굴색이 변할 정도로 당황해하던 모습이며, 칠순이 다 되어서도 항상 일을 꾸림에 60대 초반으로만 여겨지는 공숙자 씨의 모습이며, "결혼을 했고 아이도 낳아 보았다."며 자못 수줍은 뉘앙스를 풍기는 박성숙 씨의 모습이며, 아니 굳이 누구누구랄 것이 없었다. 일행들 모두의 진정성이며 일거수일투족에서 친근함이 새록새록 우러나는, 참으로 고운 여정이었다.

일행들은 이번 센다이문화 탐방을 통해 모두가 우리의 축제문화에 대해 이런저런 비판과 함께 어쨌거나 축제라면 선정과정에서부터 실행의 전반에 걸쳐 관이나 민이, 주관처나 관할구역 대상자들이 공히 한동아리가 되어 즐길 수 있어야만 한다는 데 의견을 모았다. 일본의 축제 못지않은 대동축제로 한국의 축제가 거듭나기를 바라마지않으면서…….

천왕봉에서

천왕봉! 말로만 듣던 명산의 정기를 흡입하면서 둘레길을 걸을 준비를 짬짬이 했다. 감기가 독하여 산행할 일주일여 전부터 걱정이 이만저만 아니었다. 의사는 등산은 무리라고 극구 말렸지만 나는 오래전부터의 약속인지라 기어이 천왕봉을 올라야 했다.

나는 일단 다녀와서 더 되게 아플망정 예정대로 강행할 마음을 굳혔다. 잠긴 목소리를 듣고 서울 아이들과 가족, 등정대원들, 모두가 무리하지 말 것을 권유했지만 아니 갈 수가 없다.

수도하는 실상사 학장 연관 스님은 매일 아침 천왕봉에 다녀오신다지만, 천왕봉天王峰이라면 천자天子를 뜻한다. 결코 만만히 대할 상대는 아니리라. 한사코 '목욕재계'하는 심정으로 단단히 행보를 여며가며 백무동에 이르렀다.

등반 전야에 전주, 남원, 창원에서 백무동 콘도에 모두 모였다. 내일 일을 위해 각자가 절제하며 일찍이 잠자리에 들었다. 뜨끈뜨끈한 방바닥에 지리산 공기가 워낙 맑아서일까? 새벽엔 목도 트이고 한결 몸이 가벼워졌다. 커튼을 젖히고 창밖을 내다보았다. 큰 산 밑인데도 날 밝히기가 꽤 이르다. 새벽 4시 30분께인데 큰 배낭을 짊어진 등산객이 혼자서 매표소 방향으로 오르고 있는 모습도 보였다.

각자 도시락과 물, 오이, 초콜릿 등의 간식을 챙겨 배낭을 꾸렸다. 나는 나를 잘 알기 때문에 누가 뭐래도 내 페이스를 지켜야 한다고 생각하고 우보천리牛步千里할 작심을 했다. 앞에서 고정 속도로 한발 한발 내디뎠다. 이어진 산자락과 계곡에 흐르는 물소리를 거스르고 또 거슬러 5.8km지점인 장터목대피소에 도착했다. 시 · 분침이 10시 30분을 가리키고 있다. 3시간 30분 만에 오른 것이다. 이쯤이면 가히 정상 산악인의 기록이리라.

대피소 안에서 이른 점심이지만 도시락을 풀어 감식한 후, 장터목 바람을 쐬며 노고단 코스를 바라본다. 어제까지 하늘을 뒤덮었던 황사는 간데없고 티 없이 탁 트인 맑은 하늘 아래 장대하게 펼쳐진 산봉우리들이 그야말로 환상이다.

기념사진 몇 장을 찍고 다시 천왕봉 정상을 향했다. 가파른 1.7km 돌멩이길이다. 차라리 네 발로 기어가는 게 수월하달까. 돌멩이 사이로 쏘옥 고개를 내민 노란 민들레꽃이 참으로 반갑고 다정했다. 한 시간 정도 더 올라서야 해발 1,915m 천왕봉 정상에 도착했다. 천왕봉에 입맞춤하고 싶었는데 등산객들의 눈이 너무 많아서 천왕봉 정상 작은 표지석 앞에서 기념촬영조차 겨우 마친 후 단을 하나 밑으로 내려와 바람막이 아늑한 곳에서 정상제頂上祭를 폈다. 구경하던 등산객들과 더불어 술과 제수를 나눴다.

지리산은 참으로 크고도 지기가 센 명산이다. 산을 의지하고 살아가는 동·식물의 가짓수를 헤아릴 수가 없고 반달곰도 그 속에서 호흡을 같이한다. 이 정상을 우러러 '천왕봉天王峰'이라 명명하고 일컫는 것이 진정 마땅한 일이요, 지당하지 싶어진다.

이제는 하산 시간, 정상에서 중산리 방향으로 출발했다. 옛 시인 묵객들이 올랐다는 대표적인 고전적 산길이라 알려졌는데 실제는 다르다. 좁은 협곡바위지대 사이의 급경사 계단을 지나자 로프로 난간을 삼은 구간을 걷고 이어서 여러 개 계단을 지나 천왕 샘터에 도착한다. 주위를 살펴볼 겨를이나 엄두도 못 내고 앞만 보고 내려왔다.

천왕봉에서 4km정도 내려오면 국내에서 가장 높은 사찰(해발 1,450m) 법계사에 도착한다. 법계사에서 중산리까지 두 개의 코스가 있는데 발목 부상자가 발생하여 짧은 코스를 택하였다. 아니나 다르랴. 가파르기 그지없어 발부리만 보고 내려올 수밖에 없었다. 반달곰 주의 표지판을 바라보며 얕은 계곡물에 발을 맡겼다. 금세 발이 아려 잠시나마 더 버티기가 어려웠다.

지리산에는 약초와 나물들이 풍성하다. 물 좋고 산 좋은 지리산에서 채취한 고사리, 두릅, 취, 쑥부쟁이, 겨우살이, 고들빼기, 울금, 비비추, 산뽕잎 등 싱싱한 산나물과 천여 종의 약초들이 자생하고 있어서 허준 등 많은 명의가 지리산 자락에서 활약하기도 했던 산청이다.

천왕봉을 등정한 뿌듯함은 사전 준비가 얼마나 중요한지를 깨우쳐 주었다. 목욕재계하는 겸허한 마음으로 도전한다면 아무리 어려운 일이라도 성취할 수 있겠지. 기업을 운영함에서도 위기가 느껴질수록 더욱 분발하여 창의와 경쟁력을 제고提高하고 날마다 초심으로 돌아가리란 다짐을 새삼 굳혀보았다.

바래봉 철쭉제

지난 5월 22일, 지리십경智異十景의 하나인 바래봉 철쭉제에 다녀왔다. 오래전부터 전북여류문학회 양봉선 회장 부부와 함께 지리산 천왕봉 등정을 약속했는데 그만 현대자동차 협력사 사장들과 함께 먼저 다녀온 적이 있었다. 5월 5일 어린이날, 백무동百巫洞에서 일박하고 장터목 대피소에서 잠시 쉬다가 천왕봉을 찍고 중산리로 내려왔는데, 날씨도 구름 한 점 없이 맑고 펼쳐진 산맥들이 한 폭의 그림 같았다고 자랑했더니, 양 회장이 이번에 또 한 번 그때의 그 코스를 경유해보자 하여서 천왕봉 대신 바래봉 철쭉제에 발을 디밀게 된 것이다.

날씨가 심상치 않았다. 잔뜩 찌푸린 하늘이었다. 비가 내리면 달궁에서 점심만이라도 함께하자는 약속이었기에 가벼운 옷차림으로 집사람과 함께 주차장으로 내려갔다. 날씨가 좋아질지 모르니 등산화만이라도 준비했으면 좋겠다는 제안에 다시 올라가 등산 차림으로 바꿔 입었다.

새로 개발된 코스라는 운봉 쪽에서 오르자고 작정하고 출발했다. 양 회장은 초콜릿, 음료, 과일, 떡, 등 배낭 속에 한 짐을 넣어왔다. 마을의 좁은 주차장에 관광버스가 가득 차 있고 골목길마다 승용차가 즐비했다. 처음 개발한 코스를 어떻게 알고 부산, 포항, 울산 등 먼 곳에서 벌써부터 와 있는 겐가 싶었다. 우리는 초행인지라 등산객들을 따라가면서 길을 묻고 또 물었다. 백발에 허리가 곧고 체격이 건장한 할아버지 한분이 커다란 빈 배낭을 메고 임도林道를 따라 발길도 가볍게 걷는다. 이 길이 바래봉가는 길이 맞느냐고 물으니 이길 따라 가다보면 철쭉을 볼 수 있다며 저기 먼당까지는 한 시간이면 갈 수 있고 임도 정상에서부터는 줄서서 갈 수 있는 좁은 길로 계속 올라가면 된다고 하신다. 아마도 우리들 눈앞으로 열려있는 임도의 끝자락 어디쯤에 있을 정상, 거기 밋밋한 어느 한 부분을 먼당이라고 지칭한 게지 싶었다.

천년송의 위용

옛날에는 저 먼당에서 호주 사람들이 산양을 길렀다고 한다. 양은 원래 철쭉을 먹지 않는다고도 한다. 소중한 옛이야기들이다. 녹음이라도 해 뒀으면 싶었다. 지금도 관광용으로 산양을 길렀으면 좋겠다는 생각도 해 봤다. 그리고 주차장시설과 숙박시설을 갖춰 관광산업에 투자하면 좋겠다는 생각도 해 봤다.

소중한 증인의 생생한 이야기들이라 귀를 모으고 이야기를 나누다 보니 집사람이 보이지 않았다. 처음에는 잘 따라 왔는데 체력의 한계를 느끼는 것 같아 중간 간이휴식공간에 떨쳐놓고 세 사람이 떠났다. 양 회장이 준비해온 떡 봉지를 꺼내 주며 쉬는 동안에 입맛 다시라 하는데 한사코 손사래를 치며 사양한다.

얼마 전까지 물리치료를 받았던 양 회장이 잘도 따라온다. 지친다 싶으면 쉬자면서 떡 봉지를 꺼낸다. 떡으로 에너지를 보충하고는 앞서서 또 잘도 간다. 임도 정상에서 부운치 방향 표지판 따라 한 줄로 오르기 시작했다. 40여분동안 쉬지 않고 오르는데 철쭉꽃이 보이기 시작했다. 다시 한참을 더 오르니 지리산능선 부운치(1,115m)다. 철쭉군락이 펼쳐진 팔랑치 바래봉(1,165m)이 초대형 화폭으로 휘황하다. 진홍, 분홍, 다홍의 물감을 아낌없이 풀어놓은 듯한 끝도 없는 철쭉군락 화폭이었다. 바래봉 정상부 부운치 철쭉이 예년보다 10여일 늦은 5월 24일에 만개한 것이다. 고급카메라를 거치해 놓고 대작을 건지려는 야심만만한 사진작가들이 진을 치고 있는가 하면 또 다른 공간에선 사람들이 삼삼오오 둘러앉아 휴식의 감미로움을 만끽하고 있었다.

정상에서 일간지 사진기자 가족을 만나 봄철의 아름다운 철쭉꽃을 배경으로 기념사진 몇 장을 남기고 곧바로 내려와야 했다. 쉬지 않고 빠른 걸음으로 하산했다.

혼자서 기다리고 있을 집사람과의 점심 예약시각에 맞추기 위해서였다. 쉬지 않고 달려왔지만 집사람은 왜 이렇게 늦었느냐고 투덜거린다. 가야 궁궐터가 보존되어있다는 달궁 방향으로 차는 달렸다. 약속시간을 다소 어긴지라 먼저 달궁가든에 지연될 시각을 알리고 다시 그 시각을 맞추기 위해 달렸다. 그렇게 해서 하늘과 바람, 사람

바래봉의 철쭉꽃

조차 향기로운 곳이라 자처하는 달궁가든에 도착했다.

갖가지 산나물을 차려놓고 집에서 제조했다는 더덕 술을 내놓는다. 조기구이 김치 깻잎장아찌 청국장만 빼면 모두가 산나물이다. 고사리, 다래순, 산뽕잎, 산취, 곰취, 비비초(지보), 엄나무순, 빌미순, 장대나물 등 접시에 가득가득 담아놓은 산나물들을 깨끗하게 비웠다. 늦은 점심인데다 산나물 맛이 입맛을 한없이 당겼다.

두 내외가 욕심을 버리고 예약손님만 받고 일단 받은 손님에겐 무엇이든 다 주고 싶어하였다. 집에서 만들었다는 술을 값도 안 받는다. 어렵게 채취한 느릅나무 껍질도 위염에 좋다면서 듬뿍 싸준다. 벽에 걸린 가족사진도 어머님과 아들딸 손자손녀 30여 명이 해맑은 모습으로 다복스럽다. 막내딸은 아산병원 간호사로 있고 아들들은 다 서울에서 사는데, 하나는 인근에서 주유소를 경영한다고 한다.

천년송을 보러간다 했더니만 와운 마을 친구를 소개해주며 초소에서 명함을 대면 통과시켜준다기에 편하게 와운 마을까지 차편으로 들어갔다. 나무계단 따라 할머니 천년송을 네 사람이 서로 손을 마주 잡고 안아봤다. 높이가 20m, 가슴둘레 6m, 가지의 폭은 12m에 이른다. 이 소나무 아래 앞쪽이 구름도 누워 쉬어간다는 와운臥雲 마을인 것이다. 뱀사골 상류 명선봉에서 뻗어 나온 산자락에 자리한 할머니 소나무가 하늘을 향해 우뚝 솟아있어 장엄한 기풍을 풍긴다. 두터운 용비늘 모양의 나무껍데기가 오랜 세월과 연륜을 말해주는 듯했다. 천 년을 넘었다는 소나무가 저리 싱싱하고 위풍당당할 수 있다니, 할머니 소나무로부터 약 20m 위쪽에 이 할아버지 소나무가 서있는 게 결코 예사롭지 않다.

예로부터 와운 마을에서는 솔바람 태교가 전해지고, 마을 주민들은 천년송을 수호신으로 믿고 매년 정월 초사흘에 이 나무에 제사를 지내왔단다. 신성시하는 천연기념물 424호 지리산천년송智異山千年松을 알현하고 난 후 뱀사골 굽굽이에 도사린 명소들 따라 계곡 탐방길을 걸어 나왔다.

'뱀사골'이란 지명은 '송림사'라는 절에 얽힌 이야기와 관련이 있는데, '용이 되지못한 이무기가 죽은 곳' 이라는 데서 유래되었다고 전해오고 있다. 지리산의 고산준봉 반야봉과 명선봉 사이 울창한 원시림지대에서 발원한 물줄기가 장장 9km에 걸쳐 수많은 소沼와 담潭을 만들고, 기암괴석을 휘감아 돌면서 뱀사골까지 흐르고 흐른다. 지리산북부사무소 – 석실 – 오룡대 – 탁용소 – 뱀소 – 병소 – 병풍소 – 제승대 – 간장소 – 뱀사골 대피소까지에 이르렀다.

올해의 마지막 바래봉 철쭉제를 의미 있게 탐방하고 돌아오는 길에 맛집을 찾아 강진에서 다슬기수제비탕을 감식한 연후에는 다시금 속으로 내년의 바래봉 철쭉제를 기약하고 있었다.

길룡리 영산성지 순례

원음방송 시청자위원회는 2010년 8월 19일, 전남 영광군 백수읍 길룡리 9번지, 원불교 영산성지를 순례하였다. 익산과 전주에서 출발한 위원들은 전라북도 도청에서 만나 방송국 승합차를 타고 12시에 영산성지식당에 도착했다. 뷔페 식당에서 부지초면인 분들과 함께한 연밥, 갖가지 나물과 들깨 수프, 칠산 앞바다에서 잡아 올린 굴비 등 정성껏 준비한 음식이 별미였다.

후식은 다실로 자리를 이동해서였다. 영산사무소는 청타원 이경옥 교무가 맡아 관리한다. 청타원 소장이 차상 머리에 앉아 백련차를 우려내는데, 백련 생차를 마시면서 재미있는 이야기가 이어졌다. 다실 옆에는 도자기 빚는 물레와 가마가 다실의 운치를 더해주고 있었고, 식당에서 머리를 길게 한 노인분이 방송시작 전 애국가 나오는 영상에 등장하는 도자기명인이라고 누군가가 소개한다.

우연히 그분이 들어와서 눌러앉아 지내는데 나가라고만 하지 않는

(위) 차를 우리는 청타원 사무소장
(아래) 다실 앞 정원에서

다면 오래 같이 살기를 원한다면서 제 발로 굴러들어온 명인 자랑이다. 일본 전시에 출품할 도자기를 만든다기에 나는 다구류 욕심이 동하여 다기 구입이 가능할까 슬쩍 알아봤더니 이번에는 빠져있다고 한다.

차를 마신 뒤 밖으로 나와 경관 좋은 곳을 찾아 기념사진을 남겼다. 사무소장은 영산성지를 소개하면서 영모전을 등지고 정관평을 바라보면, 과연 모든 것을 갖췄고 동쪽만 터져 좋은 기운이 들어온다는 설명이다. 영산원靈山院, 일명 구간도실九間圖室은 원기 3년(1918년) 12월 대종사와 신심 깊은 아홉 제자들이 방언답 공사를 하면서 창건했다. 원래는 옥녀봉 밑에 있던 건물인데 이곳으로 옮겨온 '원불교 최초의 교단(學院室)'이기도 하다. 기氣가 대단히 세다고 한다.

영모전永慕殿은 위패가 모셔진 사당이라며 원불교 창립관에 가면 자원봉사자 장부성 씨가 상세하게 설명할 것이라는 안내를 듣고 소장과 작별의 인사를 나눴다.

자원봉사자 장부성 씨는 홍콩에서 사업을 하면서 봉사활동을 하기 위하여 한국에 왔다고 소개한다. 홍콩에서 출발하면서 변소청소를 맡게 되기를 원했는데 뜻대로 지금 성지에서 여자변소를 8개월째 청소하며 틈틈이 원불교 공부를 하고 있다고 자기소개를 한다. 우리가 앉아있는 원불교 창립관 천장을 올려보라며, 문양이 예사롭지 않다면서 이 건물이 원래 청와대 경비실 건물이었다고 한다. 1868년 고종황제 5년에 중건한 육문당 건물로 140년 된 건물인데, 1928년에 철거하여 용산에 옮겨 육문당 간판을 내리고 정부로부터 불하를 받았다는 것이다.

60년간 원불교 서울교당으로 사용하다가 2007년에 이곳으로 옮겨 원불교 창립관이 되었다고 소개한다. 왕실 후원에 있던 육문당이 영산 원불교성지로 옮겨진 것은 예사롭지 않다는 의미를 은근히 암시하는 것이다.

대종사의 쌈터와 노루목 대각지(터)를 둘러보았다. 장고한 세월 영원한 진리라는 뜻으로 만고일월萬古日月이라 새겨진 높은 탑이 대종사가 대각했다는 노루목을 지켜주고 있다.

원불교는 영광군 백수읍 길룡리 영촌 마을에서 태어난 소태산少太山 박중빈朴重彬(1891~1943)이 창시한 종교로 세계에 500여 개의 교당과 백만 신도가 있다고 한다.

성지로는 소태산 대종사가 탄생하여 개교한 영광의 영산성지인 이

(위) 원불교 창립관 안에서
(아래) 노루목 만고일월 탑 앞에서

곳과 교화의 장을 연 익산시 신룡동 익산성지, 교리를 초안하고 교강을 발표한 변산성지 등이 있다. 개법성지인 이곳은 대종사의 생가, 기도터인 삼밭재, 마당바위, 대각을 이룬 노루목, 제자들과 함께 바다를 막아 이룬 정관평, 방언답과 보은강, 연꽃단지 등이 있어 성지순례차 교도뿐 아니라 관광객이 많이 찾는다. 마음대로 드나들 수 있고 자연스러워 마음이 차분해진다.

영산성지가 자리한 영광 구수산九岫山 우측 끝 봉우리가 해발 152m인 옥녀봉玉女峰으로 일명 망성봉望聖峰이라고도 하는데 옥녀봉 암반에 원불교 수행의 근본 원리인 일원상一圓相이 선명하게 새겨져있다. 구산九山을 이루는 아홉 봉우리는 옥녀봉, 마촌앞산봉, 촛대봉, 장다리봉, 대파리 봉, 공동묘지봉, 밤나무꼴봉, 설레바위봉, 중앙봉 등이다. 소태산少太山의 아홉 제자가 아홉 봉우리 위에 각각 올라 기도를 드렸다 해서 구수산을 신성시하고 있다. 풍수에 의하면 대종사가 득도한 노루목(노루 한 마리)을 아홉 마리의 호랑이가 둘러싸고 노리는 구호산九虎山이라 풀이하며, 따라서 노루목이 가장 안전한 지대라는 해석이다.

다음은 원불교박물관을 둘러보고 백제불교 최초 도래지 법성포로 향했다. 전남 영광군 진내리 812, 백제불교 최초 도래지에 도착했다. 법성포法聖浦라는 지명이 예사롭지 않다. 법法은 불교를 뜻하고 성聖은 성인 마라난타를 가리킨다고 한다. 옛 법성포 지명인 '아무포阿無浦'도 '나무아미타불'을 연상케 하여 이를 뒷받침한다.

법성포의 좌우두는 인도승 마라난타가 서기 384년에 중국 동진을 거쳐 백제에 불교를 전하면서 최초로 발을 디딘 곳이라고 한다. ≪삼국사기≫에 의하면 인도 간다라국에서 명승 '마라난타 존자'가 영광의 법성포로 들어와 불법을 전하고 불갑사를 개창하여 백제 불교가 시작되었다. ≪삼국유사≫에도 백제 침류왕(384년) 때 왕이 교외로 나가 스님을 맞아 궁궐로 안내하고 예경한 뒤 다음 해 한산에 절을 짓고 10명을 출가시켰다고 한다.

이러한 사실들이 1998년 영광군 의학술고증(동국대학교)을 통하여 밝혀졌다. 그 후 관광지로 개발하면서 개발면적은 만 사천 평에 이른다. '백제불교 최초 도래지 기념공원'에는 간다라양식 건축법으로 그 당시의 불상과 탑 모습을 재현해 놓았다. 우리나라 불교는 고려 소수림왕 372년에 들어왔고, 백제는 384년에 인도명승 '마라난타 존자'에 의해 직접 들어온 것이다.

전남 영암군 불갑면 모악리 8번지에 대한불교 조계종 제18교구 불갑사가 있다. 불갑사의 창건연대는 알려지지 않았지만 인도승 마라난타 존자가 남중국 동진東晋에서 서해를 건너 가까운 법성포로 들어와서 백제에 불교를 전래하고 최초로 지은 불법도량이다 하여 부처 불佛, 첫째 갑甲자를 따 불갑사라 칭하였다고 한다.

보물 제 380호로 지정된 대웅전은 정면 3칸, 측면 3칸으로 네 개의 두리기둥위에 다포를 놓고 팔작지붕을 얹은 매우 화려한 집이다. 연화문, 국화문, 보상화문으로 장식되어 있고 정면에는 연꽃과 국화를 새긴 꽃창살까지 붙여 매우 아름답다. 옆면에까지 토벽으로 마감하지 않고 전체에 문창호를 달았다. 대웅전 지붕에는 작은 석탑과 보리수를 새긴 삼존불대가 있는데 이는 미얀마에서만 볼 수 있는 형상이라 한다.

불갑사佛甲寺 전경

각진 국사가 심었다는 천연기념물 참식나무 군락지와 전국 최대 규모의 상사화 군락지가 볼거리로 9월 중순경 상사화축제가 열린다니, 가을에 또 와서 축제도 참여하고 삼밭재기도원에서 남북통일 기원제를 드리고 싶다.

이 밖에도 설도항에는 기독교인 순교지가 있는데 1950년 10월 당시 주막집이었던 순교현장에서 김정님 집사와 함께 끌려온 기독교인들에게 인민군은 "예수 믿지 않는다고 한 마디만 하면 살려준다." 했지만 불응하여 88명이 불에 타 순교했다는 것이다. 이들을 추모하기 위해 '영암순교자기념관'이 2005년에 건립되었다.

예사롭지 않은 지명대로 법성포 일대가 강한 종교의식이 뿌리박혀 있다. 이곳에서 원불교가 시작되었고, 백제 불교가 최초로 들어왔다. 또 목숨 바쳐 기독교인들이 순교하는 것을 보면서 지기地氣가 대단히 센 곳이 분명하다는 생각이 든다. 가끔 성지를 찾아 순례하며 기氣도 받고 긍정적인 사고를 길러야겠다고 다짐하며 귀로에 올랐다.

담양潭陽 금성산성金城山城에서

2012년 4월 6일 어린이재단에서는 호남권역의 사업기관 임직원 89명과 재단의 김원진 부회장, 이재훈 회장과 옛 성터 금성산성을 찾았다. 담양하면 국가鞠家의 본향이기 때문에 나로서는 남다른 소회도 컸고 말로만 들었던 금성산성이라서 기필 와보고 싶었던 곳이다. 게다가 어린이재단 전 직원과 후원회장단이 함께하는 연간 최대행사인 세미나가 올해는 평창에서 열리는데, 해외출장으로 참석이 어려운 나로서는 부득불 대속이라도 하는 마음으로 동참하게 된 것이다.

9시 50분경 산성주차장에 모였다. 이재훈 회장과 최희우 담양 부군수의 인사말을 들었다. 산성의 유래에 대한 부군수의 간단한 멘트와 함께 담양군청 전 직원이 어린이재단 후원자라는 말에 가슴이 뭉클했다. 감사한 마음에 등산길 발걸음도 한결 가벼웠다. 구름 한 점 없이 화창한 날씨에 간간이 불어오는 산들바람이며 주위의 맑고 밝은 경관이 가히 환상적이었다. 팀원까지 나무랄 데 없어 그야말로 상쾌하기 한량없었다.

임진왜란 이후 장성 입암산성立岩山城, 무주 적상산성赤裳山城, 담양 금성산성金城山城을 호남의 삼대 산성으로 꼽는다. 특히 금성산성은 담양 읍성으로 난시에 시간을 끌면서 인근의 구원군이 도착할 시간적 여유를 벌게 하는, 험준한 지형에 위치한 산상山上의 요충지要衝地다. 성내에 계곡이 있으며 주변산세의 지형을 백분 활용한 포곡식包谷式 산성인바 전형적인 석성石城으로 분류하고 있다. 산성산山城山은 해발 603m의 최고봉을 위시하여 봉우리와 봉우리 사이를 능선으로 연결하는 수많은 지봉支(枝?)峯과 능선, 계곡들을 거느리고 있다.

금성산성은 삼한시대 축조된 것으로 전해지고 있다. 최초의 기록 ≪고려사절요高麗史節要≫에는 고려무왕 6년(1380년) 왜구에 대비하여 개축하면서 '금성金城'이라는 기록을 남겼다. 1409년(조선태종 9년)에 개

경관이 뛰어난 금성산성

축, 1610년(광해군 2년)에 파괴된 성곽을 개수하고 내성을 구축했다. 1622년(광해군 4년) 내성 안에 대장청을 건립하고 1653년(효종 4년) 성첩城堞을 중수하여 견고한 병역기지로서의 규모를 갖췄다.

옛 문헌을 종합해보면 외성外城 내성內城 성문城門 옹성甕城 망대望臺 등을 갖추고, 성 내부에 사찰 민가 우물 등과 관아시설 및 군사시설 등 각종 시설물을 갖춘 산성으로 그 위용이 대단하였다. 철마봉에서 연대봉을 따라 시루봉으로 잇고 노적봉에서 다시 철마봉으로 이어진 성곽의 길이가 7,345m에 이른다. 이 중에서 외성이 6,486m, 내성이 859m이다. 연면적은 362,237평, 내성면적은 16,478평이다. 동서남북문의 터가 있는데 이 4개소의 통로 말고는 온통 수직절벽으로 통행이 불가능하기에 요새로서는 비할 데 없이 완벽한 지리적 장점을 지닌 셈이다. 충용문(내남문)을 보면 문 좌우 옹성 깊숙이 문루를 설치하여 적군이 접근하지 못하도록 축성되었다.

충용문 지나 노적봉 거쳐 험준한 절벽을 따라서 성곽들이 이어졌다. 금성산 주봉인 철마봉(603m)을 올랐다. 성곽은 전체적으로 깎아지른 암반위에 자연석을 다듬어 쌓았고, 담양호 맑은 물을 사이에 두고 추월산과 마주한다. 추월산 7부 능선에 붙어있는 암자에도 한번 가보고 싶었다. 서문에 당도하니 축성 솜씨 간데없고 계곡에 물소리만 천년을 말해주는 듯 유유히 흐르고 있다. 자리에 둘러앉아 정성껏 준비한 도시락에 금상수상 막걸릿잔을 나누며 환담하며 잠시 쉬었다.

급경사의 다음 코스도 만만치 않아 보였다. 가파른 성곽 길 따라 북문에 올라 산세를 바라본다. 북으로 가마골과 이어진 회문산回文山이 받쳐주고 순창의 강천산과 맞닿았다. 백문이 불여일견이라더니 직접 와본 이라야만 장엄한 노령산맥이라는 말을 서슴지 않으려니 싶었다.

오르던 길 제쳐두고 중간의 하산 길을 따라 동자암童子庵에 들러 청산의 설명을 들어본다. 수련장 앞 긴 통나무 의자에 앉아 보리스님이 내려주는 차를 마시면서 듣는 청산의 괴담이다. 암자 입구부터 아기자기한 작은 돌탑과 장승으로 담장을 둘렀고 법당은 작은 창고 같이 보이는데 '안락수선당'이라 적혀있다. 이곳이 청산스님과 보리스님, 장남 황룡 동자승과 차남 청룡 동자승 막내딸 구봉스님이 이루고 있는 보금자리, 행복한 수도장이다.

주말에는 이곳에서 무술시연을 펼친다는데 오늘은 주중이라 동자승들이 학교에 가고 없다. 벽에 붙은 무술 화보만으로도 대단한 무술 가족임을 짐작하게 한다. 중생들이 가파른 오르막길에 힘들어하는 모습을 본 열한 살 청룡동자승이 "마음을 비우면 쉽게 오를 수 있다."며 훌훌 날듯이 앞서고 있다. 열두 살 황룡과 열한 살 청룡의 무술 시범이 예사롭지 않다. 도시 수련장에서는 볼 수 없는 색다른 모습들이 이미 네이버 카페에 올라있다. 도림거사道林居士는 검은 수염을 길게 늘어뜨리고 무술로 단련된 당당함으로 금성산성 닮은꼴의 기인임을 과시하듯 산성에 대한 이야기를 풀어놓았다.

열두 자 높이 성곽 안에 29곳의 우물과 136호의 민가, 2,000여명의 민·관·군이 성안에서 살았고 담양 순창 옥과 창평 화순 동복 등지에서 2만여 석의 군량미를 비축하던 곳이었다고. 동으로 지리산을 바라보고 남으로 무등산을 건너보며 서방으로 추월산을 벗한 곳이라고. 국내 최고의 산성 금성산성은 임진왜란 때 유일하게 함락을 피했지만 동학혁명 때 내부 밀고자의 반역으로 성문이 열리면서, 일본군에 의해 끝까지 저항하던 동학농민군들이 몰살된 비운의 산성이 되고 말았다.

동학혁명군은 1894년 10월 마지막으로 이곳을 거점으로 정했다. 전봉준은 수백 명의 동지들과 금성산성에서 재기를 계획하고 순창군 쌍치면 피노리避老里의 옛 친구이자 동지의 집을 찾았다. 녹두장군 전봉준은 고종 31년(1894년) 12월 2일 김경천의 밀고로 체포되었고 1895년 1월 41세로 그 최후를 마쳤다. 담양 광주 장성 순창 지방의 1천여 명에 달한 동학농민군은 쫓기고 밀리면서 총수 전봉준의 뒤를 따라 20여 일간 피비린내 나는 격전을 벌였으나 모두가 희생 또는 체포되고 말았다. 금성산성 내의 모든 시설이 이때에 전소되는 등 동학농민혁명군 최후의 격전장이었다고…….

내성內城의 관아 터와 민가 터를 지나 중앙에 자리한 보국사를 찾아드니 절도 스님도 오간 데 없고 서로 다른 수종인데도 두 그루가 한 나무되어 깊은 사랑을 보여주는 모습을 관찰하다가 어느새 주차장에 당도하고 보니 예정시간보다 일렀다. 자투리 시간을 죽녹원竹綠苑에서 쓰기로 하고 떠났다. 숲 터널 메타세쿼이아 숲길을 스쳐 시선으로만 거닌 후 죽녹원에 들어섰다. 오죽烏竹이 살짝 보이더니 왕대밭이 이어진다.

대는 당년에 키가 다 큰다고 했더니 이재훈 회장 의문에 잠긴다. 해설사와 함께 죽림욕 길을 걸으며 죽향 문화체험을 하는데 이렇게 큰 왕대가 당년에 자란다는 말이 맞느냐고 이재훈 회장 재차 해설가에게 확인한다. 한해가 아니라 30일 만에 몸통과 키가 다 자란다는 설명에도 의아해 하는 눈치가 역력했다.

오만여 평의 대나무 숲을 조성하여 운수대통 길, 죽마고우 길, 선비의 길, 추억의 샛길 등 8가지의 이름을 걸고 있는 죽림욕 길이 관람

이재훈 회장과 함께

객들을 끌어당긴다. 대밭에는 댓잎에서 떨어진 이슬을 먹고 자랐다는 죽로차竹露茶와 망태기버섯으로도 유명하단다. 영화 〈일지매와 알포인트〉를 촬영한 곳이라는 표지판도 보였다.

대나무는 열대지방이나 온대지방에서 자라는 벼과(Bamboo)에 속하는 상록성 목본 키 큰 풀이다. 식물학 문헌엔 75속에 1,000여 종 넘게 소개되어있다. 그중 대표적인 왕대 속, 조릿대 속, 해장죽 속 등 3속 15종의 대가 주변에 자라는데 10m이상 자라는 왕대 속 식물만 대나무라고 한다. 마디에 2개의 고리가 있고 키가 30m, 지름 5~10cm까지 자란다. 조릿대 속은 1~5m쯤 자라고 제주조릿대 울릉도의 섬조릿대가 자라고 해장 죽은 키가 6~7m쯤 자라며 충청 이남에서 자란다고.

오죽의 한 변종인 분죽(솜대)도 널리 심어 놓고 있다. 꽃말에는 지조 인내 절개의 뜻을 담고 있으며 속은 텅 비어있다나. 사군자는 매화 난초 국화 대나무인데 이중 대나무는 죽지청竹之淸이라 하여 맑은 덕성을 지닌 것으로 인식하고 있다. 또 절개 있는 식물 오우五友에 매난국죽송梅蘭菊竹松 혹은 매 난 국 죽 연蓮이라고도 하는데 여기에 대나무가 꼽힐 뿐 아니라 대는 60년 만에 꽃을 피운다 해서 회갑수回甲壽라 불리기도 하고. 생태전시관에서 대나무를 소재로 한 생활용품을 보면서 시곗바늘이 50년 뒤로 돌아간 느낌이었다.

이재훈 회장이 준비한 식사장소 '담양愛 꽃' 식당으로 자리를 옮겼다. 이집은 매월 하루 매상의 절반을 어린이재단에 후원하는 집이다. 정성을 다 쏟아 준비한 식단이었다. 또 다양한 이벤트에 상품 추첨 등 웃음꽃이 가득했다.

차마 헤어지기 섭섭하였음이다. 우리는 누구랄 것 없이 선뜻 작별의 손을 내밀지도 못했으나, 이재훈 회장의 귀경 예정시간에 맞추어 헤어지기로 했다. 화창한 날씨와 청정 산성길 오르내림의 감동을 훗날 평창세미나에서 다시 이어보자는 굳은 약속으로 대미를 장식했다. 아무에게나 쉽지 않은 문화탐방이며 회원 간의 화합이며 개개인의 심신건강을 도모할 수 있는 장을 한 사람의 낙오자도 없게 마련해준 어린이재단 임직원들에게 깊이 감사드린다.

두 동강난 천안함

IBK 기업은행 최고경영자클럽과 여성경영자클럽 그리고 미래경영자클럽이 서울에서 3대의 대형버스로 해군 제2함대 천안함과 기아차 화성공장을 방문하기로 했다. 나는 집사람과 함께 전주에서 출발하여 서평택 IC를 경유, 도곡리에서부터 이정표를 따라서 해군 제 2함대(경기도 평택시 소재)를 찾았고 서울 팀과는 9시 50분에 합류할 수 있었다.

선체 모양의 서해수호관에 다들 모였다. 먼저 제1연평해전부터 연평도포격 도발까지 북한의 북방한계선(NLL) 침범 등 북한의 도발만행에 대한 생생한 동영상을 관람했다. 북방한계선(Northern Limit Line)은 1953년 8월 30일 정전협정의 안정적 관리를 위해 설정한 것이다. 연장 478km인 이 해상경계선은 수차례에 걸친 북한의 도발에도 불구하고 그야말로 피로써 지켜왔다. 서해 5개 도서를 보호하고 대한민국의 수도권을 보호하기위해 반드시 지켜내야만 했을 북방한계선이었다.

출동준비 중인 초계함

1999년 6월 15일 제1연평해전을 시작으로 2002년 제2연평해전, 2009년 대청해전이 모두 그러했으리라.

2010년 3월 26일 오후 9시 22분경 백령도 인근 우리 측 서북해역 영해에서 정상적으로 경비업무를 수행 중이던 해군 제2함대소속 천안함이 북한군 잠수함정의 어뢰공격을 받아 침몰되었다. 승조원 총 104명 중 58명은 구조되고 46명이 전사하였다. 시신도 수습 못한 6명의 전사자는 어쩌면 선체의 잘려진 부위에서 근무했던 해군용사들이었을 것이다. 1945년 11월 11일 해군 창군 이래 46명의 생목숨을 앗아간 772호 폭침에 대한 설명을 경청한 후 우리는 천안함보다 한 단계 위인 1,900톤급 해군 제2함대사령부 21전대 제주함(FF-958)에 승선하였다.

함령이 22년인 초계함이다. 여군 장교 한 명이 배치되어 제주함의 기관실, 조타실, 갑판에 설치된 기관포며 함수에서 함미, 함저의 구석

구석을 세세하게 설명하고 안내하는 친절을 베풀었다. 천안함의 특별고객 조준희 행장 덕분으로 일반의 통제구역까지도 시찰할 수 있었다.

마지막으로 폭침 2주기를 맞는 두 동강난 천안함으로 이동했다. 사방을 둘러막아놓고 폭침에 사용되었던 어뢰의 뒷부분 추진기 실물이 전시장 입구에 전시돼 있다. 원형에 가까운 함수부와 잘려진 부위가 10여 미터 간격을 두고 전선이 너덜거리는 함미가 선대위에 안치돼 있었다. 그날의 비극을 웅변하는 두 동강난 천안함의 실체 앞에서 나는 고개가 절로 숙여졌다.

10미터 공간에 자유롭게 선 채로 출중한 미모의 젊은 장은지 중위가 지휘를 맡았다. 폭침 설명에 앞서 고인이 된 46용사를 추모하는 묵념의 예를 다한 후 말문을 여는데 차분하기 그지없다. 잘려 늘어진 수많은 전선가닥이나 선체내부에 그을린 흔적이 없고 페인트까지 묻어있는 흔적이며, 절단부의 두터운 외판이 밖에서 안으로 휘어있으며, 함수측 절단부위 좌 · 우현에 설치된 보조키(Rudder)의 우현은 완전하고 좌현 측 보조키가 손상된 것으로 보아 외부의 왼쪽부분에 충격을 받은 것으로 추정된다는 등등으로 육하원칙에 입각한 상세한 설명이었다.

폭침 직후 국내외 전문가와 민 · 군 합동조사단에서도 천안함은 수중어뢰폭발로 발생한 충격파와 버블효과로 선체가 절단되어 침몰했으며 공격무기는 북한에서 제조한 고성능 폭약 250kg 규모의 어뢰로 확인한 바 있다. 한 · 미 · 영 · 호주 · 캐나다 5개국으로 구성된 '다국적 연합정보의 분석에서도 동강난 천안함은 소형잠수함을 이용한 북한의 어뢰공격이었다는 보도를 기억하고 있었던 바, 장은지 중위의 설명을 듣고 보니 새삼스레 분노가 솟구쳤다.

상기도 앳된 얼굴인 장은지 장교의 모습이 자꾸만 눈앞으로 클로즈업되곤 했다. 흐트러짐 없는 매무새에 당당하기 그지없고 사기 또한 충천해 있었다. 우리 해군들의 저러한 진정성과 애국심 앞에서 어떤 도발과 만행이 또다시 이 땅에 발을 붙이랴 싶은 안도감과 뿌듯함으로 못내 느껴워지는 순간이기도 했다. 772함으로도 불리는 천안함은 1989년 취역하였다. 제1차 연평해전에도 참가했던 역전의 1,200톤급 초계함이었다는 설명을 마친 장은지 중위가 마이크를 조준희 행장에게 넘겼다.

조준희 행장은 11,000명과 함께하는 IBK 기업은행은 안보차원에서 천안함을, 효 사상 고취를 위해서 안동의 도산서원을 찾는 등으로 정규직 7,000명의 현장교육을 확대하고 있는 차에 며칠 전 신입 행원 250명에게 천안함 참관 소감문을 받아 본 결과 "첫째, 전율을 느꼈다. 둘째, 나라의 소중함과 애국심을 갖게 되었다."라는 소감 일색이었다. 백문이 불여일견임을 절감하며 전 직원에게 이러한 기회를 부여해주고 싶다는 말씀을 곁들였다. 나 역시도 우리 우신 가족이며 불우한 어린이, 여러 문우들과 함께 다시 이곳에 와서 널리 애국심을 고취할 수 있으면 참 좋겠다는 생각을 했다.

3월 26일은 천안함 폭침2주기를 맞는 날이다. 같은 날에 핵 안보정상회의가 서울에서 열리고 있다. 미국 러시아 중국 등 세계 수석대표 58명이 삼성동 코엑스에 모여 회의하고, 대전 현충원에서는 천안함 폭침 2주기 행사가 벌어지고 있다. 김황식 총리와 김관진 장관 등 3,000여명이 참가 "역사를 잊는 나라는 미래가 없다."며 추도식을 엄수하고, 서해상에서는 밤 9시 22분에 1,200톤급 초계함 영주함이 긴급 출항, 고동소리를 높여 폭침시각을 알리며 전투태세의 훈련이 이어지고 있는데도, 아직도 '침몰원인 은폐'를 주장하는 정신 빠진 자가 재판중이란다. 그러고도 선진민주주의자를 자처해도 좋은가를 스스로에게 물어야 하리라.

해군1회관 식당에서 식사를 나누고 현대기아자동차 화성공장으로 이동했다. 자동차산업은 산업간 연관 산업으로 조세의 17%를 점유하고 현대기아차의 작년도 생산판매 대수는 658만대로 그중 기아차가 248만대를 달성하여 글로벌 5를 달성했다.

기아차 직원은 33,000명인데 14,400명이 화성공장에서 근무한다. 화성공장 부지는 330만m², 연건평 27만평이고 공장생산능력은 60만대로 매일 승용차 2,500대가 생산되고 있다. 현대기아차의 내수 현황은 현대차 울산 1~5공장과 아산공장, 전주 상용차 공장, 기아차 화성공장과 광주공장 등이 가동 중이다. 생산규모는 울산, 화성, 아산,

1,900톤급 제주함

광주, 전주공장 순이다. 당장 눈앞에서 80대의 로봇이 무인으로 자동용접을 하고 있는 바디 빌 라인이 장관이다. 차체라인의 로봇비율은 80%로 270대의 로봇이 번쩍거린다. 기아자동차 화성공장의 시간당 조립대수는 44.4대 즉 44.4UPH다. 현대차는 54UPH, 중국차 66UPH로 한국보다는 중국의 시간당 생산대수가 많다. 한국으로선 노사합의 사항으로 콘베어 속도를 올릴 수 없음이 크게 아쉬운 부분이랄까.

다시 여기는 안동의 '도산서원'이다. 우리 민족의 정신문화의 도장이라 칭할 수 있으리라. 퇴계 이황선생의 학문과 덕행을 추모하기 위해 1574년에 세웠고 이듬해 선조임금이 한석봉의 친필 '도산서원陶山書院' 현판을 내려주었다. 퇴계선생의 학덕을 기리고 지방선비들의 사기를 높이기 위해 정조임금의 어명으로 특별과거 '도산별과'를 치른 곳이다.

오늘날도 현행 1,000원짜리 지폐에 퇴계 이황선생의 얼굴과 도산서당을 새겨놓아 예禮 · 효孝 · 학문學文의 본을 삼고 있다. 오늘 우리가 이 고장을 찾아 땅에 두루 추락해가는 도의며 진부하다 치부해버리는 효 사상을 고양한다면 행원들의 체험학습장으로 안동하회마을을 택한 행장의 사려가 참으로 대단하지 않은가. 저 먼 나라 영국의 여왕마저 다녀간 안동 도산서원을 누구라도 꼭은 한번쯤 다녀와야한다고 권하고 싶은 나의 심중이 참으로 간곡하다.

오후 3시에 모든 일정을 마쳤다. 조준희 행장은 차에 올라 고맙다는 작별의 인사를 일일이 전하며 고급도자기제품 식기 선물을 잊지 말고 챙기라는 당부를 곁들이며 손을 흔들었다. 우리를 위해 바쁜 일 다 제쳐두고 끝까지 최선을 다하는 행장의 고품격 매너에 오늘도 나는 은연중 깊은 감동을 여밀 밖에다.

친구 같은 기업은행

IBK기업은행 창립 51주년을 축하합니다.

IBK기업은행과의 인연은 1987년 필자가 독립하여 우신산업을 열면서부터 입니다. 당시 우신은 갓난아이였고 중소기업은행 역시 일반 시중은행에 비해 규모가 작았지요. 그때 기업은행 대구 경북지역본부 최기혁 본부장의 권유로 IBK기업은행과의 인연의 첫걸음을 내디뎠습니다. 그로부터 25년 동안 기업은행은 우신의 동행이 되어 주었고 우신의 힘찬 행보는 멈춤이 없었습니다. 최기혁 본부장은 영농이 중심이던 옛날 전북부안농업중학교를 나와 산업시대에 이리공업고등학교를 졸업하고, 서울대학에서 법학을 전공하였습니다. 농·공, 그리고 법을 마스터하고 첫 직장으로 중소기업은행 문을 두드려, 후일에는 부행장으로 명예로운 퇴임을 했고, 그 후에도 기은동우회장을 맡아 IBK기업은행에 못다 한 협조를 했습니다.

IBK기업은행 본사회의가 있을 때 우신宇伸과 국중하를 얼마나 많이 소개했으면 기업은행 울산지점장이 서울대 동기로 지레짐작을 했을까요. 어느 중요한 모임에서 나 국중하를 서울대 동문으로 소개한 적이 있었습니다. 서울대보다 더 좋은 전북대학교 공과대학에서 기계공학을 전공했다고 바로잡아주면서 최기혁 본부장과는 고등학교 동기라며 어깨를 으쓱해보였던 기억이 납니다. 뒤늦은 인사지만 이 지면을 통해서 최기혁 친구에게 감사를 표하면서, 그와 친구인 것을 한껏 자랑하고 싶습니다.

오랜 지기지우인 IBK기업은행의 면모가 문득 돌이켜봐집니다. 중소기업은행中小企業銀行 Industrial Bank of Korea은 1961년 7월 제정된 중소기업 은행법에 따라 중소기업을 위하여 설립한 특수은행이었지요. 농업은행이 농업협동조합으로 바뀌면서 도시지역 농업은행점포를 모체로 1961년 8월 15일 자본금 2억 원으로 시작했지요. 1965년 9월 외자취급업무를 개시하면서 중소기업신용보증업무와 외국환업무를 개시하여 중소기업 금융 채권을 발행하는 등 해를 거듭하면서 많은 자회사를 낳았습니다. 1997년 11월 정부투자기관에서 정부출자기관으로 전환하면서 2001년 8월 사업본부제로 조직을 개편하고 한국의 증권거래소에 상장되었고요. 국제화시대를 맞아 약칭 기업은행, 영문명을 앞에 더한 'IBK기업은행'으로 대한민국 국민이라면 누구라도 훨씬 좋아진 기업금융 거래를 할 수 있게 했습니다. 나는 기업은행이 걸어온 길과 나의 인생 항로를 돌이켜보면서 IBK기업은행을 새삼 마음속 외우畏友라 칭하고 있습니다.

직원들의 안보정신 고취를 위해 천안함 견학을 시키고, 효사상 고취를 위해 안동의 도산서원을 찾는 등 현장교육확대로 나라의 소중함과 애국심을 갖게 하는 것은 기업은행의 사내문화 함양을 위한 노력을 느낄 수 있습니다.

안동의 '도산서원'은 정신문화의 수도장이라 할 수 있지요. 퇴계 이황선생의 학문과 덕행을 추모하기위해 1574년에 세웠고 이듬해 선조임금이 한석봉의 친필 '도산서원陶山書院' 현판을 내려주셨습니다. 퇴계선생의 학덕을 기리고 지방선비들의 사기를 높이기 위해 정조임금의 어명으로 특별과거 '도산별과'를 치른 곳이기도 합니다. 오늘날도 현행 1,000원짜리 지폐에 퇴계 이황선생의 얼굴과 도산서당을 새겨놓아 예禮 효孝 학문學文의 본을 삼고 있습니다. 행원들의 체험 학습장으로 안동하회마을을 택한 행장의 사려는 참으로 적중하고도 남음이 있습니다.

또한, 해마다 상하반기로 나눠 IBK최고경영자클럽 세미나를 국내외를 번갈아 20년째 이어오면서 금융가의 부러움을 사고, 2세경영자모임, 여성CEO모임, 사모님모임 등 언제나 생生을 일일에 마감한다는 생각으로 매사에 최선을 다하는 조준희 행장과 행원들의 친절한 고품격 매너! IBK기업은행이야말로 기업인들에겐 떼려야 뗄 수 없는 친구이자 가족처럼 힘을 줍니다. 참, 좋은 IBK기업은행! 참말, 고맙습니다.

우신은 역대 IBK기업은행장의 사랑을 듬뿍 받으며 자랐습니다.

김종창 행장은 재임기간은 물론, 2005년 금통위원일 때 김태동, 강문수, 이덕훈, 이성남 제씨의 금융통화위원을 대동하고, 자르지 않은 전지화폐를 말아 원통에 담은 지폐를 선물로 주기도하고, 금융감독원장 취임 직전 잠시 쉴 때에도 메시지를 주고받으며 많은 정보를 공유해 주었습니다.

강권석 행장은 고인이 되기 전, 우신을 찾아 수출증대의 뜻을 담아

미국, 중국, 한국, 시간을 맞춘 시계를 접견실에 걸어주어서 오늘도 우신에 세계의 시간을 알려주고 있습니다.

윤용로 행장은 현 정권 시작과 함께 전북지역 선도 중소기업 70개 업체를 우신산업 구내식당에 불러 약식세미나를 개최하고, 현장중심 경영의 기틀을 세워주었습니다. 그날의 기념식수인 빨간 단풍나무는 초록빛 일색의 정원에 홍일점으로 조화를 이루고 있습니다.

조준희 행장은 중국서안으로 IBK기업은행 최고경영자클럽 회원가족 400여명을 초청, '중소기업과 IBK기업은행의 행복한 동행'이라는 주제의 특강에서 "IBK기업은행 총자산이 190조원, 총 대출액은 135조원인데 그중의 100조원을 중소기업에 대출했다. 글로벌 금융위기 때 중소기업 대출현황을 보면 전체 은행대출 19.3조원의 91% 17.6조원을 IBK기업은행에서 대출했다. 대한민국의 총사업체 중 99%가 중소기업이고 전체 근로자의 88%가 중소기업에서 일하고 있기 때문에 대한민국경제발전의 원동력은 중소기업이다. 경제가 어렵고 불안할 때일수록 IBK기업은행이야말로 동반자가 되어주겠다. 연체이자를 한 자리 숫자로 내리겠다."고 천명해주었습니다. 우리같이 중소기업을 하는 사람들에게는 천군만마와 같은 힘이 되는 격려였습니다.

기업은행의 출자 지분율을 보면 정부에서 65.13%, 외국인13.8%, 내국인 지분 9.9%순인데 이익금 4,000억 원을 어려운 기업에 무상으로 지원하여 쓰러져가는 기업을 살리겠다는 결심은 필시 중소기업의 설립목적에 부응하고, 하늘나라에서 지켜보는 강권석 전 행장의 '기업인 천하지 대본企業人天下之大本, 비 올 때 우산 빼앗지 말라.'는 엄명을 준수하는 결단이겠지요.

우신의 상반기 원가절감 실적을 살펴보니 우신엔지니어링(주) 거래은행을 IBK기업은행으로 바꾸면서부터 4,500만원이 절감되었습니다. 이에 탄복한 직원들이 신뢰심을 모아 법인과 모든 신용카드에 우신宇伸 로고를 새기고 기은카드로 갱신하기에 이르렀습니다. 나의 든든한 지원자! 형님 같은 IBK기업은행에 보다 큰 자긍심을 돌려드릴 수 있어 기쁘기 그지없습니다.

IBK기업은행은 정말 좋은 은행입니다.

참 좋은 세미나

IBK 기업은행에서는 2012 하반기 최고경영자클럽 경영전략 세미나를 10월 8일부터 삼일동안 개최했다. 제주 롯데호텔에 캠프를 차리고 한라산과 바다 그리고 문화를 찾아 제주의 구석구석을 누볐다. IBK 기업은행 홍보대사 송해 선생의 사회로 최고경영자클럽 회원 노래자랑도 벌였다.

852호 방이 참 좋았다. 로비 카운터에서 몇 발자국인, 전망이 아주 좋은 방을 배정받은 것이다. 방안엔 빨간 장미 한 송이가 우리를 반겨주었다. 또 실물보다 예쁜 커플 캐리커처 스탠딩 액자가 있고 캐리커쳐 여백에 "국중하 회장님, 강청자 사모님! 삶의 가장 큰 힘이 되어준 참 좋은 당신, 영원한 사랑을 소망합니다.(2012. 10. 8.) IBK 기업은행 은행장 조준희 드림."이라는 회화로 바뀐 환영인사가 뭉클한 감동으로 가슴에 닿았다. 캐리커처는 직원들이 3개월간 고민한 것이고 문구는 행장이 직접 썼다고 사회자가 나중에 귀띔해주었다.

제주 해녀의 물질공연

정어리 떼의 군무

창밖엔 암벽에서 쏟아져 내린 물이 소에 담기고, 3개의 분수가 삼원색으로 물줄기를 뿜어 올린다. 흰 눈에 보라색 뿔을 단 흑룡이 두 눈을 부릅뜨고 새하얀 이빨을 내보인다. 군데군데 큰 키를 자랑하는 야자나무며 암벽 뒤로 자연건축물 방갈로가 평화롭기만 하다.

공항에서 오는 길에, 아트랜드와 아쿠아플라넷을 둘러보았다. 우산 미술관에는 10폭 병풍, 〈아비뇽의 처녀들〉, 〈농악〉 등의 대작들이 있고, '200년 전의 춘화특별전시관'이 이색적이며 운보 김기창의 〈밤새(부엉이)〉가 유독 눈길을 끌었다. 분재공원에는 50억 원 상당의 평가를 받았다는 세계 최고의 주목나무에 수령 350년의 소사나무 등 300년 이상의 분재가 대부분이었다.

아시아 최대 규모 제주 아쿠아리움에는 인간과 자연이 공생함을 느낄 수 있는 다양한 해양생태계가 펼쳐져 있었다. 자연, 문화, 동물의 생태와 행동습성과 특징을 엿볼 수 있었다. 제주해녀들의 물질공연은 특별한 볼거리였다. 1980년대는 해녀 복服이 없어 스즈키 복服을 입고 물질을 했다는데 참으로 어려움이 컸으려니 싶었다.

오션 아레나에서는 신기한 바다생물들을 구경했다. 마치 한 마리의 작은 용 같은 '풀잎해룡'은 나뭇잎이나 풀잎모양의 돌기를 가지고 있어서 해초로 손쉽게 위장도 하고, 수많은 정어리 떼가 마치 한 마리 커다란 물고기처럼 일사분란하게 움직였다. 전문 아쿠아리스트가 바다사자, 바다코끼리, 돌고래의 행동습성과 특성에 대하여 재미있게 설명해 주었다.

저녁에는 야외특설무대에서 환영행사가 열렸다. 조준희 행장은 환영사에서 "참! 좋은 기업은행 최고경영자클럽이 1993년 100여명으로 출발하여 지금 1,400여명으로 도약했다며 회원 모두에게 고마움을 표하고, 지금은 국내외 세계경제가 어렵지만, (어디까지 사견임을 전제하면서) 내년 상반기만 잘 버티면 옛날과 같은 호황은 아니더라도 상저하고경제上底下高經濟를 예견한다는 것과 미국 중국 독일(유로 대표) 등 삼자가 해결해야 할 것이라는 것으로 독일의 메르켈 총리, 중국 시진

50억 원상당의 주목나무

핑, 미국의 대선에서 새로운 대통령이 결정되면 내년 2~3월경에 그들이 서로 만나 미래의 방향을 결정하고 하반기에는 결정된 방향에 따라 드라이브를 걸 것이기 때문"이라는 배경설명을 했다. 중소기업 대출 최고금리를 임기 중에 한 자리 숫자로 낮추겠다고도 약속했으며, 17%금리를 상반기에 10.5%로 끌어내렸다는 보고 끝에 기업은행을 거래하는 백만 고객과 12,000명의 행원이 협조하여 지금의 경제위기를 성장의 기회로 만들자는 호소를 덧붙였다.

만찬을 겸한 여흥시간에 박상철, 정수라 두 가수가 나와 169개 회원업체 사람들과 행원 등 400여명의 관객이 한 덩어리가 되어 기립박수를 보내고 무대에 올라가 춤을 추는가하면 가수가 객석으로 내려와 하나가 되기도 했다. 조준희 행장과 임채홍 클럽회장이 나란히 무대에 올라 스위치를 누르자 상생의 불꽃이 하늘을 수놓으며 만찬

정수라 가수와 관객

회의 대미를 장식했다.

탁 트인 바다를 바라보며 먹은 조식, 성게미역국 정식에 따라온 조기, 김치, 미역무침, 김 등 반찬이 정갈하고 간도 삼삼하여 감식을 했다. 식사를 마치고 나오다보니 구재욱 팀장이 핸드폰을 귀에 대고 연신 네, 네. 회장님, 하면서 고개를 꾸벅인다. 행사담당자로서 고객감동을 목표로 하는 모습. 무대 앞에 나가 신들린 사람처럼 박수를 유도하기도 하고 하여간 그는 미치도록 재미있어하며 일하는 사람으로 보였다.

한라산 산행을 이번에는 어리목으로 올라 영실로 내려왔다. 내려오는 길에 일곱 살배기 사내아이를 만났다. 왼손은 엄마 손을 잡고 오른손에는 나뭇가지 지팡이를 짚고 있다. 뉘신데 통성명이나 하자 했더니 서귀포에 사는 일곱 살 난 아무개라고 엄마가 대신 답한다. 앞으로 큰 산악인이 되겠다고 칭찬했더니 엄마가 한술 더 떴다. 아이를 따라 가느라 엄마가 부대낀다며 아이를 부쩍 더 추켜세웠다. 보기에도 참 좋았다.

김용택 시인이 "자연이 말해주는 것을 받아쓰다."라는 주제로 강의를 했다. 청바지에 검정 상의를 걸치고 짧게 깎은 머리에 검게 그을린 얼굴, 덕치초등학교를 그만두고, 임실군 덕치면 장신리 둥근 산 밑에 자리하고 있다고 자기소개를 한 후 "시골에서 농사짓는 사람들은 자연에서 일어나는 일들에 민감하다며, 가장 늦게 피는 자귀나무가 연두색에서 초록으로 건너갈 때 바람이 불면 산이 갑자기 하얗게 변한다. 참나무 잎이 바람에 뒤집혀 하얗게 되면 3일 지나 비가 온다. 개미가 떼 지어 지나면 이틀 후에 비가 온다. 봄이 되면 소쩍새가 소쩍소쩍 우는데 소쪽소쪽하고 울면 그해는 풍년이 든다. 솥이 꽉꽉

찬다는 예언이니까. 요즘은 소통소통 하고 우는 것 같다.

시골에서 농사짓는 사람들은 모두가 시인이요 소설가요 정치인이요 과학자요 철학자다. 상생의 가치를 실천하며 산다. 초등학교 2학년 학생을 가르치면서 그들에게서 정직과 진실을 배웠다. 생각이 신비하고 늘 새로운 아이들은, 가진 것도 손에 쥔 것도 별로 없지만 노상 진지하고 즐겁게 노는 것을 볼 수 있으며, 자신은 나무를 보면서 언제나 새롭고 때묻지 않은 자연(동심)으로 자기 식의 삶을 살고 있다."라는 내용의 강의였다.

그리고 아래의 시들을 소개하면서,

쥐

2학년 서창우

쥐는 나쁜 놈이다
먹을 것을
살짝살짝
다 가져간다
그러다가 쥐약 먹고 죽는다

콩, 너는 죽었다

시인 김용택

콩타작을 하였다

콩들이 마당으로 콩콩 뛰어나와
또르르또르르 굴러간다
콩 잡아라 콩 잡아라
굴러가는 저 콩 잡아라
콩 잡으러 가는데
어, 어, 저 콩 좀 봐라
쥐구멍으로 쏙 들어가네

콩, 너는 죽었다

일상에서 이의가 없을 때 예술이라고 하는데 자연이 말하는 것을 받아쓴 초등학교 2학년 서창우 학생의 쥐라는 시에 이의가 없다면 바로 이것이 시요 예술이라고. 자연속의 현상은 인간의 모든 지식과 지혜를 동원해도 감당할 수 없는 일들이 수없이 일어난다고. 현실과 상상력, 기술 등을 융합시켜 하나로 만들어 예술과 환경을 잊지 말고 인간을 중시하며 살아야한다고. 예술적인 융합이 되어야 세상을 감동시킬 수 있다는 등등으로 강의를 마무리했다.

서울대 영문학과를 나와 EBS 프로듀서로 근무했던 박수용 네이처 21 대표는, '자연에서 느끼는 주체와 객체'라는 주제로 강연했다. 회사 안에서 도시를 보는 것보다 우주 밖에서 지구를 보는 것이 넓게 보이듯이 도시생활보다 자연이 우선이라는 생각으로 회사를 정리하고 산에서 20년째 지낸다고 본인소개를 했다.

강연은 호랑이 이야기로 시작됐다.

"호랑이들은 배설물로 상호 커뮤니케이션을 한다. 사슴, 곰, 멧돼지가 주식인데 사냥할 때 4개의 이빨로 목덜미를 물고 질식할 때까지 놓지 않는다. 주위에 핏자국 하나 없이 깨끗하게 사냥한다. 호랑이는 강력한 이빨과 발톱을 가진 천하무적이지만 약자에게는 자제한다. 이것이 지속가능한 자연의 균형을 잡아주는 삶이다. 이것이 바로 대기업들이 떠들고 있는 상생의 원리다. 이성은 객체를 돌아보지 못하지만 감성은 객체를 돌아볼 수 있음을 자연에서 많이 볼 수 있다.

호랑이 길목을 찾아 바닷가에 굴을 파고 6개월을 기다렸다. 잠복지에 들어가면 처음에는 파도소리가 너무 좋게 들리지만 다음에는 지겹고 그다음에는 잊는다. 더 오래 지나면 파도소리와 대화를 한다. 산들바람, 건들바람을 구분할 수 있게 된다. 그리고는, 자기 속으로 깊게 들어갈 수 있다. 객체화되어가는 과정을 느낄 수 있다. 자연의 오케스트라를 들으며 산도 보고, 바람도 보고, 나뭇잎도 본다. 자연을 지켜보면서 깊게 들여다볼 수 있다. 주체와 객체의 조합이 잘 되어야한다. 객체화는 머리가 아닌 몸으로 해야 한다. 잠복지의 고독을 다 참았다.

석 달 보름 만에 호랑이가 왔다. 눈이 오면 산에 먹이가 없어 해안가에 밀려온 미역을 먹기 위해 사슴이 넘어오고 보름달이 뜨면 호랑이가 올 확률이 높다. 그날 밤 휘영청 밝은 달밤 그야말로 월백, 설백, 천지 백하고 산심야심 객수심일 때 호랑이가 왔다. 호랑이 수염이 카메라렌즈를 스치고, 새끼 3마리까지 함께 왔다. 냄새를 맡고 잠복호까지 다 헤쳤다. 잠복호 지붕 30cm 송판 한 개가 부러지면서 호랑이 뒷발이 빠졌다. 새벽 4시 동틀 여명에 돌아갔다. 다음날 또 왔다.

호랑이를 몇 번 맞았는데 다른 동물들은 사람을 만나면 도망가지만 호랑이는 이글이글한 눈빛으로 응시를 한다. 그는 눈빛으로 대화한다. 움직이지 않고 기다리면, 그는 자신의 갈 길을 간다는 듯 느리게 지나간다. 군살 없이 거대하고, 외모가 얼마나 아름다운지 모른다. 호랑이 지나간 뒤 스스로 너무나 초라함을 느낀다. 인간과 매우 흡사하지만 직위로 우열을 가리지 않는다. 북한에 15마리 한국에 두세 마리가 DMZ에서 봉화, 영덕을 비정기적으로 떠돌며 살고 있다. 울던 아이도 울음을 그쳤다는데 그렇게 무서운 호랑이를 찾아 6개월 동안이나 고독과 싸우며 자연과 함께 자신의 삶을 살았노라."라는 요지였다.

이왕재 서울대 교수는 ≪생명의 파수꾼 비타민C≫의 저자다. 강의 주제도 '현대인의 건강과 비타민C의 심층이해'였다. "의학에도 진리가 있어야 한다며 비타민C를 25년 동안 생쥐는 물론 본인 내외와 어머니, 장인장모에게 직접 생체 시험한 결과라며 비타민C의 복용을 권했다.

정량으로 하루에 최소한 6g을 먹을 것. 시중 의사처방의 3배 용량으로 6시간마다 매일 3번씩 식사시간에 반찬 먹듯 복용할 것. 비타민C는 약이 아니라 밥. 식사는 의사하고 의논하지 않는다. 의사 말을 듣지 말 것. 소식하고 유산소 운동하며 비타민C만 복용해도 동맥경화는 막을 수 있다. 인간이 탄수화물(C,H)을 먹고, 산소(O_2)를 마시면서 힘과 생기(Energy, Power)를 축적하고 이산화탄소(CO_2)와 물(H_2O)을 배출하면서 살고 있는데 이 과정에서 25%의 활성산소가 문제다. 그 중 20%는 우리 몸에서 해결 가능한데, 불가능한 5% 활성산소(유해산소)를 비타민C 복용으로 해결할 수 있다."라고 활성산소이론을 폈다.

노래자랑 시간이다. 송해 선생이 우레와 같은 박수를 받으며 무대에 섰다. "세계7대 관광지 제주에서 참! 좋은 IBK기업은행 최고경영자클럽 회원노래자랑 사회를 맡아 생애의 영광이요 이력서의 한 페이지를 장식할 것 같다."라는 오프닝 멘트가 참 근사했다.

출연한 예비가수들은 신청을 받아 선발된 15팀이다. 즉석추천 가수로는 조준희 행장(민들레 홀씨되어), 임채홍 클럽회장(청춘을 돌려다오), 감성한 부장, 송해 선생은 몸 컨디션이 안 좋은데도 메들리로 5곡을 부른 뒤 시간이 허락하면 새벽까지 30여곡을 불러야 직성이 풀리겠다며 50년 뒤 기업은행 100주년 노래자랑에도 사회를 보기로 약속하고 2시간 20분 동안 임기응변의 재치로써 좌중을 한 덩어리로 묶었다.

송해 선생은 노래실력이 기성가수 못지않아 심사에 어려움이 있었다고.

인기상 김종용 사장 내외분은 가면을 쓰고 가무를 하고 은행홍보 내용까지 좋았지만 능글맞게 시간을 끌어 객석의 야유까지 받을 정도였다. 코믹하게 모자와 검은 안경 번쩍이는 의상을 갖추고 드럼을 치며 〈나이는 잊어라〉를 전문 가수에 못지않게 부른 김홍근 사장 또한 인기상으로 손색이 없었다.

결혼 30주년 기념으로 출연한 경수지역본부 포승공단 (주)홍성브레이크 이성묵 사장, 김기영(개명 전 김하자) 사모님(험난한 지난날의 삶 속에서 울어남직한 인생의 한이라도 풀 작정인 양)이 버즈 노래 〈가시〉를 열창하여, 또 한 팀 강북지역본부 의정부 (주)디지아이 최관수 사장·오경순 사모님이(노사연의 〈사연〉을 불러) 최우수상을 거머쥐었다.

폐회식에서 조준희 행장은 호주 최대은행 ANZ 은행과 업무협약(MOU) 관계로 먼저 떠난다 했다. 상호지급보증을 통한 현지진출기업 자금지원, 상호직원파견 교육프로그램제공, 외화자금조달 및 투자은행(IB) 부문 강화, 정보교류 등이 포함된 협약을 맺는다고 했다. ANZ 은행은 170년 역사의 호주은행으로 세계 32개국에 1,300여 개 네트워크를 갖추고 있는 세계적인 은행임을 소개했다. 그 이틀 뒤엔 중남미 지역에 진출한 국내기업을 지원하기위해 스페인 산타데르 은행과 업무협약을 맺는다며 이름난 세계은행들이 다투어 참! 좋은 은행 IBK 기업은행의 중소기업 지원시스템을 벤치마킹하기위해 다투어 업무협약을 원한다고 전했다.

한 달 전에도 세계 2위 도이취뱅크에서 행장 일행이 찾아와 점심을 하면서 어떤 시스템을 갖췄기에 50년 동안 90%이상 중소기업을 상대로 대출하고도 건전한지 물었다고 한다. 기업은행은 연말까지 일본과 중국은행들과도 업무협약을 마치고, 오대양 육대주 어디서나 편하게 금융서비스를 받을 수 있도록 세계적인 금융망을 갖추겠다고 약속하며 먼저 떠나게 되어 공항에서 전송 못하는 점에 대해 용서구하기를 잊지 않았다.

정의롭지 못한 돈은 돈이 아니고 고객으로부터 감동을 받으며 번 돈이 돈이다. 3일 동안이나 부행장들을 대동하고 사업본부장 등 은행을 비우고 회원들을 위해 제주도 세미나에 참여하기가 어찌 쉬운 일일까. 그러기에 감동을 주면서 돈을 벌고 있는 조준희 행장에게 아낌없는 박수를 보낼 수 밖에다.

현대중공업 군산조선소 유치

현대중공업 군산조선소의 유치는 아이러니하게도 2006년 현대자동차 사태를 수습하기 위해 모인 자리에서부터 시작되었다.

현대자동차 전주공장은 버스, 트럭, 특장차 등 연간 상용차 11만대를 생산할 수 있는 세계적인 시설을 갖춘 전북지역 대표기업이다. 수주물량 부족으로 능력의 반밖에 생산을 못하다가 다음 해에 7만대를 생산한다는 희소식이 있었다. 계획된 물량을 소화하려면 주야교대작업이 불가피한 실정인데 노동조합의 반대로 주간작업만 하고 있는 딱하기만 한 상황이 벌어졌다.

재정자립도가 열악한 전라북도인 만큼 현대차 협상 조기타결이 절실했다. 1차에서 부결되고 2차 투표를 목전에 둔 2006년 12월 7일, 전라북도는 '현대차 사태 조속타결'을 위하여 각계의 1만 명이 모였다. '범도민 촛불 염원회'를 가졌고, 투표 당일에는 김완주 지사를 중심으로 손을 맞잡고 천막캠프에서부터 현대자동차 앞까지 가두시위를 벌인 후, 현대자동차 정문을 열고 들어가 사내를 돌며 교대작업을 호소했다. 정문에서는 출근하는 조합원에게 전단지를 나눠주며 지역 경제를 살려달라고 호소했다.

조합원들이 모두 투표장으로 들어간 뒤, 불현듯 한기가 느껴져서 지사와 함께 몇몇이 해장국집을 찾았다. 김완주 지사, 김재명 부지사, 임정엽 군수, 김황룡 부군수, 이인재 국장과 함께 마주앉아 나름으로 투표결과를 예상했다. 지사는 현대자동차 사정을 잘 알고 있는 나의 예상을 물었다. 나는 협력업체 입장에서는 사활이 걸려있는데도 현대자동차 노조의 여론은 반대표가 더 많은것 같다고 말했다.

잠시 침묵의 시간이 흘렀다. 지사는 이인재 국장에게 같은 질문을 던졌다. 국장은 국중하 회장 말대로 부결의 기미가 농후한 분위기라고 했다. 그럼에도 지사는 70%이상 찬성표가 나올 것이라고 결과를 낙관했다. 잠시 조용한 시간이 흐르면서 분위기가 숙연해져 내가 말문을 열었다. 1%라도 찬성표가 더 나와 교대작업을 하게 된다면 내일 당장 정몽구 회장한테 가서 축하의 말씀과 함께 새로운 프로젝트

범도민 가두시위

를 전북지역에 투자해 달라 하시라고.

곁에 앉은 김재명부지사가 한술을 더 떴다. 지사님이 찾아가는 것은 모양새가 우습지 않느냐, 정몽구회장이 전북에 오셔서 도민에게 감사의 말씀과 함께 새로운 프로젝트 투자 약속을 하는 것이 순서가 아니겠느냐고 반문했다. "그렇게 하면 얼마나 좋겠습니까? 하지만 김재명부지사도 삼성에 몸담고 있어봐서 잘 알겠지만 이건희회장이라면 그렇게 하겠느냐."고 되물었다.

다시 분위기가 고요 속으로 가라앉았다. 바로 그러한 순간에 나 자신조차도 뜻밖인 중공업 유치를 건의하게 된 것이다. 당시 현대중공업은 지금 선박경기가 하늘을 치솟는 호황이지만 머지않아 벼랑으로 추락할 것으로 전망하고 최대한 투자를 억제하고 있었다. 따라서 울산조선소의 기존설비를 극대화하고 최적화의 일환으로 현대중공업 안에 함께하고 있는 비조선 사업본부를 밖으로 이전하기로 결정한 상태였던 것이다.

첫 번째로 건설장비 사업본부가 음성, 옛 한라건설에서 조성해둔 공장으로 이전하기로 잠정 결정하고 추진 중이었다. 건설장비는 수출물량이 대부분으로 해안부두가 필요한데 충청북도 음성은 내륙으로 서해안 부두까지 운반하려면 만만치 않은 육상운반비가 소요됨으로 경쟁력 면에서 군산이 비교우위임을 들어 유치의 타당성을 설명했다.

현대중공업 최길선사장은 군산출신으로 정몽준의원으로부터 인정을 받고 있을 뿐 아니라 군산은 항만을 끼고 있고, 정몽준의원의 정치활동에도 호남의 발판이 될 것으로 봐 절호의 기회임을 역설했다. 조용히 듣고 있던 김완주 지사가 결심한 듯 자기가 정몽준의원을 잘 안다며 최길선 사장은 나보고 맡으라면서 현대중공업 군산유치 작전을 시작하였던 것이다.

다음날 나는 울산으로 달려갔다. 최길선 사장, 이재성 부사장(현 중공업사장)과 함께 진지하게 협의했다. 결과는 원만하게 해결되는 쪽으로 가닥을 잡았다. 먼저 전라북도에서 울산 조선소를 방문하여 투자설명회를 하기로 하고 돌아오는 길에 김영주 회장(고 정주영 회장 매제) 댁을 방문했다. 지금까지의 현황을 보고한 뒤 청을 하나 드렸다.

김완주 전라북도지사와 함께 회장님을 뵙고 좋은 말씀을 듣겠다는, 나의 속셈은 차 한 잔 나누면서 빼어난 경관과 쾌적한 저택을 지사에게 자랑도 하고, 현대중공업 이전문제에 대하여 김영주 회장님의 간접지원을 끌어내보자 함이었다.

김영주 회장 댁은 현대중공업 1호선 리바노스 선주를 모셨던 고급 저택이고, 김영주 회장은 현대의 중요한 모든 일을 보고받고 있다. 최길선 사장이나 정몽준 의원도 예외가 아니다. 생불生佛이라 일컫는 인자하신 지역 어른께 인사도 드리고 한국프랜지도 전북으로 유치할 의중이 숨어있었다. 개인적으로 나는 김 회장님의 사랑을 많이 받았고, 지금도 받고 있다.

모든 계획이 순조롭게 풀리는듯했다. 휘파람을 불며 단숨에 전주로 돌아와 김완주 지사께 보고했다. 설명회 날을 기다리며 조용히 준비하던 일전이었다. 울산에서 전화가 걸려왔다. 최길선 사장의 갑작스런 외국출장 관계로 설명회 장소가 울산에서 서울로 바뀐 것이다. 어렵게 섭외한 어른을 뵙지 못해 서운했지만 하는 수 없었다. 김영주 회장님께 전화를 걸어 회의장 변경으로 어르신과의 약속을 취소해야만 하는 사정을 고했다.

약속한 날에 고창수 팀장, 이인재 국장과 함께 김완주 지사를 모시고 서울 현대중공업 계동사옥에 도착했다. 정문 앞까지 안내원을 배치한 친절한 영접에 친정인 중공업에 감사했다. 현대중공업 측에서는 최길선 사장, 관리총책 이재성 부사장, 자금담당 김성모 전무 등이 울산에서 올라와 참석했다.

이인재 국장은 최선을 다하여 설명했고 김완주 지사와 나는 성실하게 보충설명을 했다. 설명회를 원만하게 마친 뒤 현대에서 준비한 조선호텔 일식당으로 자리를 옮겼다. 분위기는 화기애애했고 다음 일정은 최길선 사장 귀국 후 서로 편리한 날을 택하여 우신산업으로 연락하기로 했다. 늦은 밤길이었지만 가벼운 발걸음, 즐거운 마음으로 전주로 돌아왔다.

2007년 4월 11일, 현대중공업 사장단 일행이 우신산업을 방문하겠다는 기쁜 소식을 받았고 이를 도지사실에 전했다. 군산시에서는 현장설명 준비와 소방헬기를 대기시켰다. 현대중공업 사장단(최길선 사장, 이재성 부사장, 자금담당 김성모 전무) 일행과 총무담당 표한근 부장(현 군산조선소 상무)은 익산IC를 나와 우신산업의 안내를 받으며 우신산업 접견실에 도착했다.

차를 나누며 현대중공업 초창기 건설당시의 이야기로부터 추억을 더듬으며 36년 전 울산의 신화가 새만금과 연계한 군산에서도 이뤄질 것이라는 부푼 꿈 이야기를 폈다. 3층 회의실에서 우신의 홍보영상과 현황보고를 듣고 현관 앞에서 기념사진을 남기고 생산현장을 시찰하게 했다.

오찬을 완주군 동상면 '여산재 영빈각'에 마련했기에 무공해 청정지역인 학동마을 '여산교육문화관'으로 향했다. 이럴 때 활용하려고

2007. 4. 11 현대중공업 주식회사 사장단 방문

일찍이 영빈용차를 준비해 뒀다. 최길선 사장과 나란히 앉아 회사에서 출발하여 여산재로 가는데 송광사 옆 수영장을 지나면서 최 사장이 학창시절 캠프를 차리고 수영했던 옛 추억을 더듬었다. 위봉사 고갯길을 지나면서는 그림 같은 풍경에 감탄을 아끼지 않았다.

영빈각 2층 연회장의 통유리 창으로 탁 트인 풍광을 바라보며 와인잔을 들고 한 폭의 산수화 같다며 극찬을 서슴지 않았다. 오찬을 하면서도 흑돼지 수육과 묵은 김치 산나물 맛이 참 별미라며 칭찬을 했다. 오찬을 마치고 한 시간 20여분동안 군산으로 가면서 차안에서 많은 이야기를 나눴다.

최 사장과는 현대중공업 초창기 때부터 함께 일했고 돌아가신 정주영회장님과 정몽준의원으로부터 각각 인정받은 터라 자별하고 돈독한 느낌이 짙다. 개인적으로도 최 사장 부인이 집사람 친구동생이었기에 최 사장이 부도난 삼호조선을 맡고 있을 때도 격려하고 위로하기 위해 목포까지 달려가 중역들과 오찬을 함께하기도 했었다.

군산의 브리핑 장에는 문동신 시장과 관계국장 등 많은 관계자들이 기다리고 있었다. 상세한 설명을 듣고 헬기에 탑승했다. 헬기는 6인승으로 중공업 사장단 4명과 기내에서 설명하기 위해 문동신 사장과 함께 탑승했다. 김완주 지사와 이국장 등 몇몇 분은 육상에서 기다릴 수밖에 없었다. 후일담이지만 탑승인원을 고려하지 못했다고 이 국장이 많은 꾸지람을 들었다고 한다. 헬기 시찰은 새만금방조제와 조선소 부지선정을 위한 시찰이었다. 신시도와 야미도간 해안이 자연적으로 조선소부지로 적지였으나 약점으로는 수심이 얕아 준설 비용이 추가된다는 점이 있었다.

섬이 방파제역할과 작은 만을 이루고 있어 적은 비용으로 조선소 조성에 적지였기 때문에 일순위로 했고 두 번째 현재 조선소자리를 권했던 것이다. 결국 2007년 9월 20일 전북도와 MOU를 체결하고 타타대우와 M대우 중간부지(공원부지 포함) 15만 천 평(현풍력발전소)과 조선소부지 48만 5천 평을 매매계약 체결했다.

그쯤 되니 도민에게 자랑도 하고 싶었을 것이다. 도청에서 이 국장으로부터 전화가 걸려왔다. 기자회견을 통해 현대중공업 유치에 대한 상황을 알리겠다는 것이었다. 나는 현대에서는 찬성하지 않을 것이라는 사견을 말해주고 기다리라고 했다. 최 사장은 깜짝 놀랐다. 보도 자료가 나가면 큰일 난다는 것이었다. 즉각 도에 연락하여 보도 관제를 하게 했다.

한 달쯤 지났을까? 잔금을 다 치른 뒤 군산에서 정보가 흘러나왔다. 현대중공업 건설장비 사업부가 군산으로 이전하기로 결정되었다는 내용이 중앙지에 일제히 보도되면서 울산에서는 난리가 났다. 노조가 반대하고 시민은 이전반대 집회를 열었다. 현대중공업은 13년째 무분규인 노사안전 모범회사다. 결국 건설장비 이전은 없었던 일로 되돌아갔으나 조선수주 물량은 넘쳐 신규 조선소를 건설하지 않을 수 없었다.

2008년 5월 7일 군산조선소 기공식에 이어 2009년 7월 23일 1,650톤 톨리앗 크레인 설비와 100만 톤 드라이 도크(DRY DOCK)가 준공되었다. 이렇게 하여 세계적인 대형조선소가 군산에 건설되었고 2009년 12월 18일에는 첫 호선을 진수하는 등 지난해 벌크선 2척을 진수하여 올해 2월 독일 노드카피탈(Nord Capital)사에 인도되어 서해안 조선기지 시대의 중심지로 거듭나게 되었다.

당초에 생각지도 않았던 풍력발전소는 조선소 부지와 별도로 떨어진 부지를 저렴한 가격으로 매입하였기에 녹색성장사업으로 지역정서에도 어울리는 풍력발전소를 덤으로 유치하게 되었다.

이처럼 우여곡절 속에 유치된 '군산조선소'이지만 기업유치 성공사례로 꼽고 있다. 유치를 한 전북지역이나 조선소를 조성한 현대중공업 모두가 성공적인 멋진 군산조선소는 앞으로 조선소 인근 바다를 넓게 매립하여 해양사업과 플랜트산업 등으로 확대하여 나아갈 것을 굳게 믿고 있다.

4부

경영전략 세미나

······. 자연의 신비에 푹 젖기도 하고 기 싸움을 내용으로 한 경극을 관람하면서도 우리 최고경영자클럽의 한 분 한분 모두가 의욕과 활력을 재충전하려니 싶어 나의 마음은 뿌듯하기만 했다.

2011 상반기 경영전략 세미나 · 1

고대와 현대가 공존하는 대만에서 IBK 기업은행 최고경영자클럽이 상반기 세미나를 개최하였다. 1993년도 우수중소기업을 선정하여 중점적으로 지원하기 위해 발족한 우수중소기업교류회가 1996년 3월 최고경영자클럽으로 개편되어 중소기업의 성장발전에 기여한다는 취지에 걸맞게 연간 상하반기 두 차례로 국내외에서 번갈아 세미나를 개최해 왔다.

일본으로부터 51년간이나 지배를 받았던 대만이지만 IT산업을 중심으로 한 중소기업 강국이다. 인구는 2,300만 명으로 우리나라의 절반, 국토는 해발 3,000m이상 200개의 산이 종縱으로 가로막아 유효면적이래야 30%에 불과한 36,000㎢이다. 따라서 인구가 서부해역에 몰려있어 인구밀도는 세계 2위를 마크하고 있으며 경제수준으로 GNP가 19,000달러, 물가도 한국과 비슷하다.

IBK 최고경영자클럽행사는 해를 더할수록 참가자가 많아지고 기다려지는 모임으로 발전하고 있다. 이번 세미나에도 사상최대인 278명이 참여했다. 진행에 어려움이 따르지만 즐거운 노고이다. 눈뜨고 귀만 열고 다니면 스태프진이 알아서 다 안내한다. 투숙한 방에 3불씩 팁을 챙겨주고 5만원 상품권과 할인권까지 그야말로 감동 그 자체다. 300인분의 김치 · 깍두기 · 깻잎 · 고추장까지 마련하느라 얼마나 애를 썼을까.

조준희행장이 환영사에서 밝혔듯이 뭔가를 보여주고 있었다. 기은 창립이래 50년 만에 공채행원이 행장으로 취임하여 감회가 새롭다며 주어진 3년 임기동안에 색다른 무언가를 남기고 떠나겠다는 탐탁스런 포부로 행원들에게도 비오는 날 함부로 우산 빼앗지 않겠다는 말을 하지 말고 소리 없이 실천하라 주문했단다. 이어서 돈 주머니를 관리하는 사모님들께도 예금을 많이 할 것을 주문하고 주변 지인들에게도 홍보대사 노릇을 해 주기 바라마지 않았다. 현재 예금 충당이 30%밖에 안 되기 때문에 저리공급에 어려움이 있다는 것이다. 사모님들께 이 말씀을 드리기 위해 청와대의 부름도 마다하고 세미나에 처음부터 끝까지 같이 한다는 것이다.

특강을 맡은 IBK 기업은행 이동연 차장은 연단에 올라 이것만은 꼭 얻어가라며 IBK CMS 서비스 '자금관리 비법'을 소개하며 가입을 적극 권했다. 환영만찬도 국제 컨벤션센터에서 특색 있게 진행하였다. 개회식과 환영만찬을 겸한 축하공연과 아미족의 춤과 전통무용, 사자춤 양금연주 삼태자 등 이색적인 맛을 흠뻑 느꼈다.

1949년 장개석총통은 60만 점에 달하는 유물과 금괴 450만량을 가지고 대만으로 왔고 그 뒤에도 수집을 계속하여 현재 67만여 점에 이른다. 그 유물들은 본토와 대만의 이곳저곳을 떠돌다 1965년 국립

고궁박물관을 열면서 제자리를 찾게 되었다. 이 국립고궁박물관은 67만여 점에 달하는 각 시대의 순수 중국유물을 볼 수 있는 세계 4대 박물관 중 하나다. 3만여 점을 전시하고 64만여 점은 박물관 뒷산에 보관하면서 주기별로 15,000여 점씩 바꿔가며 전시 관리하여 항상 새로운 유물을 관람할 수 있다.

3층 전시장 입구에 장심여선공匠心與仙工 명청조각전明淸彫刻展이라, 장인의 정신에 선인의 손끝이 만들어낸 신비로운 작품이란 뜻일 것이다. 청淸나라 비취옥배추(翠玉白菜)는 천년에 하나 얻을 수 있을 정도의 정교한 조각품이다. 청 황제비가 혼수로 가지고 왔다는 취옥배추로서 줄기는 희고 잎은 파란 배추모양에 여치와 황충이 달라붙어 있다. 청백은 순결함을 뜻하고 메뚜기는 다산多産을 의미한다.

청나라 때의 공 모양을 한 상아투조운룡문투구象牙透彫雲龍紋套球의 작품이 나의 눈길을 멎게 했다. 투구가 안에서 밖으로 7층 이상으로 이루어졌고, 모든 공이 회전할 수 있게 되어있다. 구름과 용문양 조각의 섬세 정교함이 신기에 가까워 감탄을 금할 수가 없었다. 연결고리까지 한 덩어리인 것도 불가사의했다. 또한 5,000년 전 여요汝窯 청자도자기 5점이 시선을 붙잡고 놓질 않는다. 색色은 비 온 뒤 푸른 하늘색이고 빛光은 목욕 후의 어린아이 피부 광채와 같다는, 건용황제가 고양이 밥그릇으로 사용했었다는 세계제일의 여요汝窯 도자기라지 않은가.

1999년 9월 9일 9시 9분 9초에 기공한, 자라나는 죽순 모양을 한 세계최고층 타이페이 101타워! 높이는 508m다. 아래층은 백화점 타워 사무실로 쓰이며 기네스북의 세계기록을 보유하고 있는 초고속 등압 엘리베이터 2대가 설치되어있다. 전용고속엘리베이터는 분당

1,010m의 속도로 37초 만에 382m 89층 전망대에 오른다. 모든 방향에서 타이페이의 경치를 완벽하게 한눈으로 감상할 수가 있다.

타이페이 시민은 300만, 위성도시 포함 수도권 인구 650만이다. 연간 2,500mm의 강우량 탓인지 건물외부는 낡았지만 내부는 화려하다.

세미나 2일차 4월 14일 밤에는 19시 30분부터 22시까지 호텔 2층에 IBK 카페를 열어 맥주 와인 각종 음료와 마른안주를 준비하여 대만에서의 아름다운 밤을 여유롭고 즐겁게 보냈다. 늦은 시간까지 조준희 행장은 테이블을 돌며 챙겼다. 호남분회에도 와서 두 번이나 건배하며 기를 불어넣었다.

장개석 총통은 1949년 보물과 금괴를 짊어지고 대만으로 나와 1975년 89세에 생을 마감했다. 1988년까지는 아들 장경국이 통치했고 현재는 마잉주 총통이 중국본토와 교류하며 중소기업 강대국으로 발전시켰다. 관광 산업을 개방하여 매월 320,000명의 관광객이 찾고 있다. 한국과 비슷한 산업구조를 가지고 있어 대만은 우호국이면서 선의의 경쟁국인 셈이다.

장개석 총통과 송미령 여사는 중국에서부터 '신생활운동'을 해왔고, 박정희대통령이 이를 벤치마킹하여 새마을운동을 성공시켰다는 게 가이드의 설명이다. 드라마 〈온에어〉와 1989년 베네치아 국제영화제에서 그랑프리를 수상한 영화 〈비정성시〉 촬영지로 옛 정취를 듬뿍 느낄 수 있는 '지우펀', 한국어로 구분九人分 마을은 초기에 산꼭대기에 아홉九 가구가 살았는데 산 밑까지 시장 보러 내려올 때 한 사람이 주문을 맡아 인분의 장을 봤다고 붙여진 마을이름이다.

1920~30년대 아시아 최대의 광석도시로 금이 쏟아져 흥왕하여 큰

마을을 이루었으나 폐광이 되어 흉흉해지자 주변의 자연환경을 이용하여 관광도시로 탈바꿈을 거듭한 마을이다. 언덕에 위치한 이곳은 내려다보이는 경관이 아기자기하고 그림같이 아름답다. 구불구불 좁은 골목을 따라 찻집과 기념품가게 카페 등이 늘어서있어 산꼭대기 좁은 길목에 사람물결이 이어지고 주차장엔 대형버스들이 몰려있었다.

천연조각바위로 가득 찬 야류해양국립공원은 독특한 모양의 기암괴석으로 유명하다. 파도의 침식에 의해 저절로 만들어진 자연적인 작품들이다. 수명을 재촉하는 여왕 머리바위, 닭다리바위, 하트바위 등 파도의 조각 솜씨가 가히 환상적이다.

장제스 총통을 기리는 전당, 부인 송미령 여사와 같이 살던 사림관저(사림 : 장 총통의 호)는 꽃으로 꾸며놓은 정원이라고 할 수 있다. 송미령 여사가 꽃을 좋아하고 꽃 그림을 즐겼기에 원예 관련 시설이 그대로 남아있고, 정원 양식도 중국, 일본, 유럽풍 정원이 각각으로 조성되어있다. 1996년에 개방하였다는데 관광객들이 수없이 몰려들고 있었다.

타이페이에서 항공편으로 30분 만에 대만의 동부중심도시 화련花蓮 공항에 착륙했다. 2층 버스를 타고 동해안 휴양지 태로각 협곡을 향해 달린다. 한국의 농촌풍경과 다름이 없다. 햇볕은 강열하고 대리석 산지답게 인도에도 대리석이 깔려 있다. 오른쪽은 동해바다 왼쪽은 90도로 쭉 뻗은 대리석 석산을 바라보며 버스가 달렸다. 주변에 흙을 볼 수 없는 석산들인데 그 산에서 식물과 나무들이 자란다. 잎이 넓은 식물, 뿌리가 바위틈을 감고 서있는 큰 나무들이 싱그럽기까지 했다. 잦은 비와 태풍이 자양분을 충분하게 공급해주고 있는 것일까?

협곡은 자연의 힘이 얼마나 큰지를 가늠하게 한다. 알몸을 내놓고 자연의 신비로움을 보여준다. 다듬어진 협곡이 대리석산으로 이어진다. 온천지가 바위산인데 끊임없이 맑은 물은 흐르고 섬세하게 다듬어 예기를 자랑하듯 한 골짜기가 이어져 신비하다. 태로각 협곡은 수수만년 동안 폭풍우와 홍수 등의 침식작용으로 형성된 단애가 16m로 아주 좁은 하이라이트다. '연자구'에서 200여 미터의 수직절벽이 병풍처럼 둘러있고, 보행자용 길 따라 40여분을 웅대한 태로각 협곡을 감상하며 걷다보니 자연의 위대함에 고개가 절로 숙여졌다.

비취와 수려한 절경으로 유명한 대만의 동쪽도시 화련에서 아미족 민속공연을 관람했다. 모계사회 아미족은 춤과 노래를 잘 부른다. 대만의 원주민은 16세기이후 한족에게 터전을 빼앗기고 고산지역에서 살면서 그들만의 고유문화를 지니게 되었다. 지금은 9개 부족과 파생된 3개 부족 등 12개 원주민으로 고유한 풍습을 지니고 있다.

아미족의 풍년제는 중추절을 전후 7일 동안 밤낮을 가리지 않고 춤을 춘다. 아미족의 민속 쇼는 생활을 묘사한 춤과 결혼풍습 등을 연출하는데, 줄넘기 팔방놀이 족대로 물고기 잡기, 생활농부 등 파워풀한 남자 춤에 비하면 여자들의 춤은 온화하기만 하다. 선택된 관광객과 함께 꽃목걸이를 걸고 아미족과 함께 오랜만에 재미있게 춤을 추었다. 일인당 관람료가 16,000원으로 만만치 않은데도 객석이 만원이었다.

일정을 마치고 돌아올 때는 자강호편(새마을호 급)으로 2시간 5분 만에 도착했다.

집사람과 오랜만의 기차여행을 하면서 차창 밖을 내다보았다. 동해안을 따라 기차가 달렸다. 전화선도 스쳐가고 전깃줄도, 쪽빛바다도 함께 질주했다. 전동차의 내부는 깔끔하고 쾌적하다. 중국식 넓고 큰 스타일에 일본식 단정함과 섬세함이 더해진 것 같은 느낌이다.

1975년에 완공된 '중정기념당'(중정 – 장개석 총통의 아호)은 넓은 정원과 연못 정자가 조화를 잘 이루고 있다. 대리석기념당의 높이는 70m, 25톤짜리 장개석총통의 동상이 총독부를 바라보며 과연 무슨 생각을 하고 있을까.

기념당을 개방하여 태극권 포크댄스 배드민턴 등 열린 광장으로 잘 활용하고 있었다. 전시관에서는 총통과 송미령 여사의 기념물 등 일생의 이야기를 보고 들을 수 있었다. 총통은 어머님의 권유에 10년 연상과 결혼하여 아들 장경국을 얻었다. 본인이 찾은 10년 연하 송미령 여사는 음식이나 가사에는 별로지만 유창한 영어와 재치, 꽃을 사랑하며 그림을 잘 그리는 운치와 미모를 두루 갖추었다. 이 영부인은 외교를 맡아 국정수행에도 큰 몫을 했단다.

송미령은 친정아버지가 거부여서 세 자매가 일찍이 서양의 명문대학을 나와 큰언니는 갑부에게, 둘째는 손문선생, 본인은 장개석총통과 결혼하여 3자매가 부 · 문 · 권富文權을 거머쥐고 화려하게 활동을 펼쳤다. 송미령은 장개석총통 사망 후 권력승계의 권유를 거절하고 뉴욕으로 건너가 무자식 상팔자로 106세에 사망했다. 장개석총통은 손문선생과는 사제 간이면서 동서지간이다. 박정희대통령과도 친분이 두터워 경부고속도로건설 지원과 새마을운동 모델이 되기도 했다고 한다.

폐회식은 중국무대예술의 경극京劇 타이페이 아이 공연을 끝으로 폐막을 알렸다. 공연 후에 출연자들은 무대에서 내려와 관람객들과 추억의 사진 모델과 전통악기 연주도 할 수 있도록 했다. 연극스토리는 중국 아미산峨眉山에서 백사白蛇와 청사靑蛇가 천년 수련 끝에 사람으로 변신하여 잘생긴 허선許仙과 결혼하여 잘 살고 있는데 금산사金山寺 법해선사法海禪師가 인간과 뱀이 같이 살 수 없다고 갈라놓자 뱀이 요술을 부려 금산사에 홍수가 일게 하는 등 서로 기 싸움을 하는 내용이었다.

이번 세미나는 사자춤과 아미족 공연으로 시작하여 중국예술의 꽃이라고 불리는 경극으로 끝을 맺었다. 국제컨벤션센터에서 문을 열어 타이페이 아이 극장에서 문을 닫았다고나 할까. 역사와 문화가 살아 숨쉬는 대만에서 차별화된 프로그램마다에 잊지 못할 추억을 간직하게 되었다. 자연의 신비와 기 싸움 내용의 경극을 관람하면서도 우리 최고경영자클럽 한분 한분이 의욕과 활력을 재충전했으리란 감회에 젖어 보았다.

2009 상반기 경영전략 세미나 · 2

어두운 터널의 반쯤 지났을까? 세계적인 경제위기 속에 2009년 상반기 IBK 최고경영자클럽은 해운대 파라다이스 호텔에 모였다. 대전에서 탄 KTX가 한 시간 50분 만에 부산에 도착했다. 해운대 파라다이스 호텔에 짐을 푸니, 테이블에 윤용로 행장의 환영메세지가 반갑게 맞아준다. 아름다운 봄날, 부산에 온 것을 환영하며 해운대와 동백섬의 멋진 풍경을 담아 좋은 추억을 만들라면서 안도현의 〈사랑한다는 것〉이란 시가 적혀 있었다.

베란다에서 탁 트인 바다를 하염없이 바라본다. 정원 앞길 산책로가 바닷가로 펼쳐있고 그 아래 백사장이 바닷물과 접해있다. 백사장 모래와 바닷물이 만나는 아슬아슬한 갓길을 걷고 있는 연인의 모습이 정겹다. 최치원선생이 그 풍광에 반해 바위에 그의 호 해운海雲이라 새기고 돌아간 뒤부터 해운대라 불렀다는데 과연 절경이다.

하늘이 파랗고 바다도 파랗다. 먼 바다를 가로지르는 배와 암초를 알리는 부표가 가까이 보인다. 앞바다는 커다란 호수같이 물이 잔잔하다 간간이 물너울이 밀려와 모래와 마주치고 흰 거품을 토해낸다 그리고 점점이 퍼져 넓게이어진다. 반대편 먼 곳은 바다와 하늘이 맞닿았다. 장산제와 옥녀봉을 배경으로 왼쪽은 달맞이길이 좌청룡이요. 오른쪽 동백섬이 우백호다. 앞은 망망대해 파란 물을 가득 안고 있으니 해운대가 어찌 명당이 아니겠는가?

행장은 개회식 환영사에서 며칠 전 중소기업자금 확보를 위해 일본 미쓰비시 스미도모 은행과 원 엔화를 서로 지원하기로 MOU를 체결하고 돌아왔다며, 일본경제는 고령층이 쥐고 내놓지 않아 내수시장이 48%로 반 토막이 났고 수출은 엔고가 가로막고 있어 머지않아 엔화가격이 하락하고 제로금리가 될 것이라고 전망했다.

이러한 어려움에도 기업은행은 정부지원으로 12%여신비율을 36%로 끌어올렸고 자산규모도 37조로 늘어났다는 희소식에 우레와 같은 박수를 받았다. 기업은행은 중소기업지원 전담은행으로 설립 당시 여신만 취급했다. 필요한 자금은 국가기금으로 충당했던 기본 목적과 취지에 부합되기 때문에 정부의 신임을 받는 것이다.

'행복한 가정이 경쟁력이다.'라는 주제로 두상달 김영숙 커플이 쿵짝을 맞춘다. 남성은 결과와 목표지향이지만 여성은 정서와 수다 떨기를 좋아한다. 이렇게 서로 다르기 때문에 상대방의 비위를 맞춘다며 "아-그래요, 그렇구만요." 어법을 구사하란다. 그리고 사랑과 칭찬, 배려하면서 재미있게 사는 방법을 찾으란다. 강의 중에도 김영숙 씨는 할 말이 많은데 두상달 씨는 시계를 자꾸 보면서 사모님 말을 자주 자르는 것을 보니 역시 남자는 목표지향 동물이지 싶었다.

송병락 교수는 '세계경제전쟁, 우리의 전략을 찾아라'라는 주제로 지금 세계는 총성 없는 경제 전쟁 중인데 세계 산업화를 비교하면 서양은 250년, 일본 130년, 한국은 겨우 30~40년으로 업력은 짧지만 기업가영향발휘는 미국이나 일본이 아니라 단연코 한국이라는 것이다. 한국은 비빔밥문화, 그리고 끝까지, 될 때까지 하는 성격으로 지금 경제전쟁을 잘 치르고 있다고 한다. 최근 일본사람들이 가장 무서워하는 3김은 김태균 김연아 북한의 김정일이라는 소개에 폭소가 터졌다.

경제위기를 탈출하기위해서 우리는 패러다임(Paradaigm)변화를 파악해서 변화에 대응하는 전략을 수립하고 실현하기위한 시스템 개발과 적합한 문화(Culture)를 창출해야한다는 주문이다.

'꿈과 비전, 그리고 행복을 위해'라는 주제를 들고 나온 최중택 강사는 어려웠던 고난을 딛고 성공한 본인의 사례중심의 강의를 열정과 패기 넘치는 오버액션으로 진행한다. 51세, 아직 젊은 불사조 같은 불굴의 사나이다. 영향력을 발휘하는 기술이 리더십이라며 배려하고, 솔선수범하고, 무조건 존중하고, 장점을 찾아 표현하고, 존재를 인정하는 감성리더십을 발휘하라고 주문한다.

친교의 시간이 돌아왔다. 골프, 관광, 낚시조로 나눠어 버스에 올랐다. 누리마루, 아쿠아리움, 유람선으로 오륙도를 돌아오는 코스에 행장님 내외분도 함께하였다. 동백나무와 소나무가 울창한 동백섬에는 두 번째 APEC 정상회의장 누리마루 APEC하우스가 있고, 회의당시 사용했던 집기류들이 잘 정리되어 관광객을 끌어들이고 있다. 무료입장으로 학생들이 대부분이고 대기하고 있는 학생들도 많다.

청사포 입구에 좌우로 등대가 있다. 300년이 넘은 소나무 보호수와 청사포 당산靑沙浦堂山 앞에는 김씨 골메기할매를 당산에 모시게 된 연유가 적혀 있다. 300여 년 전 청사포가 생겨날 당시 아리따운 어부의 아내가 남편이 배타고 고기잡이 갔다가 돌아오지 않아 생사를 알 수 없음에도 그 남편이 돌아오리라 생각하고 매일 기다리다 망부석에서 바다를 보고 명을 다하자 마을 사람들이 그 할머니의 정절을 기리기 위해 골메기할매로 이곳 청사포 당산에 좌정시키고 매년 6월 3일에 제를 지낸다. 300여 년의 망부송도 어부의 아내가 심은 것으로 전해지고 있다. 등대는 원래 한 개였으나 마을의 안위를 위해 망부등대를 얼마 전에 추가로 세웠다는 것이다.

국내 최대 규모인 부산 아쿠아리움은 수중 생태계의 모든 것을 체험할 수 있었고, 유람선을 타고 바다로 나가면서 바라본 현수교는 장관이다. 전체를 한눈에 볼 수 있고 쪽빛 바다 위에 7.42km 길게 펼쳐진 현수교가 장엄하고 환상적이다.

오륙도가 밀물과 썰물에 따라 다섯 개 또는 여섯 개 섬으로 보인다는 전설은 잘못 전해진 것임을 확인했다. 모자상 바위가 보이는 수리섬, 송곳 모양의 송곳섬, 소원을 들어준다는 굴섬, 유인등대가 있는 등대섬, 천년솔이 바위에 붙어 살고 있어 솔섬, 애기섬 등 6개의 섬인데 솔섬과 애기섬은 어느 한 지점에서만 분리되어 있음을 확인할 수 있고, 그 밖에서는 하나의 섬으로 보인다. 배에서 내려 버스를 탔다. 말랑말랑하게 잘 구운 오징어를 들고 버스 안을 돌면서 직접 나눠주는 윤용로 행장 그렇게 서민적일 수가 없다.

마지막 날 아침은 참 좋은 분위기였다. 행장과 부행장 내외분과 박용은 김기영 본부장 사무처장 그리고 서너 개 업체 대표 내외가 배석한 오붓한 분위기였다. 41세 때부터 편모를 모시면서 어머니 생각이 깊은 행장과 시어머님을 모신다고 말하기보다는 어머님한테 빌

붙어 살고 있다는 마음을 가지고사는, 효행이 지극한 사모님이다. 이 시대에 보기 드문 효행의 이모저모를 많이 배웠다. 어려웠던 환경에서 아마도 서민적인 자세가 곧잘 배어나오고 끝까지 하고 될 때까지 했던 기질에서 강단에 오르면 세계경제를 꿰뚫어 설파하기에 자신에 찬 작은 거인이란 칭호를 받는가 보다.

식전 환담시간에는 생활철학과 여산재 자랑을 내가 너무 많이 해서 시간을 빼앗은 기분이 들었다. 미안하게 생각하고 있던 차에 내 마음을 읽었는지 최고의 조찬이었다고 김기영본부장에게서 전화가 걸려왔다. 지면을 통해 고마움을 전한다.

폐회식에서 뜻밖의 발표에 아내 강청자가 놀랬다. 친교의 사건들을 취재하여 상을 내렸는데 골프팀에 버디, 낚시꾼에 대어, 가장 많이 참여한 관광팀에는 '베스트 드레스 상'을 선정하여 깜짝 발표했다. 발표와 함께 수상자의 이모저모가 양 측면과 전면 대형 스크린에 비쳤다. 상상 밖의 '베스트 드레스 상'을 받게 된 아내. 놀라며 몹시 부끄러워하며 단상에 올라서도 꿈만 같은 모양이었다. 시상하는데도 받을 준비가 안 되었고 악수를 청하는데도 손을 내밀지 않았다. 어리둥절한 모습을 보고 하객들은 폭소로 응수하고, 시상하는 행장님도 어색해 하면서도 유쾌해하셨다.

상이라는 위력을 확인시켜주는 장면들이었다. 관광할 때 유난히도 챙이 큰 갈색 모자를 쓴 강청자 씨를 보고 행장께서 모자가 좋다고 칭찬하셨고, 사모님께서도 특색 있는 모자라고 거드셨다. 나는 집사람이 자외선을 싫어한다고 하면서 걸었는데 어느 사이에 사진사가 카메라에 담았고 행장 내외분의 말씀 때문에 큰 상을 받게 되었나 보다. 유난히도 의상과 미모에 신경을 쓰는 강청자 씨에게는 생애의 영광이 아닐 수 없을 것이었다.

나에게 회사에서 여러 종류의 많은 상을 만들어 직원들의 사기를 북돋워 주어야겠다는 생각을 안고 돌아온 계기가 되었다.

경제사절단經濟使節團의 일원이 되어서

전라북도 군산시는 인도의 핌푸리-친촤드 그리고 잠셋푸르 두 지역과 자매도시다. 두 지역 경제단체 간의 상호교류 양해각서 체결을 위해 산연정産硏政 등 관계자로 경제사절단을 구성하여 이종홍국장을 단장으로 인도에 다녀왔다. 나는 기업인으로서 경제사절, 즉 국가가 국제적으로 경제문제를 해결하기 위하여 보내는 중책의 사명감을 가지고 합류했다.

2012년 11월 19일부터 4박 6일 일정으로 군산에서 출발하여 타이항공편으로 인천공항을 이륙, 홍콩을 경유하여 방콕에서 비행기를 갈아타고 뭄바이공항에 도착하여 Taj President Mumbai 호텔에 짐을 푼 것은 한국시간으로 새벽 3시 30분이었다. 전주에서 기상시간과 같은 시간으로 꼬박 하루만에 도착한 셈이다.

둘째 날 이른 아침에 뭄바이 무역관(Mumbai KOTRA)을 찾아 김용찬 관장으로부터 인도 현황을 들었다.

인도공화국(The Republic of India)의 국토 면적은 한반도의 15배(남한의 33배), 인구 12억 1천만 명, 실질경제성장률 7, 8%로 고속성장 중이다. 주요 도시는 서부 뭄바이(Mumbai), 동부 콜카타(Kolkata), 남동부 첸나이(Chennai), 남중앙부 방갈로르(Bangalore)가 있다.

인도는 아직 계급사회로 공급자 위주의 시장에 인프라가 열악하고 '소급과세' 결정으로 외국인 투자에 어려움이 있다. 환율은 1루피(Rupee=26원), 국민소득 1,500$인데 하루에 1$로 생활하는 국민이 24%로 세계 194개국에서 51번째로 어렵지만 '인도 경제의 중장기 전망'은 밝다. 향후 50년간 브릭스(Brics)지역이 세계경제를 견인할 것이며 그 중에서도 인도가 지속적이고 빠른 성장을 할 것으로 예측했다. 인도와 중국이 세계경제의 새로운 중심이 될 것이고, 인도가 구매력 기준 4조 4천 2백억 불(세계은행보고서 2005~2011)로 세계 3위, 식량생산 세계 2위, 소형차생산 세계 2위, 인공위성 자체 발사, 소프트웨어 개발업체 수 세계 2위 등, 전 세계 내구소비재기업의 격전장이 되고 있다. 2015년 2억 6천 7백만 명으로 추산되는 중산층을 겨냥한 마케팅 확대를 주문했다.

뭄바이는 인도의 금융상업 중심지로 경제의 중추적 역할을 하고 있다. 인구는 1,300만이다. 1924년에 완공된 뭄바이 상징물로 영국 국왕 조지 5세 부처의 인도방문을 기념하기 위해 세워진 인도의 문(Gateway of India)과 1903년에 완공되었지만 외관이 수려한, 인도 건축의 이정표가 된 타지마할 호텔(Taj mahal hotel)은 뭄바이의 관광명소가 되었다.

등등의 내용을 귀담아 들은 후 잠시 그곳을 둘러보고 나서 승용차 4대에 나눠 타고 뭄바이를 떠나 푸네(Pune)로 이동했다. 5시간을 달려 푸네에 도착했다. 타타 모터스 영빈관 레이크하우스(Lake House)에서 꽃목걸이와 꽃다발을 받고 늦은 점심을 나누고 공장으로 이동하여 홍보영화를 봤다. 그리고 오픈카를 타고 타타모터스 핌프리 공장을 시찰했다.

타타모터스 연구소에서 인도부품업체들과 만났다. 의전행사로 꽃다발을 받고 촛불 점등을 하였다. 이어서 기업 소개와 제품설명회를 가졌다. 신하(Sinha) 타타모터스 공장장은 우신宇伸에서 푸네에 투자해 주기 바란다며, 100% 단독투자든 합자회사든 아니면 기술제휴라도 꼭 이루기 바란다는 환영사를 했다.

1903년 완공 타지마할 호텔

조인식 장면

공개석상에서 하기 어려운 말을 한 것이다. 어찌 보면 솔직한 표현인지도 모르겠다. 우신홍보영상과 참가 업체의 프리젠테이션을 갖고 레이크하우스로 돌아와 만찬이 이어졌다. 정원의 오색 조명 아래 호수와 자연이 어우러진 가든 만찬은 시간가는 줄 모르고 밤 10시까지 이어졌다. 숙소로 이동하여 푸네시의 Taj Blue Diamond Pune호텔에 여장을 풀었다.

푸네(Pune)는 인도 서쪽 해안에 인접한 산업도시이자 교육도시로 성장하고 있다. 문화적 관광자원이 풍부한 마라타왕국의 중심지였다. Mutha강과 Mula강이 만나는 합류점에 자리한 쾌적한 도시다.

핌푸리시는 인도 마하라시트라주의 푸네(pune)지구에 있는데 핌푸리와 친좌드 두 구역이 공동으로 핌프리-친좌드 지방자치단체(The Pimpri-chincwad Municipal Corporation)를 구성하고 있다. 아시아에서 가장 부유한 지방자치단체로 알려졌고 인도의 자동차 본거지로 산업체 수가 6,966개나 된다. 마하라시트라 주의 주도는 뭄바이이다.

미국의 실리콘벨리와 같은 힌자와디(Hinjawadi) IT공원엔 인도 IBM, KPIT, 커민스Tata 테크놀로지, 인포시스, 위프로, Geometric사 등이 이 핌푸리시에 있다. 주요 대학으로는 핌푸리-친좌드 공과대학, D.Y. Patial 공과대학, D.Y.Patial 의과대학, 국립 미술대학 등이 있다.

3일차에는 7시 30분에 마흐라타(Mahratta) 상공회의소(MCCIA)를 찾아 쉬리카 파데시(Shrikar Pardeshi) 핌푸리시장, 자인(s.k. jain) 상의회장, 비크람 살룬케(Vikram Salunkhe) 상의부회장 아난트(Anant Sardeshmukh) 상의감사 등, 인도 측 인사들과 체결문서 문안 점검을 최종 마무리하고 상공인 50여 명이 참석한 대회의실에 모여 군산시와 마흐라타 상공회의소가 MOU를 체결했다.

쉬리카 시장은 한국과 인도의 공통점 이야기로 말문을 열었다. 2차 세계대전 이후 한국은 1945년, 인도는 2년 뒤 1947년에 독립했고 8월 15일이 두 나라의 광복절이다. 한국의 인터넷 구축이 잘 되어 있음을 말하고 한국을 벤치마킹하고 싶다며 인적자원과 기술이 앞서가는 아시아의 영혼이라고 한국을 치켜세웠다. 포스코, 현대, 삼성, 청계천, 남산타워를 보고 감동받고 비빔밥을 먹을 때의 먹었던 김치 맛을 잊지 못하겠단다. 경제발전과 문화를 겸비한 한국과 시장市長의 입장에서 협력하고 한국기업과 단계적으로 교류를 증진시키겠다며 박정희대통령의 성공적인 '새마을운동'에 감명받았다고도 했다.

타타모터스 신하(Sinha) 공장장은 "오늘 MOU체결은 역사적인 일이다. 앞서가는 한국의 자동차, 전자 등 기술력과 푸네의 노동력을 결합시켜 현지 250여 개의 자동차부품업체의 기술력을 향상시키겠다. 이를 위해 타타가 중추적인 역할을 하겠다."고 다짐하며 상공회의소에 감사했다.

자인(S. K. Jain) 상의회장은 한국을 아시아의 독일이다. 푸네에는 250여 개의 독일 업체가 있는데 250여 개의 한국기업도 이곳으로 오기를 희망한다면서 산업기계, 로봇, 우주항공, 생명공학 등에 관심을 표했다. 그래서 오늘 양해각서에 사인을 하는 것이라고 말했다.

조인식을 마치고 MCCIA 상공회의소를 돌아봤다. 국제회의실, 자료실, 등 연면적 150만 평방피트로 규모가 정부청사 건물 같았다. 산업, 교육, 상업, 농업 등 3,000여 명 회원들의 특별위원회, 산업과 사업체모임, 창업과 개발기구, 자문기구가 있다. 씽크탱크로 경제개발 정책입안, 매년 산업박람회를 개최한다. 75년 역사로 인도에서 가장 큰 상공회의소라 소개한다.

푸네 시청을 방문했다. 공무원 출신 도시행정관(Commissioner)과 의회선출직 예산결재권을 가진 모히니타이 빌라즈 란데(Mohinitai Vilas lande) 시장을 방문했다. 2009년 군산을 방문하여 상호 MOU를 체결했던 전임 시장도 자리를 함께했다. 사절단 모두가 어깨걸이 대형 타올과 진귀한 꽃목걸이, 방문 패를 받았다. 군산에 다녀간 교육위원들이 모두 참석하여 새만금과 군산을 회상하며 칭찬을 아끼지 않았다. 관내 17개 도시 책임자가 참석한 진지한 교류회의였다.

전임 시장은 2009년 군산에서의 환대에 감사하고 군산에 둥지 튼 타타대우가 자랑스러웠다며 새만금이 너무 좋았고 경제 문화 인프라 등 군산발전을 벤치마킹하기를 원한다고 말했다.

모히니타이 시장은 대표단 방문을 환영하며 군산시장 친서에 감사했다. 그리고 전임 시장이 군산을 방문하였을 때의 환대에 감사드리며 군산시장께서 오시면 보답차원에서 잘 모시겠고 군산프로젝트의 발전을 기원한다며 오찬장으로 이동했다. 전 · 후임 여시장과 함께 준비된 뷔페를 맛있게 먹고 푸네지구 신산업을 시찰하고 국내선공항으로 이동하여 버스터미널에서 버스 타듯 걸어서 탑승했다. 푸네를 떠나 뭄바이를 경유하여 5시간 만에 콜카타에 도착했다.

콜카타(Kolkata)는 서벵골주의 주도로 인도에서 가장 큰 제1의 항구도시다. 1772년부터 1912년까지 옛 영국령 인도의 수도였다. 델리, 뭄바이와 함께 인도를 통하는 3대 관문 중 하나다. 영국풍의 정제된 건물과 뒷골목의 삶이 한 공간에 뒤엉켜 있다.

Taj Bengal kolkata 호텔에 도착한 시간이 밤 11시였다. 다음 날 6시 30분에 호텔에서 도시락으로 아침을 해결하고 공항으로 이동하여 9시 비행기를 타야 했다.

당초 예정에는 왕복 기차로 8시간 이동하여 잠세드프르 타타모터스 공장을 방문키로 했던 것을 타타스틸(Tata Steel) 전용비행기로 바꾼 것이다. 기종 New Cessna는 675마력으로 시간당 338km를 날아가는 11인승으로 우리 일행에 맞춘 비행기 같았다.

두터운 헤드폰을 착용한 두 조종사가 믿음직스러웠다. 부기장은 관제탑과 송수신하고 기타 전화 등 많은 일을 하고 있었다. 기장은 모니터만 보면서 여유롭게 하늘을 날았다. 날씨가 좋아 요동 없이 잠셋푸르 공항(Jamsedpur Airport)에 착륙했다. 타타모터스로 이동하여

경사면 주행시험

직원 자녀 무용단

공장투어를 마치고 공장 임원진과 오찬을 가졌다.

타타스틸의 생산 규모는 6.8백만 톤 2013년 3월까지 9.7백만 톤 규모로 늘려 세계에서 가장 저렴하게 생산하는 것이 목표라고 한다.

자동차는 200만대 생산 규모를 갖추고 있다. 내가 메모지를 들고 대화 내용을 일일이 기록하는 것을 랄(A.B. Lall) 공장장이 이상히 여기는 것 같아 기행문을 책으로 묶어 명년 춘삼월에 '수필 6집'이 나올 것이라 했더니 출판하면 한 권 보내달란다. 책값을 주겠다고……. 하는 수 없이 그 꼭지는 영역을 할 수밖에 없겠다 싶었다.

타타모터스의 역사를 보면, 1945년 철도공장을 인수하여 증기기관차를 만들었고 1953년 다임러벤츠와 합작으로 트럭생산을 시작하여 프리마 7톤~40톤 트럭을 생산하고 있다. 600에이커 부지의 자동차 공장 안에 주행시험장이 있다. 급경사면을 옆으로 달리는 시험차가 떨어질 것같이 아슬아슬했다.

타타모터스 전체 면적은 2,000에이커로 나무가 많아 숲 속의 도시를 형성하고 있다. 절약형 물 사용이 돋보였다. 모든 빗물을 저장하여 처리시설을 거쳐 사용하고 있고 폐수는 폐수조로 들여 처리하여 다시 사용한다.

1954년부터 외부의 강물을 사용하지 않았다며 내년부터는 보충수補充水 없이 사용할 계획이라니 미래지향적인 타타가 존경스럽다.

타지마할호텔과 최고 대학을 설립하여 고급인력을 양성하는 교육사업, 수력발전……. 1912년 2월 16일 첫 쇳물을 받아 갠지스 강 철교건설에 타타 철강재를 사용했다고 한다. 세계2차 대전 당시 군용차를 만들어 이집트로 수출했고, 8,000개의 기차 칸 병원을 만들어 시골 마을 빈촌을 찾아 무료치료 사업, 다문화가족 농업종사자들에게 무료교육사업 후 훈련소에 입소케하여 기능을 지원하고 있는 등 모든 사업들이 광복 이전 식민통치하에 이룬 것들이어서 더욱 빛나고 값지다.

잠세드푸르(Jamshedpur)시는 인도 자하르칸드주의 가장 큰 복합도시다. 산업도시로, 고 잠쉐지 누세르완지 타타(Jamshedji Nusserwanji Tata)에 의해 세워진 도시다. 1919년 Chelmsford 영주가 도시의 창립자 잠쉐지 누세르완지 타타를 기리기 위하여 도시 이름을 잠세드프르로 지었다.

이곳은 인도 최초 민영 제철공장 타타스틸의 본거지이다. 그 밖에도 트럭모터스, 타타 틴 플레이트(양철제조), 타타 파워(도시전기 공급), 애그리코(Agrico 농기구생산), 시멘트산업 등 산업체가 집중되었다. 인구 1백20만 명, 1인당 국민소득 3,230$(2009년기준)이라고 한다.

잠세드푸르시를 시찰하고 시장을 방문했다. 여기도 여女시장인데 경찰서장을 대동하고 자동차부품협회 아크마(ACMA) 회장단과 사절단을 맞았다. 시장은 전번에 군산시와 MOU를 체결하고 아무것도 한 것이 없는데 또 양해각서를 체결하느냐고 반문했다. 아크마 회장이 이번에는 아크마와 군산시 간의 교류차원의 양해각서임을 보고했다. 기업간 체결임을 이해시키기 위해서 내 명함을 전했다. 시장은 명함을 받아보고 박사님이면서 중소기업을 운영하는 훌륭한 기업인이 찾아줘 고맙다고 했다.

MOU 체결 식전행사로 50여 분의 현지기업인과의 대담에서 신속하게 교류할 수 있는 방법과 성공사례에 대한 질문을 받았다. 중국기업과의 기술제휴 사례를 말하면서 마음을 열고 상대를 신뢰하고 긍정적으로 접근하면 어렵지 않게 기술적인 결실을 맺을 것이라고 첨언을 했다. 만찬을 준비한 타타 스틸영빈관으로 이동했다. 야외공연무대에서 임직원 자녀들로 구성된 전통무용과 노래 등이 가슴을 뭉클하게 했다. 어린아이들이 가무를 열심히 하여 기립박수를 보내고, 또 끝난 뒤 단원들과 함께 기념사진도 찍었다. 뷔페식 식사를 맛있게 나누고 타타의 달마 게스트하우스로 이동, 간단한 양주파티를 하고, 달마하우스(Dalma House) 방으로 들어왔다.

마지막 날, 새벽 4시에 일어나 1시간 동안 달마길(Dalma Road)을 혼자서 걸었다. 달마하우스 정문을 나서면 공원 속 500여 미터의 곧은 길이 달마길이다. 까마귀 울부짖고 이름 모를 잡새들이 덩달아 합주했다. 길 가운데 조명이 매달려 있고 아름드리 나무 밑에는 흰색 페인트로 옷을 입혔다. 드문드문 전원주택이 들어서 있는 환상적인 달마길이다. 모자와 목도리를 두르고 삼삼오오 짝지어 걷는 모습들이 보기 좋았다. 달마하우스에는 방 17, 그리고 식당이 있다. 정원의 조경과 구도, 산책길 등이 어우러져 조화롭다.

모포를 뒤집어쓰고 의자에서 잠자다가 벌떡 일어나던 경비원에게 지면을 통해 미안함을 전한다. 그리고 처음부터 끝까지 차분하고 성실하게 통역을 맡아 의사전달을 정확하게 해주신 김병기 선생에게도 지면을 통해 인사드린다.

4일차 되는 날 타타그룹 강당에서 두 지역과 기업의 설명회를 마치고 양해각서에 서명했다. 한국기업과 연계를 갖기 위해 문의가 쇄도했다. 시간이 짧아 e-mail로 교신키로 하고 명함을 받았다. 돌이켜보면 잠세드푸르 시장 말이 뇌리에서 가시지 않는다. 'MOU체결하고 한 것이 없는데 또 MOU냐?' 경제사절단이라면 경제단체가 앞장서야 하는데 군산지역 경제단체가 열악해서 아쉽다.

점심을 마치고 돌아오기 직전, 타타모터스의 쿠마르(Kumar) 부장으로부터 잠세드푸르에 투자하는데 어떤 조건을 원하는지 물어왔다. 물량은 연간 10만 대, 소요공장부지 7,000평에서 1만 평 정도, 단가계약 선행조건과 제2안으로 기술제휴를 제시했다. 타타 측에서 추후 통보키로 하고 타타스틸 세스나 편으로 콜카타 에어 베이스(Air Base)로 돌아왔다.

다시 국제공항으로 이동하여 타이항공 편으로 방콕을 거쳐 인천공항으로 귀국했다. 방콕에서 기다리는 동안 창원에서 기업을 운영하면서 인도에 투자한 하재붕 사장을 만났다 경제사절로 다녀온다 했더니 단장을 맡아서 힘드셨겠다고 인사한다. 기업도시에서는 당연한 인사말이다. 경제사절이라면 기업단체장이 단장으로 가는 것이 너무나 당연하지만 군산에는 기업이 열악해서 시市에서 주관했다고 했다. 이렇게 4박 6일간의 빡빡한 일정을 소화했다.

일정을 돌아보면 동선이 너무 길었던 것 같다. 4일간의 일정을 소화하기 위해 비행기를 9번 갈아타면서 대기시간까지 무려 40여 시간, 고속도로를 5시간 달렸고 시내이동시간까지 포함하면 비효율적인 스케줄이었다. 매일 서너 시간씩 자고 아침에는 짐을 챙겨 나오기 바빴다.

그 먼 나라 콜카타까지 가서도 빈민을 위해 생애를 바쳤던 마더 테레사의 집, 그리고 인도가 낳은 세계적인 시인 타고르의 자취를 볼 수 있는 타고르 하우스(Tagore House)를 보지 못함이 아쉬움으로 남는다.

하지만 잠셋지 타타(Jamsetji Tata)의 경영 마인드를 배운 것은 뿌듯하다. 그의 사업은 국가를 위한 사업이었다. 19세기에 인도에서 수력발전사업과 철강공장을 설립한다는 발상과 복지정책, 과학원설립, 항공기, 중화학, 운송차량 등의 기업들이 가치관과 윤리의식, 그리고 시민에 대한 책임감을 더 중요하게 생각하는 대표적인 사회적 기업이었다. 인도에서 가장 존경받는 잠셋지의 혼을 이어받은 타타 그룹에게서 참으로 많은 것을 얻은 기분이 들었다.

As a member of the Economic Mission

Gunsan City of Jeollabuk-do is a proud sister city with two Indian provincial regions of Pimpri-Chinchwad and Jamshedpur. Therefore, in order to officially sign the cooperative MOU among the economic entities within these two regions, the government of Gunsan City has established an official Economic Mission, headed by Director-General Lee of the Self-Governing Administration and accompanied by leaders from business, research institutes (JIAT) and the government of Gunsan City; they paid an official visit to India. I, a businessman and a proud member of this Economic Mission, participated in this mission with a great sense of duty to pave the foundations for states to resolve international economic problems.

The trip was scheduled for six days and four nights beginning November 19, 2012, where the delegates from the Economic Mission departed from Gunsan, arriving at the Incheon International Airport; there, we all boarded Thai Airways, transferring in Hong Kong and Bangkok, before arriving at the Mumbai International Airport. We finally unpacked our belongings at the prestigious Taj Presidential Mumbai Hotel at 3:30am, Korean time. It literally took us a full day to finally arrive in India.

On the second day of our arrival, we were briefed on the general information and economic conditions of India from Mr. Kim Yong Chan at the Mumbai KOTRA office.

The Republic of India exhibited a total land area which was 15 times greater than that of the Korean peninsula (33 times bigger than the area of South Korea), with a population of 1.21 billion, and boasting a remarkable real economic growth rate of 7.8%. Within this immense continent, there were many major cities like Mumbai in the western region, Kolkata in the eastern region, Chennai in the southeastern region, and Bangalore in the south-central region.

India is still governed strictly through the caste hierarchy system, thus showing a provider-centric weak market infrastructure, and the introduction of the 'retroactive taxation' polices has made a very unfavorable environment for foreign investors. The current exchange rate between the Indian Rupee and the Korean Won is 1 Rupee at 26 Korean Won. Although the average annual national income is only $1500, over 24% of the entire population lives off $1 per day; thus, India shows the 51st lowest average daily income among 194 nations in the world. However, despite these economic indexes, the Indian market shows very favorable medium- and long-term prospects. In fact, within the next 50 years, the Brics region is predicted to lead the international economic market; among the nations within the BRICS collaboration, India is expected to show the fastest economic growth. Furthermore, in the near future, both India and China will become the center of global economy; India has become a fierce battleground for global businesses and markets with the 3rd (World Bank report 2005～2011) largest global purchasing power of 4420 Billion USD, 2nd largest producer of food, and 2nd largest manufacturer of small vehicles, as well as having the ability to independently develop and launch its satellites and has the 2nd largest software development company in the world. Therefore, considering these economic potentials and estimated population of 267 million people in the middle-class by 2015, the Economic Mission focused on expanding marketing strategies and collaboration targeting this enormous middle-class group in India.

Mumbai is the center of India's financial industry, serving as the heart of its economic growth. Approximately 13 million people reside in this great, vibrant city. Within the city boundaries, there are also many tourist attractions like the Gateway of India, which was constructed in celebration of the visit of King George V of England, and the Taj Mahal Hotel, which was constructed in 1911 (the construction was completed in 1924), but still exhibits glamour and beauty, becoming a milestone of Indian architectural history.

After listening carefully to this impressive history and potential of India, we visited several tourist attractions before getting into four different cars, departing to Pune City. The ride from Mumbai to Pune took roughly five hours by car. When we arrived, we were greeted at the Guest Lake House of Tata Motors Corporation with flowers and enjoyed a delightful lunch before paying a visit to the factories where we were shown several promotional videos. Then, we jumped onto an open-car and toured the Pimpry Tata Motors factory.

At the Tata motors research center, we met with different Indian components businesses and enterprises. As part of the greeting protocol, we were greeted with flowers and then conducted a lighting ceremony. Next, we were finally given information of the corporation and type of products manufactured by these participating companies.

Mr. Sinha, the plant head of Tata Motors factory, expressed his sincere interest in Wooshin Corporation to make future investments in Pune, and shared that these investments could be made through a 100% independent subsidiary or through a joint venture, or even interest in simply establishing a technical cooperation between Wooshin Corporation and Pune City. This aggressive intension and willingness was new for many of us, especially in an official setting. However, in fact, the plant head seemed to have been telling his sincerest truth. We then proceeded by showing the promotional video of Wooshin Corporation and a presentation by another participating corporation, which was followed by a fabulous banquet at the Lake House. Under the colorful lighting of the garden and the marvel of the river and natural surroundings, the banquet continued until late into the night. It was around 10pm when we finally returned to the Taj Blue Diamond Pune Hotel and unpacked.

The City of Pune is located on the western coastal region of the Indian continent and is rapidly growing as the industrial and educational capital of India. Furthermore, it exhibits great potential for cultural tourism as the center of the Mahratha Empire. In addition, it exhibits a pleasant natural environment, located at the confluence of the Mutha and Mula Rivers. The City of Pimpri, located within the Pune region of the Maharashtra state of India, has created the Primpri-Chincward Municipal Corporation with the neighboring region of Chincward. In fact, it is famous for being the most affluent local government in Asia; there are a total of 6,966 corporations contributing to the auto-vehicle industry, thus making the region home to India's automobile industry. The state capital of Maharashtra is Mumbai.

The Hinjawadi IT Valley, resembling the Silicon Valley of the United States, located within the City of Pimpri, is home to many global business enterprises such as the Indian IBM, KPIT, Carmas Tata Technology, INFOSYS, WIPRO, and the Geometric Corporation. In addition, there are also many major universities in the City of Pimpri including the Pimpri-Chincward Institute of Technology, D.Y. Patial Institute of Technology, D.Y. Patial Medical School, and the National School of Arts.

On our third day of the tour, we visited the MCCIA at 7:30 in the morning and finalized the contents of the MOUs with leading representatives including Mr. Shrikar Pardeshi, Commissioner of Pimpri-Chincward; Mr. S. K. Jain, the Chair of the Economic Commission; Mr. Vikram Salunkhe, Vice-Chair of the Economic Commission; and Mr. Anant Sardeshmukh, auditor for the Economic

Commission. Then, approximately 50 representatives gathered in the main conference room, and signed the MOU between Gunsan City and the MCCIA (Mahratha Chamber of Commerce Industries and Agriculture).

Commissioner Shrikar Pardeshi commenced the meeting by describing the many similarities between India and the Republic of Korea. After the Second World War, the Republic of Korea gained independence in 1945; and two years later, in 1947, India gained its independence. Interestingly, the Independence Day for both nations is on August 15th. He continued by praising the world-class internet system of Korea, and wished to benchmark Korea, paying his respect to Korea by stating that the excellent human resources and technology has been the vehicle for the unprecedented development of the Korean market, setting an example for other Asian countries. He also stated that he revered the accomplishment made by POSCO, Hyundai, and SAMSUNG, and marveled at the beauties of Cheonggye Stream and Nam Tower. He didn't forget to share his personal experience of tasting Kimchi with Bibimbab, which he still remembers the taste of to this day. He continued by showing his excitement in establishing this cooperative relationship with Korea, a nation with unpreced ented economic development and abundant cultural assets, and promised to gradually expand this relationship by cooperating with a greater number of Korean corporations in the future.

Finally, he ended with the note that the Saemaeul Movement, executed by former President Park, has deeply affected his policy and direction for future economic development.

Mr. Sinha, the plant head of Tata Motors, stated, "Today's signing of the MOU is a historical event. By combining the Korean automobile and technological skills with the labor force in Pune, it will elevate the technological skills of approximately 250 corporations in Pune working in the automobile industry. To this end, Tata Motors will play a pivotal role." He then thanked the representatives of the MCCIA.

Mr. S. K. Jain, the Chair to the MCCIA, referenced Korea as Asia's Germany. There are, in fact, approximately 250 German corporations doing business in Pune City; he expressed his excitement in attracting roughly 250 Korean corporations to Pune City in the fields of industrial machines, robotics, space engineering, and biotechnology. And it is due to this excitement that he was signing the MOU today.

Upon successful signing of the MOU, we toured the MCCIA. The MCCIA resembled governmental buildings in Korea, with a total area of 1.5 million square feet, including international conference and reference facilities. Furthermore, there are over 3,000 members from the industrial, educational, commercial, agricultural, and other areas participating in various special groups such as the Special Commission, Industrial Business Commission, Commission of

Establishment of New Business, and consultation groups. Also, as a true think-tank, the MCCIA proposes policies for national economic development and hosts annual industrial exhibitions. It is said that the MCCIA is the largest Chamber of Commerce and Industry in India, boasting a long tradition of 75 years.

We visited the City Hall of Primpri-Chincwad Municipal, where we held an official meeting with the Commissioner and Mayor Mohinitai Vilas Lande, having the power to appoint members to the City Council. Furthermore, the former mayor, who visited Gunsan in 2009 to sign the MOU, also joined the meeting. As we entered the City Hall building, we were greeted with a traditional Indian "Shawl" placed around our necks and given an elaborate flower bouquet, as well as were presented with an official plaque of visitation. Furthermore, many of the officials who visited Gunsan in 2009 participated in the meeting and praised the accomplishments of the Saemanguem Development, reconciling their past memories. It was truly a forum of cooperative exchange where representatives from 17 cities within the state participated in productive discussions.

The former mayor didn't hesitate to express her sincere gratitude for the warm welcome and hospitality shown by the government of Gunsan City during her visit in 2009 and told everyone that she was very proud of the creation of the Tata-Daewoo factory in Gunsan City. Furthermore, she truly enjoyed the natural beauties of the Saemanguem and wanted to benchmark the economic and cultural infrastructure of Gunsan City, which has served as the driving force behind the recent economic developments they have accomplished.

Mayor Mohinitai Vilas Lande welcomed the Economic Mission with utmost warmth and expressed her gratitude for the personal, handwritten letter by the Mayor of Gunsan City. Furthermore, she did not forget to express her appreciation for the warm hospitality offered by the government of Gunsan City during her predecessor's visit to Gunsan City and promised to return the favor when the Mayor of Gunsan makes his official visitation to Pune; she also expressed her deepest wishes for the success of the Gunsan Project before moving to the official banquet. The buffet, prepared by the previous and present female mayors, provided a memorable dining opportunity. After touring the new industrial complexes in Pune City, we boarded a domestic flight to Mumbai. The flight from Pune, via Mumbai, took five hours before landing in Kolkata.

The City of Kolkata, as the State Capital of Western Bengal State, is the largest port city in India. In fact, it used to be the capital city during the British Colonial period from 1772 to 1912. Along with and Mumbai, Kolkata is one of the third gate ways in to India. The city is surrounded by old English architecture and streets, reminiscent of the colonial era.

It was nearly 11pm when we arrived at the Taj Bengal Kolkata Hotel. The next day, after having a light breakfast at 6:30 in the morning, we moved to the airport to board the 9:00 flight. Initially, we had scheduled an 4-hour train ride to the Jamsedpur Tata Motors factory, but changed the plan to take the chartered flight.

The chartered flight, a New Cessna, flies 338km/hour using its 675 horsepower engine, and the 11-person capacity was perfect to meet our needs. The two pilots, with robust headsets around their heads, gave an additional guarantee to the passengers. The vice-captain was busy communicating with the control tower and making last minute preparations before departure, and the captain had his eyes set on the control monitor, idly staring into the blue skies. The weather was in our favor, and without any turbulence we safely arrived at the Jamsedpur Airport. After touring the Jamsedpur Tata Motors factory and its facilities, we were greeted with a banquet with factory officials.

The annual production size of the Tata Steels Corporation is estimated at 68 million tons; by March 2013, they plan to produce 97 million tons of steel, providing the cheapest steel in the global market.

I think the plant head. Mr. A. B. Lall, found it strange to see me writing diligently on my legal-pad; I told him that I was planning to publish this trip in the form of a journal, which will be published in June of next year, and he responded by asking me to personally send him a copy when it is published. He even said he would pay for the book, and we both exchanged warm smiles and laughter.

When you look at the history of Tata Motors, it first took over railroad work in 1945 to create its own steam engine train; in 1953, it signed a joint venture with Daimler-Benz AG to start producing trucks, . In fact, there is a road testing site within the 600 acres of the motor factory complex. The rushing of cars being tested along the inclined roads was a magnificent sight to witness.

The total size of the Tata Motors complex amounts to approximately 2,000 acres, creating a wooded city. In particular, the water saving water-supply system with in the complex was very impressive. They store every drop of rain water, and process it through a purifier for domestic use. All waste water is redirected to a drainage system, which is further processed and purified for future usage.

It was told that the complex has not used the water resources from the neighboring rivers since 1954, and they plan to provide water without using any additional water through next year. This future-oriented policy of Tata Corporation was sufficient to gain my sincerest respect.

Furthermore, responsible for the construction of the Taj Mahal Hotel and many prestigious universities, Tata Corporation has invested heavily in education to foster skilled professionals and the leaders of tomorrow. Furthermore, it is said that on February 16, 1912, they produced the first molten metal which was used to create the railway bridges across the Ganges River. In addition, during the Second World War, it also manufactured military vehicles and exported them to Egypt. Furthermore, Tata Corporation has created over 8,000 hospitals on trains, travelling to rural areas of India and providing free medical services as well as providing free educational and vocational training opportunities for children of multicultural and farmland families. These were all accomplishments made by and through the Tata Corporation before India became independent, thus making the history of Tata Corporation that much more praiseworthy and respected.

The City of Jamshedpur is the largest multi functional city in the State of Jharkhand. As an industrial city, it was created by the deceased Jamshedji Nusserwanji Tata. In 1919, Lord Chelmsford of England renamed the city Jamshedpur in commemoration of its founder.

The City of Jamshedpur is also home to Tata Steel. In addition, it is home to Tata Motors, Tata Tin Planet (tin manufacturing factory), Tata Power (providing city electricity), Agrico (agricultural machineries), cement factories, and other industries. Currently, approximately 1.2 million people reside in the city, and the average yearly income was recorded at $3,230 (2009).

After touring the City of Jamshedpur, we paid an official visit to the mayor. The mayor of Jamshedpur was also a female and greeted us in the presence of the chief of police and representatives of the ACMA, an association of automobile parts and components. One of the first comments by the mayor was wondering why we have to sign another MOU when we have done nothing since signing the previous MOU. To this, the representative of ACMA responded that this MOU was designed to promote a collaborative business relationship between ACMA and the City of Gunsan. Furthermore, in order to clarify that this was an MOU solely for business purposes, I passed my business card to the mayor. Upon seeing my business card and noticing that I have a Ph.D. degree, the mayor thanked our Economic Mission, praising us as excellent business leaders of small- and medium-sized corporations.

The MOU ceremony was hosted prior to the official banquet, so we discussed with the local business operators measures to effectuate our future collaborations as well as hosting a Q&A session regarding several success stories within a relatively short period of 50 minutes. When we introduced successful technical partnership and collaboration cases with Chinese corporations, the Indian business operators gained confidence in the proposed relationship and expressed their highest level of faith and confidence, expecting us to be able to establish a prosperous relationship in the future. After the session, we all moved to the Tata Motors Guest House Reception Hall for the banquet. On the stage, children of the officers performed Indian dances to traditional Indian music, which captured the hearts of every one present at the banquet. In fact, everyone gave an enormous round of applause to the performing children for their memorable performances, and everyone gathered on stage to take a commemoration picture. During the banquet, we all enjoyed the bountiful buffet and moved the stage to the Tata Dalma Guest House where a round of whiskey was shared by the guests. After enjoying this memorable evening, we concluded the day at the Dalma House.

On the last day, I woke up at 4am and strolled along Dalma Road for an hour. When you leave the main gate of the Dalma House, there is a stretch of 500-meter paths within the park, which is Dalma Road. In this dense forest, the sounds of crows and unknown birds sing in unison to form a natural orchestra. There were several lanterns on the path, and the large tresses along the road were all covered in white paint. This was a truly a beautiful road, harmonizing nature with houses scattered along the large, natural surroundings. Furthermore, watching small groups of local residents all dressed in hats and scarves were an interesting sight to see. Within the Dalma House complex, there are 17 rooms and a common restaurant. The garden, lighting, structures, walking roads, and everything within the complex formed a magnificent scenic view.

As I was walking through the complex, I accidently woke the guard from his sleep, and I kindly said "sorry" with a smile. Furthermore, I did not forget to express my gratitude to Mr. Kim for his precious service since our arrival to India.

After concluding the information session in the main auditorium of Tata Corporation, providing information on the two regions as well as concerned industries and corporation, we signed the MOU. There were continued influxes of inquiries by the participants wanting to form a cooperative relationship with Korean corporations. However, due to the time restraints, we provided our e-mails and received their business cards. When I look back, I cannot forget the words by the mayor of Jamshedpur: "We haven't done anything since the singing of the previous MOU, but another MOU?" An economic organization should be at the forefront of all economic missions, but the role of the economic organizations within Gunsan region leave much to be desired. Before returning from lunch, Mr. Kumar of Tata Motors asked what kind of conditions we were seeking before investing in Jamshedpur. To this, I responded with the figures of an annual production of 100,000 vehicles, an estimated 7,000 -10,000 pyeong for the proposed factory site, and the signing of the unit price as a conditional precedent as well as exchange of technologies. The representative of Tata Corporation told me that they would respond to these offers and conditions, and we all boarded the Tata Steel Cessna, returning to the Kolkata Air Base.

Here, we once again boarded Thai Airways and returned to the Incheon International Airport via Bangkok. During our transit in Bangkok, we met President Park, the owner of a business in Changwon City, who has invested and is currently investing in India. As I told him that I was returning from an official economic mission, he recognized the burdens and troubles I had to face as the chair of the Economic Mission to India. This is a common exchange of greetings in a business setting. I told him that although it is a general practice that an Economic Mission should be headed by a member from the industry, the Economic Mission from Gunsan City was headed and hosted by the local government of Gunsan City and that we had just successfully completed the tight schedule of six days and four nights.

When I look back, I believe that we covered too large of a region. In order to complete the six-day schedule, I had to board a plane nine times; the total waiting time at airports accumulated to approximately 40 hours. Furthermore, we spent five hours on the highway to move from one point to another, thus making the schedule inefficient. In fact, we were all busy packing, constantly moving, and unpacking after only four hours of sleep every day.

Furthermore, during our visit to the City of Kolkata, the fact that we were unable to tour the home of Mother Teresa, who had dedicated her life for the poor, and the Tagore House, where the reminiscence of India's greatest poet Tagore lives on today, still stays in my heart as a great disappointment.

Regardless, I am very proud to have had the honor of personally experiencing and learning the management philosophy and practices of Jamsetji Tata. His business was dedicated to the well-being and development of his nation. The very idea of establishing a waterpower industry and steel factory during the 19th century as well as his corporate philosophy and highest level of ethical standards in returning corporate gains to promoting welfare policies, creating technological institutes, and expanding his business to new horizons like aircrafts, heavy chemicals, and the transportation industry was a lesson I will never forget. Further more, having the opportunity to witness how he emphasized both his personal and corporate obligations in serving the public over maximizing profit, making him the most revered entrepreneur in India, as well as continued practices of is philosophy through modern business operations of Tata Corporation taught me a valuable lesson, which will shape the future of my business philosophies and practices. Therefore, I returned carefree, with a smile on my face.

현대제철 방문

나와 제철소와의 인연은 꽤나 깊다.

1971년 극동건설 김용산 회장과 인연을 맺으면서 한국종합기술개발공사에서 기계설계를 담당하고 있을 때 극동건설은 포항종합제철 제강공장 건설공사를 따냈다. 당시 공사발주를 좌지우지했던 천하의 이후락 중앙정보부장과 김용산 회장과는 신의가 두터운 사이였다. 계약은 했는데 기계기술자가 없던 터에 운 좋게 내가 뽑힌 것이다.

포스코 공장부지는 동해를 메운 자리여서 긴 파일을 이어서 박아야 했다. 파일을 연결하려면 반자동 용접기가 필요했고 일본에서 긴급하게 공수해야만 했다. 용접기를 실은 비행기를 공항에서 기다려 차에 싣고(통관을 뒤로 미루고) 어두운 밤중에 포항으로 달려갔던 일들이 아직껏 생생하다. 그때 그 시절에는 그렇게도 일에 몰두했다.

극동에서 개미 역사로 소임을 마치고, 현대건설 중견간부사원 공채에 응시하여 기계과장으로 자리를 옮겼다. 조선소를 건설하고 배를 만들라는 명을 받아 26만 톤 대형유조선 13척을 건조했다. 플랜트 사업본부와 철구 사업본부를 신설하면서부터 포스코 공사에 관여하게 되었다. 그때에 박태준회장의 조인트 까는 장면을 보게 된 것이다. 한국종합기술 개발공사에서 사장으로 모셨던 천하에 신사 정명식 포스코 부회장도 조인트 까는 기술을 배워 흉내내기도 하였다. 현대제철은 1953년 국내 최초의 철강업체로 탄생하여 국가기간산업체로 기초산업의 근간을 세우며 한국경제발전을 이끌어오던 터라 박태준 회장에게는 무언의 경계대상이 되기도 했다.

70년대 초 국내철골 제관기술은 초보단계였다. 볼트 구멍이 서로 엇갈려 볼트를 체결하려면 볼트 구멍을 산소로 불어서 체결하는 경우가 허다했다. 그것을 본 박태준회장은 국내외 거래업체 대표를 전부 모아놓고 "구멍에서 나와 구멍도 맞추지 못하는 것들이 무슨 제철소를 하겠다는 것인지 모르겠다."라며 대로大怒했다. 국제망신을 당하면서도 아무 말을 못했던 처지였다. 오늘 현대의 일관제철과정이 40여 년 전의 일들을 스크린처럼 되짚어 주어 감회가 새롭다.

나는 첫 고로高爐 점화식을 참관했고 이번에 두 번째로(11년 10월) 당진 현대제철소에 왔다. 200만 평 부지에 활기찬 조업과 3고로 건설과정을 보면서 가슴이 뿌듯했다. 개발이 까다로워 '철강의 꽃'이라 불리는 자동차 강판 225종을 내년까지 개발한다니 놀라지 않을 수 없다. 일관제철의 후발주자가 작년에 49종을 개발했고 올해는 가장 어렵다는 외판 전강종과 초고超高장력강 22종을 내놓는단다. 외판 개발엔 10년 이상 축적된 기술이 필요하다고 알려졌는데도 현대제철은 고로가동 2년 만에 개발을 마치고 양산투입을 준비하고 있고, 제철소 가동 4년째 되는 내년까지 자동차에서 사용하는 총 강종 225종을 끝내고 2013년부터는 신강종 개발에 집중할 계획인 것이다.

현재 현대제철이 현대자동차그룹에 열연강판 생산량의 30%를 공급하고 2013년 세 번째 고로를 완성하면 전체 생산량의 45%까지 공급량을 늘리게 된다. 현대제철연구소엔 석·박사급 연구원 400명이 선진연구 중이다. 현대제철이 조강생산과 열연강판제조 분야를 연구하고, 현대 하이스코가 냉연강판 제조 분야를, 현대 기아차가 완성차 개발 분야를 중점 연구하는 '프로세스 단계별 연구개발'을 진행하고 있다. 때문에 빠르고 정확하게 양질의 강판을 안가로 생산할 수 있을 것이다.

철광석과 석탄이 주원료인 일관제철소에는 원료저장처리 시설이 있고 고로와 제강 연주 설비가 있다. 공장 길이가 550m나 되는 열간압연공장과 냉연코일을 만드는 냉간압연공장 등의 공정으로 크게 나눌 수 있는데, 현대제철소는 현재 기존의 전기로조강 1,150만 톤과 두 개의 고로에서 800만 톤을 합쳐 연간 1,950만 톤의 조강생산 능력을 갖춘 세계 12위권 철강업체다. 3호기가 가동되면 2,350만 톤 규모로 세계 10위권의 철강업체로 부상하리라.

(왼쪽) 밀폐형 원료처리시설의 전경
(아래) 일관제철 공정도

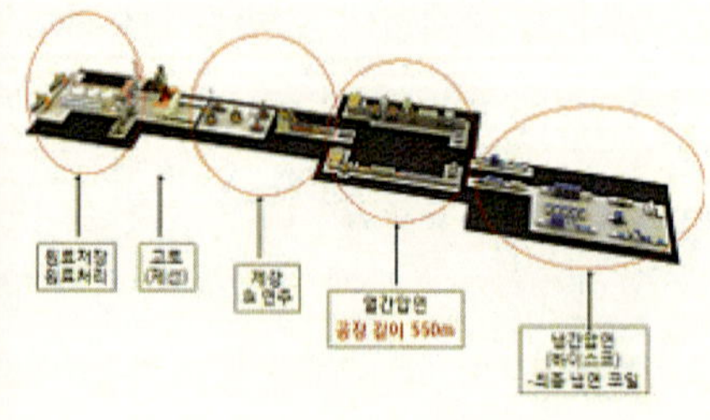

원료가 고로에 장입되기 전 화성공장에서 석탄의 불순물을 정제하고, 코크스공장에서 석탄을 구워 덩어리로 만든다. 소결공장에서 철광석을 굽고, 소성공장에서 생석회를 굽는 과정이 이루어진다.

고로는 키가 커서 붙여진 이름이다. 키가 100m나 되고 연료 장입 장비까지는 더 높다. 기당 생산량은 연간 400만 톤이다. 현재는 800만 톤을 생산하여 후판에 150만 톤, 자동차용 열연강판으로 650만 톤을 공급한다. 고로는 한 번 불을 붙이면(火入) 수명을 다할 때까지 불을 꺼뜨리면 안 된다. 고로의 12개 구멍을 통해 쇳물이 20년 동안 연속으로 흘러나와야 하기 때문이다. 따라서 사용전력의 70% 이상을 자가自家발전해야만 가능하다.

철도와 항만 발전시설을 갖추고 부두에는 20만 톤급 선박을 접안할 수 있는 안벽이 구축되었다. 석탄과 철광석의 분진 문제의 민원과 협소한 부지를 해결하기 위해 세계최초 밀폐형 원형과 선형 원료저장 시설을 갖췄다. 부두에서 고로까지 35km의 원료수송 설비도 밀폐형 콘베어(Convyer) 시스템이어서 분진은 말할 것도 없고 원료도 볼 수 없다. 세계적으로는 친환경공법을 선호하기 때문에 최근 유럽과 일본 제철소 그리고 국내외 화력발전소 등의 벤치마킹 대상이 되고 있다.

중간 제품 슬라브(250m/mt~2,000mml)가 부두에 많이 쌓여있다. 자동차 외판제를 생산하는 C열연 공장에서는 1,200도로 가열된 두께 250mm의 슬라브가 빠른 속도로 열두 공정을 거쳐 1.2mm 박 판재를 생산한다. 1차로 조압연기를 거치는 콘베어는 왔다 갔다 반복하면서 조압연을 하여 다시 세 압연기를 거쳐 두께 2~3mm 길이 105m로 압연한 박 판재를 600도로 식혀 롤에 감는다. 하이스코는 냉간압연 강판을 염산으로 녹을 제거하고 두께 1.2mm까지 생산한다.

1976년 5월, 포항종합제철 2고로에 박정희대통령과 박태준사장이 불을 붙이면서 실질적인 우리나라 연관 제철사업이 시작되었다. 세계적 철강전문 분석기관 WSD(World Steel Dynamics)가 세계 32개 철강사를 대상으로 실시한 조사에서 포스코(연간3,200만 톤)를 작년에 이어 올해도 1위로 뽑아 기술경쟁력을 갖춘 글로벌 최고 철강기업으로 인정했다.

현장에서 떠난 19년 만에 현장근무 퇴직자 400명을 불러놓은 철의 사나이 박태준은 단상에 올라 말없이 눈물을 닦았다. "미안합니다, 보고 싶었습니다."라며 우레 같은 박수를 받은 뒤 "내게 맞은 조인트(정강이) 어떤가?"라는 물음에 "그 상처가 오늘의 경제대국을 만들었다."는 화답을 들으며 "온갖 정치적 외풍을 막아준 박정희 전 대통령을 잊을 수 없다."는 등으로 감격에 북받친 대화를 이어냈다.

오늘의 당진 현대제철의 연관제철 현장을 고 정주영 회장이 보았다면 "구멍쯤이야 진즉 맞췄고 세계 1등을 겨눠보자."라고 다짐했을 것이다. 포스코에 비하면 아직은 뒤따를 수밖에 없지만 10년 건설계획을 3년 만에 화입하고 6개월 뒤에 또 2호 고로에 불을 댕겼다. 3호 고로를 2013년까지 건설하겠다는 의지에 따르면 머지않아서 현대 기아자동차와 함께 글로벌 5에 진입하여 세계 제철강국으로 도약할 것을 확신해도 좋을 성싶다.

현대모비스 해외연수

2010년 6월 17일 17시 45분, 인천공항을 출발한 비행기가 상트페테르부르크 공항에 도착한 것은 한국 시간 새벽 4시 20분이었다. 비행시간은 9시간 35분이었다.

러시아 인구는 일억 사천만으로 세계인구 순위 9위, 면적은 한반도의 77배 정도로 세계에서 가장 넓은 국토를 가지고 있다. 9세기 후반 동슬라브족을 중심으로 국가를 설립하였다.

1703년 피터대제가 네바 강 하류 삼각늪지대를 매립하여 요새를 건설, 근대 러시아를 설립하면서 상트페테르부르크를 수도로 정했다. 1917년 2월, 니콜라이2세를 마지막 왕으로 임시정부가 수립되었다. 그해 11월 7일 프롤레타리아 혁명에 성공한 레닌이 세계최초의 공산정권을 수립했고, 1918년에 수도를 모스크바로 옮겨 소비에트 사회주의연방공화국을 수립하였다. 1924년, 레닌 사망 후 권력을 잡은 스탈린은 집단농장을 건설하고 1936년, 소비에트헌법을 만들어

노동자, 농민, 학자, 문화인 등 수많은 사람을 처형하였다. 이후 1985년 3월, 고르바초프가 서기장에 임명되면서 현실적이고 실용적인 개혁정책을 펼치면서 오늘에 이르렀다.

상트페테르부르크는 1917년까지 200년 동안 제정러시아 수도였다. 강과 운하가 흐르고 운하를 가로지르는 다리만도 800여 개에 달한다고 해서 운하의 도시, 러시아의 베니스라 불릴 만큼 아름답다. 인구는 500만, 도심에는 상트페테르부르크 국립대학을 비롯하여 크고 작은 대학이 있고, 푸쉬킨 연구소 등이 유명하다. 푸틴 전 대통령도 이곳 법과 출신이고 6명의 노벨수상자를 배출한 명문대학이다.

볼세비키 혁명 이후 도시명이 레닌그라드로 바뀌었다가, 1991년에 고르바초프 대통령이 소련을 개방하면서 다시 러시아 때 이름 상트페테르부르크를 찾아 도시명이 3번이나 바뀐 도시다. 러시아 왕명을 딴 네브스키(Nevsky) 대로는 해군중앙박물관(옛 발틱 해군사령부)부터 네브스키왕 동상까지 왕복 8차선의 탁 트인 중앙도로다. 1710년에 개통되면서 주변은 우아한 바로크양식의 ㅁ자 대형 건축물들이 이어져 상트페테르부르크를 대표하는 문화상업의 중심지가 되었다. 19세기에 건축된 화려한 건물들이 유네스코 문화유산으로 등록됨으로써 도시 전체가 박물관인 것이다.

칭기즈칸이 14세기에 240년간 지배하면서 모스크바가 동양의 풍을 지니고 있다면 상트페테르부브르크는 '서유럽으로 가는 통로'라는 호칭에 걸맞게 서양적인 특징을 보존하고 있다. 상트페테르부르크에는 궁전이나 역사적인 건물 안에 만들어진 박물관이 많다. 이 가운데 가장 유명한 박물관이 에르미타쥬 미술관(박물관)이다. 이 미술관의 이름은 캐서린 여제가 겨울궁전을 '은둔지 또는 숨겨진 집' 이라는 뜻의 프랑스어 에르미타주로 부른 데서 유래한 것으로 1922년부터 국립 에르미타주 미술관으로 이름지었다. 세계예술문화유산의 보물 창고로 불릴 만큼 놀라운 규모의 에르미타주 미술관은 1,020여 개의 방에 300만 점이 넘는 초일류의 소장품을 보유하고 있는 세계4대 미술관 중 하나다. 화려하고 아름답고 그 정교함에 감탄하지 않을 수 없다.

피터대제는 서자 출신으로 공식 황제1호다. 피터가 죽은 뒤 피터의 첩 독일 출신 에까체리나가 왕위를 승계, 34년간 장기집권하면서 예술문화를 증진시켰다. 피터 대제가 몸을 만들었다면 에까체리나는 정신을 심었고, 피터 대제가 군사경제를 부흥시켰다면 에까체리나는 문화예술을 꽃피웠다고 할 수 있다.

러시아 현대모비스 모듈공장과 현대자동차공장은 시내 중심으로부터 2시간 거리 세인터 피터스 부르크 카멘카(saint petersburg kamenka) 지역에 승용차 3개 차종 연간 15만 대 규모의 생산 공장을 건설하고 있다. 2008년 11월 15일에 착공하여 금년 9월 30일에 준공할 예정으로 러시아의 최고 권력자 푸틴 총리를 모시겠다며 최선을 다하는 모습이다.

현대모비스는 부품 80% 이상을 CKD로 계획, 부산에서 선적하여 운송시간이 35일 통관시간 10일을 감안하면 45일을 계획하고 있어 수송기간 단축에 심혈을 기울이고 있다. 현지노임은 8시간 기준 월 850$로 비교적 저렴하다. 도시 전체가 우리일행을 환영이라도 하듯 국제 행사가 열렸다. 국제경제포럼이 열려 푸틴 국무총리까지 나와 경제인들을 맞느라 분주하다.

현대모비스 러시아 공장 방문을 마치고 스웨덴의 수도 스톡홀름에

발틱해의 시작점 멜라덴 호수

도착했다. 스웨덴은 1800년부터 대표적인 중립국가로 남녀가 평등하고 민주주의가 잘되어 있는 복지국가다. 바이킹 선조의 스웨덴은 덴마크, 노르웨이와 함께 왕정王政이다. 발틱해와 핀란드, 노르웨이를 국경으로 면적은 한국의 4배나 되지만, 인구는 900만, GNP 36,000$로 넉넉하게 잘 산다. 교육제도는 초등, 고등, 대학 과정인 9학년까지 의무교육으로 학비 없이 평생학습제도가 잘되어 있다.

스웨덴은 1912년에 올림픽을 유치했었고 R/D투자 세계 3위로 산업이 발전한 나라다. 기술로 사람을 행복하게 만들고 환경을 지키는 나라라고 할 수 있다. 특히 의학과 공학이 앞서가기 때문에 유학생이 많다. 국토의 50%가 산림으로 세계목재 사용량의 20%를 생산한다.

스톡홀름은 발틱해의 시작점 멜라덴 호수를 안고 있다. 많은 배들이 드나들고, 14개 섬과 57개 다리, 30%의 공원으로 구성된 환상적인 디자인 도시다. 그래서 북구의 베니스라 불린다. 800년 전 중심부 구시가지는 작은 섬으로 지금도 80만 시민이 지키고 있다. 1950~70년에 지하철이 건설되어 100개의 역 중 15개 역은 대형 화랑이라고 한다.

겨울은 동지를 중심으로 한 달간 흑야, 여름은 하지를 중심으로 한 달 반이 백야 현상으로 40%는 우울증에 시달리고 있다. 검소한 생활에 여행을 많이 다니는 나라, 40주간 일하고 4~6주간 휴가 간다. 정치적 망명자와 이민자가 15%나 차지한다. 가족중심으로 정직하게 잘 살면서도 왜 자살자가 많은지 아이러니하다.

스톡홀름 시청은 경관이 뛰어난 자리에 있다. 좌청룡 우백호, 아름다운 멜라렌 호수 위에 떠다니는 배를 내려다볼 수 있는 천하의 명당이다. 1911년~1923년에 이태리양식으로 완공된 유네스코 지정 보물이다. 시청 본관을 중심으로 주위 건물이 모두 시청별관이다. 시의원 101명 중 반이 여성이다.

시청 내에는 노벨수상자들의 1층 만찬장과 2층 무도회장이 있다. 천장과 벽에는 산업, 정치, 종교, 자연, 그리고 동서양의 평화를 상징하는 그림으로 화려하다. 천장이 높고 대리석과 목 재료가 주로 사용되었다.

62세의 왕은 세 자녀를 뒀는데 첫째가 딸이어서 차기 왕위를 이어받을 공주가 오늘 결혼식을 거행했다. 하객으로 참석한 기분이다. 지상에는 퍼레이드가 이어지고 하늘에선 공군비행기가 하늘 길을 수놓는다. 하객이 길을 가득 메웠지만 질서 정연하다. 우리도 박물관에 가기 위해 버스를 버리고 걸어서 갈 수밖에 없었다. 신랑은 서민 출신의 개인지도자라니 그 친구 땡잡은 셈이다.

세계전쟁에서도 폭격을 받지 않아 100년 전 모습을 그대로 볼 수 있다. 중립국에서 잠수함 등 군수품을 제작한다고 비난도 받았었다. 특히 스웨덴에서 만든 굴삭기로 북한 땅굴을 팠다 해서 유명해졌었다. 중심가는 주상복합 아파트가 많고 노벨상을 시상하는 푸른 음악당, 국회의사당, 여왕의길, 왕의길 등 영화관이 76개나 있다고 한다. 특히 김기덕 감독의 〈빈집〉은 환상적인 요소가 있어 수상작으로 아랍어로까지 번역되어 널리 국위를 선양하고 있어 뿌듯했다. 한국의 대표적인 음식 비빔밥과 김치도 홍보방송뿐 아니라 널리 호응을 받아 흐뭇했다. 시내는 건물 밑 지하차도가 많고 시내버스는 바이오가스를 사용한다. 특히 지하철과 전철이 잘 운영되고 있다.

다이나마이트 발명가 노벨은(1833~1896) 생애 최고 아이디어인 노벨상(the Nobel Prize)을 생각해냈고, 그의 유언에서 물리, 화학, 의학, 문학 등의 분야 및 세계 평화의 발전에 크게 기여한 사람들에게 매년 자기 재산의 수익금 일부를 희사하겠다는 뜻에 따라 1901년에 노벨상을 제정 물리, 화학, 의학, 문학상은 스웨덴에서 시상하고 평화상은 노르웨이에서 시상한다. 그리고 노벨을 기념하여 1968년 제정된 노벨경제학상(the Bank of Sweden Prize)도 스웨덴에서 시상, 노벨박물관에 함께 전시되었다.

스톡홀름의 18세기 건축물 중 가장 아름다운 건물의 하나로 손꼽히는 노벨박물관에서 노벨상의 기원과 창시자인 알프레드 노벨(Alfred Nobel)은 물론 1901년부터 오늘에 이르는 역대 수상자들에 대한 많은 정보와 창의적 교육방식과 전시기법, 첨단기술, 과학과 문화에 대한 지식을 배울 수 있었다. 노벨박물관에서는 1895년에 제정된 노벨상 역대수상자 800명 이상의 사진을 끊임없이 영상화면에 담아내고 있으며 수상자들이 내놓은 상징적 인증표도 하나씩 비치하였다.

김대중 전 대통령은 우편봉함엽서 2통을 내놨다. 사형선고를 받고 청주교도소에 수감되었던 김대중이 서울특별시 마포구 동교동 178−1 이희호 앞으로(우편번호 121−00, 청주등기 745와 797) 보내온 편지였다. 읽는 순간 가슴이 뭉클했다. 한때 노르웨이를 지배했던 스웨덴이었기에 화해의 의미와 대표적인 평화정책을 이끄는 노르웨이에 평화상을 시상토록 했는지도 모르겠다.

왕은 거처하는 왕궁과 집무하는 왕궁이 별도로 있어 출퇴근한다. 거처하는 왕궁과는 다르게 1724년에 건축된 세계최대의 왕궁은 방이 600개나 된다니 무슨 용도의 집무실일까 궁금하다. 왕을 승계할 공주가 왕궁 옆 대교회(대성당)에서 결혼식을 올렸고 다음 날 우리 일행은 입장했다. 금빛 찬란하다. 중앙 최상단에 은의성단銀依聖壇이 있고 그 앞에 왕좌가 있다. 1684년에 만들어진 왕좌는 왕족이 교회에서 공식적인 의식에 사용하는 자리로 어제 결혼식도 이 자리에서 거행된 것이다.

왕을 승계받을 공주가 결혼식을 마치고

중앙 카펫 길 옆은 예쁜 꽃으로 단장되었다. 이중아 회장 사모님이 장식된 꽃을 채집하라고 귀띔하셨다. 몇 개 뽑아 들고 나왔다. 기념사진을 증거로 왕실의 결혼식은 어떻게 하는지 어렴풋이 짐작하고 식장을 나왔다.

식장 옆 건물이 노벨박물관이고, 예술학교, 건축디자인 박물관, 근현대미술관 등이 이어졌다. 현대박물관, 바사박물관 등이 물과 잘 어우러져 '예술의 도시'라 하는가 보았다.

1654년도에 150만을 거느렸던 성주 댁에 갔다. 개인 성주로서 가장 크고 부자였다고 한다. 1930년대까지 후손들이 살아오다가 지금은 박물관으로 관광객을 유치하고 있는데 프랑스풍의 스웨덴양식의 건물이다. 벽화를 보면 인명은 재천이라고 11명의 자녀를 뒀지만 3명만 성인으로 키웠다. 성주가 수집광이어서인지 각종 무기, 갑옷, 그림, 조각 등 많은 보물들을 원형으로 전시되어 있어 옛것을 비교해볼 수 있는 좋은 시간이었다.

최초의 바이킹 마을 커피숍에서 1,000년 전 바이킹이 되어 아름다운 멜라렌 호수를 내려다보며 마시는 차 맛은 분명히 달랐다. 움직이는 조각공원을 감상하고 한 시간 동안 비행하여 이웃 노르웨이 수도 오슬로에 도착했다.

노르웨이는 세계지도에서 가장 북쪽에 있는 나라다. 2만km가 넘는 해안선과 남단에서 북단까지 일직선으로 1,750km나 되는 피요르드로 유명하다. 2,000개의 유인도를 포함 15만 개의 섬을 가지고 있고, 국민성은 낙천적이고 개방적이다. 자연과 가깝게 생활하는 것이 특징으로 자연환경에 대한 보존을 위해 끊임없는 노력을 한다.

오슬로는 백여 년 전 북유럽을 주름잡았던 바이킹들이 가장 사랑했던 도시, 바이킹의 수도로 불렸던 곳이다. 피요로드의 북쪽에 자리하고 있으며 도시의 인구는 465,000명이다.

해물로 유명하다는 엥게브레 카페(Engebret Cafe)에서 저녁을 먹었다. 홍합, 새우, 랍스타 그리고 빵과 소스가 전부였는데 1인당 15만원짜리 저녁이라니 물가를 짐작해볼 수 있었다. 식사를 마치고 숙소로 가는 길에 바닷가에 있는 백색 우람한 건물이 눈에 띄었다. 오페

배로 지나가는 피요로드

라 하우스라고 했다.

라디손호텔(Hotel Radisson BLU Plaza) 2220호에 짐을 푼 시간은 밤 10시다. 하지만 밖은 낮같이 밝다. 집사람에게 오페라하우스에 가자고 청했지만 피곤하다고 거절한다. 이중아 회장도 피곤해서 쉬겠다기에 혼자서 밤길을 쓸쓸히 나섰다. 고가도로를 건너, 대형 쇼핑센터를 지나, 10차선 철길 위를 지나는 구름다리를 걸어 10여 분 만에 바닷가 오페라하우스에 도착했다.

바다에는 군데군데 배가 떠있고 기울어진 조형물과 노래하며 연극하는 모양을 하고 비스듬히 누워있는 흰색 건물 오페라하우스가 잘 어울린다. 물 위에 떠있는 것 같은 거대한 오페라하우스 지붕 위를 먼저 걸어 크기를 확인한 뒤 실내로 들어갔다. 실내 깊숙이 안쪽은 바다와 접해 있다. 언뜻 보기에 물 위에 떠 있는 듯한 대형 바(BAR)에서 쌍쌍이 잔을 마주하며 바다를 조망하는 관객들 틈에 끼어 음료수 한 잔을 들고 홀로 즐겼다.

실내는 원형방음 시설이 독특하고 화장실과 탈의실 등이 잘 꾸며져 있다. 화장실에는 일반 시중에서 볼 수 없는 변기들이 설치되어 있다. 이리저리 다 둘러봤으나 공연장 내부는 출입금지 테이프가 걸려있어 볼 수 없고, 실내의 또 다른 둥근 실 외벽을 돌아볼 수밖에 없었다. 아쉬움을 안고 숙소에 돌아와 잠을 청했으나 잠은 멀리 갔다. 자연과 어우러진 웅장한 규모의 쾌적한 공간, 디자인의 발상에 대한 놀람 때문이었는지 모르겠다.

노르웨이에서는 여러 종류의 레스토랑, 박물관, 다양한 축제, 웅장한 피요르드에서 즐기는 크루즈와 활기찬 문화를 접할 수 있다더니 과연 그런가 보다. 노르웨이 인구는 470만, 면적은 한반도의 1.7배, 인구밀도는 아일랜드 다음으로 낮다. 경비행기가 대중교통수단이다. 두 번이나 동계올림픽을 치르고도 '트롬소'는 지금도 평창과 유치경쟁 중이다. UN이 선정한 세계에서 제일 잘사는 나라다.

1970년 북해유전을 개발하면서 사우디아라비아에 이어 두 번째 산유국이 되었다. 재정을 보면 GNP 90,000$에 세금을 35~55%까지 징수하여 3대가 살 수 있다는 재정을 확보해두고 언제 어떻게 쓸 것인가를 가지고 고민하고 있다고 한다. 종교는 94%가 루터 복음교(기독교)다. 인간관계에서 갈등이 없고 권위주의가 없는 나라, 검소하고 깨끗하고 정직한 국민성을 가지고 있다.

'노벨평화연구회'는 노벨평화상을 연구 시행하는데 상을 제정한 노벨의 유언에 따라 평화상만은 노르웨이 오슬로에서 매년 12월 10일에 시상한다.

1624년도에 건설된 시가지를 보면 전철은 유럽에서 프랑스에 이어 3번째로 오슬로가 건설했다. 중심가에는 칼 요한거리, 신의광장, 오슬로 주교(기독교), 대형 국립극장, 오슬로법대, 왕궁, 칼 요한 동상 등이 있다.

프로그네르 공원(Frognerparken)으로 불리는 비겔란 조각공원은 해마다 200만 명 이상이 방문하는 오슬로의 명물이다. 구스타프 비겔란(Gustav Vigeland 1869~1943)에 의해 212점의 조각이 약 10만 평 공원부지에 계획, 완성되었다. 한 사람의 구상으로 '인간의 삶(Life)'이라는 단일 주제 아래 많은 작품이 전시되어 있는 대단위 조각공원은 전례 없는 일이다.

공원의 구성은 정문, 어린이 영역이 포함된 다리, 분수대, 모노리스 석탑과 인생의, 바퀴의 총 5개 주요부분으로 나뉘었다. 청동, 화강암 그리고 단철의 소재로 된 조각들은 일조시간에 따라 그의 색깔과 음영을 달리한다. 작품들은 인간의 삶의 모습과 인생의 의미를 함축하고 있다.

인간의 탄생과 죽음에 관련된 조각품들이 펼쳐있으며, 윤회에 대한 동양적인 사상까지 엿볼 수 있다. 입구 정면에는 어린이들의 다양한 표정을 담았고 중앙 인생에 관한 분수는 180톤 통 돌을 13년에 걸쳐 인간의 생에서부터 사까지의 과정을 순서대로 조각해 놓았다. 작품의 설명은 없고 보는 이가 마음대로 느끼라는 것 같았다.

비겔란은 1921년 오슬로시당국과의 특별계약을 통해 자기의 모든 예술작품을 오슬로시에 기증하고, 시로부터는 대규모 개인 작업실을 얻게 되어 1924년부터 그가 죽은 1943년까지 약20년 동안 비겔란박물관에서 살게 되었는데 시당국으로부터 이러한 많은 조각을 함께 완성시킬 수 있는 석공 청동제작기술자 대장장이 등 장인들을 지원 받았다. 이렇듯이 예술문화의 발전에 정부의 적극적인 지원이 절대적이었다. 이 나라의 대표적인 표현주의 화가 뭉크(1863~1944)와 작곡가 그리그, 한센병을 연구하여 노벨의학상을 수상한 한센 등은 노르웨이 베르겐 출신들이다.

30세 때부터 예술성을 인정받아 평생 연금을 받았다는 서정적이고 자연적이고 평화로웠던 그리그 동상에서 기념사진을 남겼다. 말년에 20년 동안 그리그가 보냈던 해변가 집과 작곡실을 봤다. 무덤도 같이 있는데 무덤의 위치가 화강암 절벽 높은 곳을 택하여 구멍을 뚫어 모셔져 있다.

사회복지제도가 가장 잘 되어 있는, 여자와 아이들의 천국 노르웨이!

노르웨이의 하랄드(harald) 왕은 왕세자 호콘(hakon)이 서민 출신의 미혼모였던 마테마리트(matte marit)를 2002년도에 왕세자비로 맞아들여 2004년도에 첫딸을 출산하여 차차기 여왕으로 작명하는 데 고심했다고 한다.

피오로드는 배로 지나가는 길이라고 하는데 약100만 년 전 빙하가 도래하면서 얼음산이 형성되었고 빙하가 녹으면서 지형이 침식하여 U자 형태로 많은 피오로드가 형성되어 바다와 이어지고 호수도 많이 생겼다. 가장 깊은 곳은 송내 피오로드로 깊이가 무려 1,308m나 된다.

암벽 지대의 정상부에는 설원이 눈부시고 암벽 사이 흘러내리는 폭포수가 장관을 이루고 있다. 설원이 녹으면서 흘러내린 폭포수가 모여 계곡에 맑은 물이 피오로드로 모여든다. 워즈워스의 시 한 구절이 생각난다.

지상에 이보다 더 아름다운 도시는 없으리
이 도시는 지금 아침의 아름다움을
악상처럼 걸쳤어라
모든 사원들은 들녘과 하늘을 향해 누워있고
연기 없는 대기 속에 모두 찬란히 빛난다.

연수 일정을 무사히 마치고 귀국길 프랑크프르트 공항에서 잠시 생각해봤다. 큰 탈 없이 이끌어준 최오길회장과 이창기부장이 고마웠고 바쁜 틈을 내 노르웨이 베르겐까지 만찬시간에 맞춰 왔다가, 다음 날 새벽에 돌아간 정석수 부회장과 김한수부사장이 감사하다. 특히 화기애애한 만찬에 술 접대 문화까지 바로 잡아준 고마움을 오래오래 간직할 것이다.

설원에서 흘러내리는 폭포수

조선의 심장 평양산업

한 시간이면 닿을 수 있는 곳에 가기 위해 60년이나 기다렸다.

평양대마방직 합영회사 준공식에 초대받아 직항로 편으로 10월 29일 이륙 후 50여 분 만에 평양 순안국제공항에 도착했다. 인천공항에서 통일부 발행 방문증명서와 목걸이 명찰을 받았다. 명찰 뒷면에는 탑승버스 호차번호, 연회 탁자번호, 객실번호 등이 기록되어 있었다.

평평하다하여 평양, 대동강과 보통강이 시내를 가로지른다. 평양 중심에서 북쪽으로 약 24km 지점에 위치한 북한의 유일한 국제공항엔 2개의 콘크리트 활주로가 있고 주위는 한산하다. 착륙하여 탑승자 명단을 확인하는 데 한 시간이 걸렸다. 입국수속을 대신하기 때문이다.

공항청사 입구 좌우에서는 사진을 계속 찍는다. 청사 안에서는 몸수색과 짐 검사만 하고 청사 밖으로 빠져나와 지정된 버스에 탑승했다. 민족경제연합회 소속 세 사람이 동승한다. 주행할 때는 사진을 찍지 말라는 당부와 함께 1978년에 준공했다는 구 구절 거리(공항에서 평양까지)를 달린다. 주변의 살림집(주택과 아파트)은 백색 외장에 동일한 모습으로 열을 지었고 도로변에는 포플러나무가 집단으로 조성되어 있다. 논에서 이삭 줍는 아낙들도 보이고 자전거 앞뒤에 짐을 싣고 가는 사람과 짐을 머리에 이거나 짊어진 사람들의 모습을 보면서 마음이 짠했다.

모란봉 아래 대동강이 흐르고 대동강에 능라도가 있다. 능라도 안에는 아리랑공연을 펼쳤던 낙하산 모양의 5·1경기장이 있다.

만경대 고향집은 김일성의 조부가 자리잡은 뒤 4대가 거주한 집이다. 1947년 생가 일대를 만경대 혁명사적지로 지정하여 김일성의 부모와 조부모의 묘를 조성하고 방 3칸과 부엌이 딸린 초가집 등을 복원하였다. 혁명사적지로 조성하면서 주체사상탑, 개선문과 더불어 외국인 관광 필수 코스가 되었다.

사상주체탑은 1982년 김일성 70회 생일을 맞아 주체사상을 기리기 위해 대동강 기슭에 세운 170m석탑으로 김일성 우상화의 대표적 상

낙하산 모양의 경기장

평양공항 앞에서

징물이다. 기단의 정면에는 '누리에 빛나라 주체사상이여'라는 헌시비獻詩碑가 있고 탑을 중심으로 대동강 좌우 150m까지의 대형 분수대가 설치되었다.

탑 내부의 전실殿室에는 세계 80여 나라에서 주체사상을 기려 글을 새겨 보내왔다는 대리석 · 옥돌들이 벽면을 장식하고 있다. 탑 내부에 150m까지 올라가는 엘리베이터가 설치되어 전망대에서 보면 북쪽으로 능라도 5 · 1경기장과 개선문, 서쪽으로 인민대학습당, 남쪽으로 고려호텔과 양각도호텔 등 평양시내의 전경을 한눈에 볼 수 있다.

대동강大同江은 조선 6대 장강 중 다섯 번째로 긴 강이다. 평양직할시, 남포직할시, 황해북도, 황해남도를 거쳐 황해로 흐르는데 하류에 조선의 수도 평양시가 있다.

평양 개선문은 김일성을 찬양하고 기념하기 위하여 70세 생일에

만경대 김일성의 고향집

맞춰 건립되었다. 프랑스의 개선문보다 크고 전통적 다층 석탑의 특징을 담아 장중하면서도 우아한 품위를 갖춘 건축물이다.

평양직할시 중구역의 양각도 국제 호텔에 짐을 풀었다. “당신을 열렬히 환영합니다.” 양각도 국제호텔이라는 메모가 책상위에 놓였다. 프랑스와 합작으로 대동강 안에 있는 섬 양각도에 1995년에 개관한 1,001개의 객실을 갖춘 특급호텔이다. 최상층 47층에는 회전식 전망 레스토랑이 있어 평양시를 한눈에 볼 수 있고 야외에는 9홀 규모의 골프장과 보트장 등을 갖추고 있다.

첫날 밤, 민족경제협력위원회 주관 환영만찬에 참석했다.

민족경제연합회와 평양 대마방직합영회사측의 환영사와 건배를 시작으로 만찬이 시작되었다. 호텔 대연회장 연단중앙 벽에 백두밀영고향집(김정일 생가)의 대형그림과 반대편 벽의 금강산 그림이 화려하다. 진달래색 한복차림으로 뒷머리에 진달래색 머리띠를 꽂은 20여 명의 미인 도우미들이 정중하게 서빙을 한다. 원형식탁에는 남측 8명과 북측 민족경제연합회 소속 두 사람이 함께 자리했다. 작은 수첩을 꺼내든 나에게 돌아가서 국정원에 보고하려고 열심히 적느냐고 묻는다. 기행문을 쓰고 있다며 정색을 하자 농담도 못하느냐고 오히려 반문했다.

다음 날 평양대마방직 합영회사 준공식장에 가려고 아홉 시에 호텔을 나왔다. 대형버스 아홉 대가 나란히 서 있었다. 북한 수행원들까지 300여 명은 아무 말 없이 호텔 앞에서 조용히 기다렸다. 휴대폰도 인천공항에 맡겼고 신문방송이 없는 암흑의 세계다. 버스는 1호차부터 출발하여 꼬리를 물고 평양직할시 선교구역 명제동 방직거리 준공식장에 도착했다. 타타대우 자동차 40대(11,5톤과 5톤 트럭)가 식장 옆에 나란히 세워졌다. 우리 회사에서 만든 연료탱크가 부착되어 있

사상 주체탑

어 감회가 새로웠다.

준공식장은 의자도 없는 야외였다. 식장 정면에 평양대마방직 합영회사 준공식이라는 현수막이 걸려있다. 행사 주관자가 옆으로 서 있고 그 옆에 신부님들이 서 있다. 식장 우측에는 북한근로자들이, 식장 앞은 하객들이 무질서하게 서 있는 상태에서 식순도 없이 진행되었다. 총비용으로 3,000만 불이 투자되고 2015년까지 우리 민족끼리 쌍방 운영키로 했다. 공장 규모는 대지가 45,000㎡, 연건평 11,000㎡이라는 경과보고가 있었다.

북측 대표 박창년 민청련협력회부회장이 6·15공동성명에 따른 10·4선언을 철저히 이행한 결과 우리 민족끼리의 공동선언이, 애국애족의 한마음으로 오늘의 준공을 갖게 되었다고 축사를 한다. 남측 대표 김종태 회장은 축사에 앞서 김대중 전 대통령의 격려사를 낭독했다. "남과 북 모든 동포애에 따뜻한 인사를 보낸다. 민족경제의 균

개선문

형적 발전을 희망한다."는 내용을 대독한 뒤에 오늘의 대마방직준공은 남과 북이 이룬 또 하나의 성과다. 경제인 사이에 화해와 협력으로 성공시켜 남과 북이 손을 맞잡으면 무엇이든지 할 수 있다는 것을 보여줍시다. 민경련 관계자와 직원 모두에게, 존경받는 이우식 주교님께 감사드린다. 1998년 북을 처음 방문하여 꿈을 꾸기 시작했다며, 방직이 성공하면 남북의 본보기가 되어 경제공동체를 구성하자고 제의한다.

조상들의 잘못으로 남북이 분단되었지만 앞으로는 사랑과 이해, 그리고 협력만 있으면 이루지 못할 것이 무엇이겠느냐? 천주교 작은 형제 하늘회에서 모금하여 식당을 완성시켰다. 회원의 한 사람으로 감사하고 흐뭇하게 생각한다는 내용이었다.

세 번째로 남측 섬유산업연합회 회장은 2,003년 11월 안동대마와

평양대마방직 합영회사 준공식장

북의 샛별총회사가 노력 끝에 5년 만에 준공하게 되었다. 섬유산업은 남쪽의 경우도 산업화를 이끌어왔다. 이런 차원에서 국가 경제성장의 필수산업이다. 오늘의 준공이 남북경제협력에 희망이 되기 바란다는 말로 식을 마치고 현장 설명에 들어갔다. 남측에서 참석한 국회의원과 5억여 원을 지원해주고도 말 한 마디 못한 이우식 주교님 그리고 축하 연주를 위해 악기를 들고 온 어린 학생들이 악기를 펴보지도 못하고 돌아오게 된 일을 두고 오직 체제를 탓할 수밖에 없었다.

현장 기능공들은 군대같이 딱딱하다. 작은 체구인 데다가 작업복 차림이어서인지 더 왜소하게 보인다. 식을 마치고 평양시내로 나갔다. 1946년에 설립했다는 김일성대학은 농민들과 국민들이 헌납(쌀)하여 세웠다. 학생이 12,000명이고 교수 포함 직원이 5,500명이다. 옥류관은 광복 16주년을 기념하여 1961년 8월 15일에 문을 연 북한의

평양 대마방직 합영회사 트럭(宇伸에서 연료탱크 제작)

대표적 음식점으로 대동강 옥류교 옆에 있다.

초록색 기와를 얹은 2층 본관과 양 측면의 별관 전통한옥에 자리가 1,500석이나 된다. 대표음식으로는 평양냉면, 평양온반, 대동강 숭어국, 숭어회 등이 있다. 이 가운데 41가지 재료로 만든 평양냉면은 국숫발이 부드럽고 육수의 맛도 담백한 것이 특징이다. 하루에 2만여 명 이상이 줄서 있고 냉면 맛은 과시 일품이었다. 녹두지지미로 구미를 당겨놓고 평양냉면을 내온다.

서해갑문을 보려고 평양을 떠났다. 항구도시 남포까지 10차선도로를 1시간 정도 달렸다. 남포를 지나 도로변 휴면농지를 보면서 농기계 보급이 시급함을 느꼈다. 서해갑문은 남포와 함경남도 사이의 대동강 하구에 있는 세계적 규모의 북한 최대 갑문이다. 대동강 종합개발계획의 일환으로 1981년부터 건설한 서해갑문은 김일성 주석과 김정일 영도자의 영도 아래 인민 군인들과 건설자들이 단 5년 만에 건설했다고 기록되어 있다.

폭 14m, 길이 7km의 제방을 축조하여 약 800m에 3개의 갑문(5,000톤, 2만 톤, 5만 톤급)과 댐을 건설하여 총연장 8km의 방조제를 쌓았다. 대형선박의 통행이 가능하도록 90m정도의 90도 회전교량을 설치하였고 제방과 갑문 위에 4차선도로와 철도를 부설하였다.

남측에서 보낸 구호미가 인천 군산 부산을 떠나 서해갑문을 통과하여 대동강을 따라 남포항에서 하역된다. 남포에는 '평화자동차 종합공장'이 있다. 독일에서 피아트 자동차부품을 수입하여 하루에 3대씩 조립하는 '휘파람자동차' 공장이다.

학생소년궁전은 1989년 5월 2일 준공된 건물로 하루에 1만 2,000명을 수용할 수 있는 대규모 시설이다. 북한이 세계청년학생축전을

서해 갑문 앞에서

유치하여 만경대 구역에 광복거리를 조성하면서 함께 건립되었다. 말굽형의 중심축을 기준으로 양쪽에 대칭성을 강조하여 건축하였다. 소학교와 중학교 학생들을 위한 과외활동 장소로 이용된다. 2,000석 규모의 대극장과 과학기술 체육 문화예술 등 하루에 5,000여 명의 학생들이 방문하여 1인1기一人一技를 습득한다. 학생소년궁전에서 학생들이 펼치는 공연은 신기에 가까운 종합예술이었다. 인간의 한계가 과연 어디까지일까 생각해봤다. 관람 중 묘기에 탄성이 절로 나왔다.

호텔에 돌아왔다. 3층 회의실에서 남북경제인 종합면담 시간을 가졌다. 대마방직 회장에게 준공식이 예정보다 늦은 이유를 물었다. 남북 양측의 잘못이 있어서 늦었다며 자세한 내용은 말할 수 없다고 한다. 준공식 진행에 대한 사전 조율 없이 신부의 기도와 찬송가가 포함되어 있어 북에서 허용할 수 없었다는 것으로 나는 짐작했다.

북측의 투자유치 설명회와 정책실황 간담회가 시작되었다. 기간산업 중공업 피복경공업 농기계 등 4개 분야로 나누어 간담회를 하기로 했다. 나는 전자, 전기, IT산업, 중공업 분야에서 상담을 했다.

삼천리 총 회사와 간담회를 가졌다. 공화국 창당 60돌을 맞아 발전설비 현대화, 석탄공업설비 지원, 군소공업의 철 증산과 철광석 생산기지 확충, 철도수송 능력제고와 통신증대 등이 계획되었고 중공업 우선이고 그리고 경공업, 농업 순이라고 한다.

1989년부터 투자관련 정책을 수립하여 임가공을 시작으로 합작 사업으로 진행된다고 한다. 나는 회사 소개를 먼저하고, 북에 와보니 할 일이 너무 많다고 말문을 열었다. 고선박해체사업의 필요성과 '휘파람자동차'가 남측의 현대자동차부품을 들여다 조립한다면 경쟁력을 높일 수 있다고 피력했다. 다음으로 남북영농합영회사 설립을 제

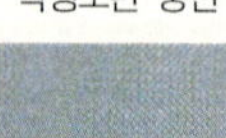

학생소년 궁전

안했다. 기술과 농기계를 남측에서, 농지와 인력을 북측에서 지원한다면 2모작이 가능하다는 설명을 했다. 북측 대표가 천장을 바라보다가 명함을 유심히 보더니 쓴웃음을 지으며 사업계획서를 주문했다.

백두산 천지에 가려고 평양발 고려항공에 탑승했다. '자리표'를 들고 '박띠'(안전띠)를 몸에 맞게 맸다. 비행 소요시간은 1시간이다. '17분 후에 삼지연공항에 도착합니다. 강하를 시작했으니 자리에 앉아 박띠를 매라.'는 방송이 흘러나왔다. 비행기가 멈췄다. 국내선이어서 그런지 이번에는 쉽게 내렸다. 공항청사가 닫혀 있다. 청사 뒤편 간이화장실에서 해우하고 버스에 올라 백두산을 향했다. 못가 역을 지나 양강도 삼지연군 삼지연에 도착했다. 1939년 항일운동 전투 중 휴식하면서 물을 마셨다는 삼지연 앞 광장에는 백두산 장군봉을 형상화한 기초석 위에 항일복차림의 20대 청년동상이 우뚝 서 있다. 1979년도에 설립한 김일성 동상이다.

삼지연三池淵은 양강도 삼지연군(옛 함경북도 무산군)에 있는 3개의 호수 이름이다. 해발 1,395m의 고원지대에 있다. 가장 큰 호수의 면적은 0.36㎢, 수심은 3m, 백두산을 배경으로 펼쳐진 3개의 호수가 나란히 있다 하여 삼지연이라 부른다. 삼지연군은 남쪽에서 눈 피해를 줄여주기 위해 지붕 물매를 서구식으로 크게 했다.

삼지연을 떠나 베개봉 호텔에서 도시락 점심을 나눴다. 호텔 앞 베개 모양의 베개산 이름을 따 베개봉 호텔이다. 백두산관광이 열리면 아산재단이 인수하여 이용할 호텔인데 고려항공사가 도시락 점심을 준비하고 도우미는 여직원들이다.

'백두산은 나의 고향'이라는 김정일 생가에 들렀다. 함박눈이 내리고 길이 미끄럽다. 계단을 내려가 박우물에서 샘물 한 잔을 마시고

베개봉 호텔 앞

생가의 노루발 문고리를 잡고 사진 한 장을 남겼다. 평양으로 돌아왔다. 만수대 의사당은 평양 중심부에 위치한 최고인민회의가 열리는 장소다. 지하 1층 지상 4층으로 1984년 10월에 완공되었다. 외벽은 천연석, 바닥은 천연보석, 벽과 기둥은 천연대리석으로 장식되었다. 2,000여 석의 대회의실과 소분과회의실 외국어 동시통역시설 등이 구비되었다. 김정일 당 총비서를 국방위원장으로 추대할 때 최고인민회의가 개최된 곳이고 김대중대통령과 김정일국방위원장이 만나 회담했던 곳이다.

백선행白善行(1848~1933)은 경기 수원 출생으로 여성 사회사업가다. 16세에 남편과 사별한 후 평생 수절하며 큰 재산을 모았다. '상상을 초월하는 근면과 검박 절약으로 마련한 거금을 제 민족, 제 나라를 위하는 일에 고스란히 바쳐서 인민들로부터 존경을 받는 평양의 애국적 여인'이라는 글귀가 기념관 앞 동상에 새겨있다. 전시장 안에는 김일성 주석이 평가한 글이 있다. '내가 백 과부와 같은 부자를 훌륭한 녀자라고 평가하는 리유도 그가 민족의 계몽과 발전을 위해서 금전을 아끼지 않은 인덕이 높은 애국자라는 데 있다.' – 김일성

동대문 은하피복 공장은 삼성과 LG에서 제일모직 등 원단을 공급받아 재단 봉제하여 한국으로 보낸다. 봉제공의 월급은 25,000원 정도지만 제품의 질은 훌륭하다. 작업실 문 앞에 '3중 3대 혁명 붉은기 쟁취 전투장'이라고 붙어있다.

작업실 내와 도심거리의 간판들은 당이 결정하면 우리는 한다! 가는 길 험난해도 웃으며 가자! 자력갱생만이 살길이다! 위대한 장군님만 계시면 우리는 이긴다! 등등의 표어들이다. 로동실적 공시판에는 개인별 실적이 세세히 기록되어 있다. 삼대혁명(사상, 기술, 문화) 사상을 기본으로 모든 작업이 전개되고 있다. 네거리 이발소, 신문도서열람실, 갈림길 양복점, 평화자동차 연료공급소, 교원양복점, 인민대학습당(대도서관) 등 5~60년 전 우리 주변에서 많이 봤던 간판들이다.

출국 직전에 미술품전시관에 들렀다. 고려청자를 들고 있는 인민예술가 우치선 선생의 랍상은 살아있는 사람으로 착각할 정도다. 1931년 전주 출신의 정창모 작가의 〈향산 계곡의 봄〉이라는 산수화가 3만 유로다. 작품가가 만만치 않다. 평양물가를 짐작할 수 있는 부분이다.

보통강변의 유명한 '원형식당'에서 점심으로 동태장을 주문했다. 그런데 '명태대가리 순대'가 나온다. 명태대가리 순대를 먼저 드시면

다음에 명태무침이 나온다고한다. "예쁜이 입에서 대가리가 뭐야 머리라고 하지." 그래도 대가리란다. 육개장은 개고기(단고기)인데 별미라고 한다. 가격도 만만치 않다. 코스요리가 일인당 사오만 원으로 대도변 대형건물 앞에 최고요리 평양단고기라는 간판을 볼 수 있다. 평양은 동 평양, 서 평양, 본 평양으로 구분된다. 교통수단은 지하철, 궤도와 무궤도 경전철, 버스와 승용차 자전거 등이다. 도로와 공공건물 조경 등 도시계획이 잘되었다. 도로를 횡단해보면 보도 옆에 자전거와 경전철 도로가 있고 조경공간을 지나 중앙도로다.

고구려성大同門(南大門)이 보이고 태권도전당, 평양체육관, 평양역사박물관, 인민문화궁전 등 예술적인 감각으로 설계한 건물들이다. 평양거리에는 사람들이 비교적 활기차고 빠르게 걷는다. 인도가 넓고 깨끗하다. 10차선의 통일거리와 청년거리가 넓게 뻗어있다. 1971년 원산 앞바다에서 북에 납치된 미군첩보선 푸에블르호가 대동강변에 외로이 망신을 당하고 있다.

김정일 생가 가는 길

평양을 떠나야할 시간이 되었다. 순안공항에서 표 두 장을 받았다. 한 장은 아시아나항공권이고 또 한 장은 아무 표시도 없는 고려항공 일반자리표다. 자리표는 탑승할 때까지 필요하고 기내에서는 아시아나

항공티켓이 유효하다. 이는 우리들의 모든 것을 인정할 수 없다는 단적인 표현인 것이다.

출국 수속 대기 중에 2008년 11월 1일 평양의 낙조를 봤다. 붉은 해가 서산으로 지는 낙조는 남한과 다름없는데. 평양에서 인천까지 불과 250여km, 60년 동안을 닿지 못할 먼 나라로 여겨왔다. 북한은 우리 고유의 것을 지키려고 부단히 노력하고 있다. 언어와 복장 행동들이 그렇다. 고조선의 창건자 단군의 유해가 발굴됨으로써 조선은 5천여 년의 유구한 역사를 가진 나라요 평양은 그동안의 수도로 존재하였다고 주장한다.

단군릉을 피라미드식 석릉으로 조성했다. 한쪽 면의 길이가 50m, 높이가 20m로 국내에서 가장 크다. 북한을 겉만 보고 속을 알 수는 없지만 짐작은 할 수 있다. 지금이 '북핵 시설검증 관련 핵심 쟁점인 시료채취도 거부'하고 '내달부터 남북 간의 군사분계선 통행제한'을 하겠다는 발언은 걸맞지 않은 것 같다. 남한에서도 '퍼주기'라든가 '김정일 와병설' 등으로 떠드는 것을 자중했으면 좋겠다. 정치가 안정되어 경제를 이끄는 것이 바람직하지만 민간단체가 남북 교류를 이끌면서 민족화합연합회, 민족경제연합회, 월드비전사업 등을 활성화하여 사람, 물자, 기술 등이 교류되고 자원과 돈이 오고간다면 이것이야말로 두 체제를 소통시키는 통일의 한 형태일 수 있겠다는 생각을 거듭했다.

중국 합자사 기공식

중국 사천성 자양시四川省資陽市에서 사천현대상용차四川現代商用車 프로젝트 기공식을 가졌다. 현대자동차는 2년 전부터 사천성 자양시에 소재한 상용차 전문 남준자동차南駿氣車와 합자회사 설립에 대한 협의 끝에 2012년 9월 28일에 기공식을 갖게 되었다.

현대자동차 상용차협력사 26개사와 자동차구매본부 신현종전무, 박균석부장, 장덕은차장, 상용합작 TFT팀 주재형차장이 27일 인천공항에 모여 아시아나 비행기에 탑승하고 상해 포동공항에 도착하여 다시 국내선으로 갈아타고 성도공항에 도착했다. 공항에서 현지 가이드 임정천의 안내를 받아 버스정류장을 찾느라 공항 지하로 내려갔다 올라갔다 다시 지하로 지친 몸을 끌고 허둥지둥 다녔다. 허둥대다 땀을 뻘뻘 흘린 가이드는 버스에 올라 숨을 몰아쉬며 겨우 정신을 차렸다.

연변에서 온 교포 3세라며 죄송하다는 인사로 말문을 열었다. 성

기공식에 참석한 업체사장단

도 쌍두국내선공항을 리모델링하여 8월 15일에 개항했기 때문에 사전에 답사를 했었는데, 중국 공안이 잘 모르고 처음에 지하통행로를 막았다는 것이었다. 여하튼 하루가 빠르게 변하는 중국의 모습과 8% 소수민족으로서 당해야 하는 멸시, 아픔, 소통의 어려움을 여실히 드러냈다.

버스로 2시간을 달려 자양시에 도착했다. 구매본부 주관 만찬 행사를 마치고 금강 호텔에 든 시간은 22시. 전주에서 출발하여 20시간 만에 짐을 풀 수가 있었다.

중국의 23개 성 중 하나인 사천성은 인구가 8,000만 명이고 성도엔 일천만 도민이 살고 있다고 소개한다. '사천성' 하면 요리가 떠오른다. 광둥요리, 사천요리, 호남요리는 중국 3대 요리다. 추안차이, 쓰

촨요리로 불리는 사천요리四川料理는 양츠강 상류지역 요리로 기름지지 않고 마늘, 파, 고추 등 향신료를 많이 쓴 매운 요리다.

성도는 사천성의 성도로 중국 최대관광지라 할 수 있다. 도강언, 아미산, 구체구, 황룡, 낙산 등이 다 이곳에 있다. 촉한의 유비가 수도로 삼았던 곳으로 유비와 제갈공명의 묘가 안치된 사당 무후사와 삼국시대의 거리 모습을 재현한 금리거리 등을 연상하게 한다.

세계에서 가장 오래된 수리시설 '도강언'과 중국불교문화의 성지로 보존된 '아미산'은 유네스코지정 세계자연문화 유산으로 등재된 곳이다. 구체구는 해발고도 400m에서 2,000m에 이르는 Y자형태의 골짜기를 따라 110여 개의 호수와 13개의 폭포가 서로 연결되었다. 신비로운 물빛은 물감을 풀어 놓은 듯 초록, 연두, 비취색으로 관객을 유혹한다.

중국사천성 자양시 성남신구城南新區 자양성남공업단지資陽城南工業團地는 사천현대단지 46만 평과 협력업체단지(외국기업단지와 국내기업 입주단지) 40만 평이 네모 반듯하게 조성되어 있다. 사천현대단지에서

사천성 자양시 모형도

현대차 상용차담당 최한영부회장, 중국담당 설영흥부회장, 구매본부 신현종전무, 중국사천 남준기차 유한공사 관계자 등이 참석한 가운데 기공식이 거행되었다. 식장 진입도로 양변에 수백 명의 시민이 북을 치며 환호하여 입장객을 환영하고 장내에서도 큰북을 치며 분위기를 띄웠다.

경과보고에서 2010년 8월 10일 양사가 처음 만나 협의하고 2012년 7월에 최종 허가를 받아 현대차와 중국 남준기차가 각각 50%의 비율로 총 6,000억 원을 투자하여 '사천현대기차유한공사'를 설립했다고 한다. 버스, 트럭, 엔진 등 상용차 풀 라인업을 구축, 2014년까지 트럭 15만대, 버스 1만대 등 연간 16만대의 생산능력을 갖춘다며 보고자가 흥분된 어조로 감격에 넘쳐 터져나오려는 울음을 참아가며 목청을 높인 경과보고를 마쳤다.

최한영부회장, 장만영 중국 영사, 류치바이 공산당 서기, 장쥐평 사천성장 등의 축사가 끝나고 시삽과 축하불꽃 축제로 식을 마쳤다.

현대자동차는 상용합작공장을 설립하면서 세계 최대의 자동차시장인 중국 상용차공장에 본격적으로 진출했다. 2004년부터 현대차 중국 상용차공장 설립에 도전한바 8년 만에 드디어 오늘 이뤄진 것이다. 강회기차, 꽝조우기차, 북분중기 등 중국현지 상용 업체와의 합작법인설립을 추진해왔지만 중국 법(한 개의 회사가 또 다른 회사와 제휴 불가)에 따라 어렵사리 오늘 중국상용차 시장을 본격적으로 공략하게 되었다.

현재 세계상용차 시장은 독일 다임러벤츠가 1위 중국 동풍기차 2위, 제일기차, 볼보, 폭스바겐순이고 현대상용차는 17위지만 현대는 2015년까지 30만 대, 2020년까지 상용 부분 총 40만 대를 생산하여 세계 점유율 10%, 글로벌 TOP 5에 진입한다는 장기계획 중이다. 현대차는 2011년 터키 상용차 제조업체 카르산社와 유럽전략형 소형 상용차 CKD 생산에 착수하여 본격적인 유럽 상용차시장 공략에도 나섰다. 승합버스, 화물용 벤, 트럭 등의 차종을 개발하여 2014년 6천 대, 2015년 1만 8천 대, 2016년 2만 6,000대를 유럽시장을 포함하여 전 세계에 판매할 계획이다.

기공식을 마치고 보야호텔 오찬장으로 이동했다. 최한영부회장은 전주에서 혼나지 않으려고 왔다며 술잔을 나누며 감사해했다. 투자 설명회 자리로 이동하여 자양시 인민정부 자오 용타오Zhao Yongtao 부시장으로부터 시청현관과 각층에 설치한 중국문화와 역사, 자양시축소 모형 앞에서 자양성남공업단지 중점 홍보와 자양시의 위치가 성도와 중경의 중간이어서 무한한 발전가능성이 있는 점과 시중심부를 흐르는 12.5km의 구곡하九曲河가 '서울 청계천'과 비슷하다는 등의 소개가 있었다.

투자유치 설명은 자양시 자오 용타오부시장, 초상국招商局 문용文勇 국장, 리 파강Li Fagang 초상국부국장이 했다. 투자업체에 대한 각종 세제 혜택이며 부지계약 조건으로 사용기간 50년에 가격은 200평 한 무당 12만 RMB이고 9월 25일 서부박람회 이전 계약자는 특별 세금감면이며 토지를 무상으로 제공하겠다는 파격적인 제안을 내놓았다. 계약을 먼저 하고 토지대금을 완불한 뒤 공장을 가동하면 2개월 안에 다시 토지대금을 환불하겠다는 것이었다.

조기기업유치 유도라지만 땅값을 선납하고 공장 가동 후 환불하겠다는 점과 협력사 부지가 합자회사 부지와 동일지역이어서 동일 임금 주장 가능성에 대한 시정부의 답변이 궁했다. 상세한 지원 내용을 정리하여 투자희망 업체에 제시하기로 한 후 설명회를 마쳤다. 남준

기차공장 라인은 한국협력사보다도 열악했다. 1,100무 공장에서 연간 10만 대 생산능력을 갖췄으나 작년에 75,000대를 생산했다며 2014년에 기공식을 마친 합자회사로서 통째로 이전하겠다고 했다.

한식으로 준비한 선경관 만찬장에 자양시 부시장과 설명회 주관자들이 모두 함께했다. 술잔을 들고 한국식 건배를 수없이 하며 기업유치에 최선을 다하는 모습에서도 우리가 배워야 할 점들을 찾아냈다. 나의 왼쪽엔 부시장 오른쪽엔 통역이 앉았다. 통역은 합자회사 직원이다.

부시장이 너무 동안이라서 실례지만 나이가 몇이냐고 물었다. 머리를 염색해서 젊게 보인다며 1964년생이라 했다. 한국 나이 49세. 많이 친숙해 졌다 싶어 '왜 땅값을 선납하느냐? MOU체결 후 공장을 건설하면 될 것이고 그리고 동일부지에 모자회사가 있는 장점도 크지만 근로자가 동일임금을 주장한다면 정부에선 대처할 어떤 별도 방침이 있느냐?'고 물었더니 별도로 협의하자며 당장의 답변을 피했다.

계속해서 건배! 위하여! '위하여, 위하여, 위－하－여!'로 밤을 새우고도 싶었지만 일정상 만찬은 마쳐지고 끌어안고 포옹하며 작별의 악수를 뜨겁게 했다. 밤 10시에 버스에 올라 크라운 프라자호텔에 돌아와 투숙했다.

3일차 29일에도 새벽 4시에 일어났다. 조식 후 성도공항에서 09시 30분 북경행 국내선을 탔다. 12시 30분에 북경공항에 도착했지만 태풍 '볼라벤'의 영향으로 아시아나항공이 2시간 동안 지연되어 20시 50분에야 인천공항에 도착했다. 전주행 공항버스를 탔고 전주엔 밤 12시 30분에 도착했다.

귀로만 해도 장장 19시간이 걸렸다. 참으로 만만치 않은 노정의 기공식을 마치고 온 셈이다. 뿌듯하기가 그지없다.

역사가 살아 숨쉬는 중국 서안西安

IBK 기업은행 최고경영자클럽에서는 4월 17일 2012상반기 경영전략세미나에 맞춘 서안에서의 4박 5일 일정으로 280명이 아시아나와 대한항공편으로 나뉘어 인천공항을 떠났다.

탑승수속 앞 부스에서 목걸이용 명패와 안내책자를 받았다. 매일 아침 베개 위에 10元씩 놓으라고 IBK 기업은행에서 40元이 담긴 봉투도 나눠줬다. 은행직원이 기내 좌석배치까지 도와주어 수월했다.

투숙하게 된 쉐라톤 호텔(Sheraton Hotel) 1215호에는 정성들여 포장한 과일바구니와 행장의 편지가 놓여있었다. 실크로드가 시작된 서안에서 5,000년 중국 역사의 숨결을 느끼고 소중한 추억을 담아가라며 감사를 표한 편지다.

'중소기업과 IBK기업은행의 행복한 동행'이라는 주제로 조준희행장의 특강이 시작되었다. 호텔 그랜드볼룸 대강당 전면과 양 측면 화면에서 송해 선생이 어린아이를 업고 나와 활짝 웃으며 'IBK기업은행은 대한민국 국민 모두가 거래할 수 있는 은행이고 기업은행에 예금하면 기업을 살릴 수 있다. 기업이 살아야 일자리가 늘어난다.'며 87세 고령임에도 노익장을 과시하며 열심히 외치고 있었다.

행장은 먼저 우리들 자신을 알고가자고 말문을 열었다. IBK기업은행은 총자산 190조 원, 직원 11,312명, 645개 점포의 총대출액은 135조 원인데 그 중의 100조 원을 중소기업에 대출한다. 글로벌 금융위기 때 중소기업지원 대출 현황을 보면 '비올 때 우산을 씌워주는 은행'이 어느 은행인지 알 수 있다면서 전체 은행대출 19.3조 원의 91% 17.6조 원을 IBK기업은행에서 대출해주었다. 타 은행들이 비오는날 우산을 빼앗았을 때 IBK기업은행은 역으로 우산을 씌워준 것이다.

대한민국의 총사업체 3,069,000개 사 중 99%(3,066,000개 사)가 중소기업이고 전체 근로자의 88%가 중소기업에서 일하고 있기 때문에 대한민국 경제발전의 원동력은 중소기업이고 99~88의 힘으로 G20 중심국가로 우뚝 선 것이다.

통계에 따르면 한국기업 생존율이 창업 1년 후 60%, 3년 후 40%, 5년 후 15%, 10년 후 5%, 30년 후 2%, 50년 후 0.7%, 100년 후 0.03%로 나타났다. 경제가 불안할 때 기업을 살리기 위해, IBK기업은행이 동반자가 되어 연체이자를 한 자리 숫자로 내리겠다고 천명한 기사를 경제신문에서 읽었다. 출자지분을 보면 정부 65.1%, 외국인 13.8%, 내국인 지분 9.9% 순인데 이익금 4,000억 원을 어려운 기업에게 무상으로 지원하겠다는 결심은 필시 중소기업의 설립 목적에 부응하고자 하는 극적 결단이었다.

최근 경제의 흐름이 예사롭지 않다며 자금 흐름에 주시하라는 당부를 흘려들을 수가 없다. 경제위기의 주체가 정부임에도 정책이 없고 과도한 국가부채로 재정정책 시행에 한계가 드러났으며 금리인하와 양적 완화정책도 쓸 수 없는 데다가 국제공조마저 어렵기 때문에 문제가 생기면 해결할 주체가 없는 것이 특징이라지 않은가.

IBK기업은행 50년 역사상 30년을 같이한 최초 공채 출신 행장으로 잘못된 관행과 형식주의 폐습을 타파하고, 내실을 지향하는 정도경영正道經營으로 모든 문제를 현장에서 찾아내서 약한 것은 보완하고 강한 것은 더 강하게 하여 IBK 100년 발전의 초석을 다지는 CEO가 되겠다는 다짐을, 세계경제 주도국인 중국의 서안에서 중천금인 남아일언으로 토해냈다.

옛 장안長安, 지금의 서안은 북경, 남경, 낙양, 항두, 계봉 등 중국 6대 고도 중 한곳으로 1,300만 인구가 살고 진시황을 비롯한 황릉이 72개가 있는 1,000년의 고도다. 강태공이 빈 낚싯대를 담그고 시대를 기다렸다는 위수 강이 흐르고 기후는 여름 최고 45도까지 올라가는, 중국에서 가장 더운 곳이다. 작년에 6갈래의 지하철이 개통되었고 주요산업은 항공, 방직, 관광, 전자분야다.

동서로 400km나 이어진 관중평야에 중국 제일의 밀밭이 펼쳐졌다. 서안에서 북으로 300km쯤 섬북연안陝北延安(모택동 혁명근거지)에는 황사가 10~30m넘게 쌓여있어 서안을 괴롭히고 있는 황사바람의 주범이 되고 있다.

13황제가 누렸던 장안성長安城의 황제 전용 남문으로 들어갔다. 600년 전 명나라 때 만들었다는 중국 제일의 종각을 지나 북문까지는 3km로 짧지만 동서가 길어서 성 둘레가 13.74km에 이른다. 성벽은 폭 15m, 높이 12m, 성 밖이 해저로 둘러있다. 북문은 사신, 서문은 상인, 동문은 화물차만 출입할 수 있도록 제한되었다던가. 아침을 알리는 종루에는 5,000kg의 종이 매달려 있고 저녁을 알리는 고루에는 대북이 있어 문을 닫게 한다. 1992년에 경주와 자매결연을 맺었고 매년 12월에는 국제마라톤대회가 열린다.

산시성과 서안지역 역사자료를 보존한 산시역사박물관陝西歷史博物館에 선사 시대와 근대의 역사자료 37만여 점이 전시되었다. 북위 유물관을 참관하자니 불현듯 고구려적 옛 조상님들의 위대함이 느껴워진다. 역사드라마 〈광개토대왕〉에서 북위가 후연과 동맹을 맺고 고구려와 싸웠을 때 우리의 광개토대왕은 험준한 산을 넘고 드넓은 강을 건너 어떻게 광활한 이곳까지를 지배했다는 건지 어깨가 절로 으쓱해졌다.

중국의 태산, 화산, 형산, 항산, 숭산 등 오악五岳 중 서악西岳으로 불리는 화산의 운대봉雲帶峰 1,614.9m에 올랐다. 김종원사장 내외분과 정상 주를 나누고 산천을 둘러보았다. 화산에 오르는 데는 오직 한 길뿐이라는 뜻으로 '화산자고일조로華山自古一條路'라 했는데 과연 오르는 길이 좁고 깎아지른 화강암 절벽으로 험악하다. 연화봉蓮花峰

서원문거리書院門街

2,096.2m, 조양봉朝陽峰 2,096.2m, 옥녀봉玉女峰 2,037.8m, 가장 높은 낙안봉落雁峰 2,154.9m가 조화를 이루며 웅장한 자태를 뽐내고 있다.

프로그램을 개편하여 개봉했다는 장한가무長恨歌武 쇼는 여산을 배경으로 연못수중무대가 솟아올라 수상무대가 되고 물줄기가 솟아올라 무지개다리를 놓는 자연과 어우러진 공간무대가 화려하다. 천지수륙공간天地水陸空間을 최대한으로 활용하여 양귀비의 일대기를 춤과 음악 노래로 엮어낸 쇼가 환상적이다. 38세 선녀가 연꽃을 타고 하늘에서 내려와 양귀비궁에서 놀던 장면과 27세의 양귀비를 맞아 나라가 망하기 직전까지 재미를 누리고 살았다. 안록산의 난에 의해 당 현종과 양귀비가 도망치다가, 다시 양귀비와 일가를 죽이고 나라를 살리라는 신하들의 요구에 당 현종이 나라를 택했다. 양귀비는 38세 꽃다운 나이에 대나무에 목을 매어 자결했고 당 현종은 나라를 되찾았다. 그런 후 당 현종은 양귀비를 꿈에서 만난다. 양귀비의 별궁이었던 화청애금 국제온천호텔華淸愛琴國際溫泉Hotel에서 반주로 마신 양주 몇 잔이 따끈따끈한 데다가 화청지에서 양귀비를 만나니 더욱 황홀했다.

화청지 가무쇼

당나라 전성기의 문화와 생활을 재현해 놓은 대당부용원大唐芙蓉園은 우리나라 민속촌과 비슷했다. 연분홍빛을 띤 꽃을 부용이라 하여 당나라 때 양귀비가 거처했던 곳이다. 197,000평

부지에 12개의 경관문화 표현장소가 마련되어 있다. 당나라 시인 두보, 이태백, 이상은 등 유명한 시인들의 시가 새겨진 시랑과 곡강에서 나뭇잎 타고 흘러 온 술잔을 들고 시를 읊었던 자리를 재현해 놓았다.

당 현종과 양귀비가 사랑을 나누었던 화청지華清池는 추운 겨울에도 43도를 유지하는 온천수가 샘솟는 곳으로 서주 유왕 때부터 황제들의 온천욕 장소였다. 양귀비가 목욕했던 누각 귀비지貴妃池에는 꽃 모양의 작은 목욕탕에 동전을 던지면 복이 온다는 전설 때문인지 동전이 수북하게 쌓였다. 양귀비가 전용으로 머리를 말리던 장소 비하각飛霞閣과 양귀비 옥동상이 서 있다.

1974년 감나무 숲에 곡괭이로 우물을 파다 발견했다는 진시황 병마용 박물관秦始皇兵馬俑博物館은 진시황제 지하 대군단이다. 인류의 오랜 역사가 남긴 하나의 신화다. 지하 깊숙이 묻혀있던 갑옷차림의 고대제국 정예부대가 그의 정체를 드러낸 것이다. 2,200여 년 동안의 어둠과 적막에서 뛰쳐나와 눈부신 광채를 뽐내며 무장하고 출발을 기다리는 3군 서열, 입체적 형상의 고대병서 등 방대한 능묘는 생동감 넘치는 조각예술이요 휘황찬란한 예술의 보고다. 진시황릉에서 7.5km지점 서안을 국제적인 관광도시로 바꿔 놓았으니 얼마나 거대한 영생의 꿈이러냐?

진시황은 BC259년에 태어나 BC210년에 별세했다. 진시황은 10여 년간 전쟁하여 한, 조, 연, 위, 초, 제 6개 제후국을 통일하여 중국사상 처음으로 다민족 중앙집권의 봉건제국을 창건했다. 이때부터 국가 최고 통치자를 '황제'라 부르기로 하고 '시황제始皇帝'라 자칭했고, 그로부터 황제칭호는 2,000년 동안 사용되었다. 진시황은 BC210년 순행 도중 병고로, 49세 나이로 별세했다. 아들 호해교소胡亥矯詔가 형부소扶蘇를 모살하고 왕위를 차지하여 2세가 되었으나 폭민, 극형, 착취 등으로 15년 만에 중국 사상 최단명 왕조가 되었다. 불과 반세기도 안 되는 진시황의 생애가 후세 사람들에게 천 년 불휴의 논쟁을 남기게 된 소이다.

진시황릉은 여산과 위하를 낀 명소에 생존 나이 50m 높이의 작은 산이다. 금과 옥이 많은 여산에 본인이 택했던 자리에 잠들었다. 전국 중요문화재 보호 대상이며 유네스코에 수록된 중국 유일의 고대제왕 능묘다. 발굴하지 않은 원형 그대로여서 멀리서 차창으로 스쳐봤다.

서원문 거리에서 낙관을 만났고 비림에서 관제시죽關帝詩竹을 만났다.

關帝詩竹 관제시죽

不謝東君意 불사동군의
丹青獨立名 단청독립명
幕嫌孤葉淡 막혐고엽담
終久不凋零 종구불조령

조조(東君)의 호의를 거절하지는
않았으나 그대 일편단심(丹青)은
역사에 남아있네. 외로운 댓잎처럼
군막생활 담담히 받아들이니
그대의 뜻 오랫동안 시들지 않으리.

－(한시 해석 : 조미애 시인)

청나라 강희 55년에 제작된 비석으로 대나무그림처럼 보이지만 댓잎 하나하나가 바로 시어인데, 관우가 조조에게 주군의 부인들과 함께 잡혀있을 때의 이야기다. 조조는 여포에게서 얻은 적토마를 비롯하여 많은 선물로 관우를 회유하였지만, 유비의 소식을 듣자 오관五關의 장수를 참하고 황숙을 찾아 도원결의를 지켰다는 의기를 후대 청나라 문인들이 서각한 작품이다.

서안에 가면 3가지를 유의하고 오라는 말이 있다. 그 중에 '진시황, 양귀비, 서안특식'을 맛보고 오라는 것이 있다. 서안의 주식은 밀이다. 빵과 면 허리띠보다 넓은 '뱡뱡면'이 있는가 하면 머리카락보다 가늘어 바늘귀에 꿴다는 '세발 면'이 있다. 점심 식단엔 덕발장 교자연의 전통만두요리, 생선튀김무침, 꼴두기 무침, 쓴 오리무침, 소고기무침, 땅콩무침, 완두무침, 호두무침 등의 밑반찬을 깔아놓고 닭고기 가슴살 스프에 진주를 넣은 작은 만두를 시작으로 소시지만두, 닭고기만두, 닭고기호박만두, 매운 돼지고기야채만두, 가지 · 주순만두, 호두만두, 새우만두, 옥수수 · 고기만두, 매운 닭고기만두, 해물만두, 태후진주 탕, 과일 접시로 끝이 났다. 점심으로 이런 것들을 다 먹게 하다니 과연 서안특식을 자랑할 만하다 싶었다.

환영만찬장의 차력술과 여산을 배경으로 한 양귀비와 당 현종의 애틋한 사랑이야기를 다룬 화청지 역사뮤지컬, 객실에 준비한 당신만을 사랑해!, IBK포차, 장안야연 폐회식에서의 중국전통 무용쇼 등 특별한 저녁 시간을 준비해 준 스태프진이 너무도 고마웠다. 특히 스태프진의 막내 조영란계장이 '9호차라 뒤만 따라다녀 죄송한 마음에서 회의 때 앞으로 회장님들을 제일 잘 모시려고 9호차를 앞에 세워 달라 요청하여 9호차를 맨 앞에 세웠다. 9자가 행운의 숫자라고 폐막식 행운권 추첨에서 좋은 결과를 빌겠다.'라던 막내 덕분인지 우리 9호차에서 3사람이나 뽑혔다. 아예 참석도 못한 강청자 씨까지 뽑아준 행장님의 흉중을 헤아려보았다. 당신만을 사랑하라는 포도주를 안고 집에 돌아와 촛불 켜고 '생각만 해도 참 좋은 강청자'와 함께 서안의 추억 나누게 되리니…….

중국은 한국의 96배, 한반도의 48배로 광활하다. 현대를 알려면 상해에 가고 100년을 알려거든 북경에 가라는 말이 있다. 우리는 5,000년을 알기 위해 서안에 갔다. 서안에서 1m밑의 명나라, 2m 파서 진나라를 알고 돌아오는 길이다. 특별한 인재를 양성하고 무궁한 기업으로 발전시키자 다짐하며 속마음 깊은 울림에 귀를 기울였다.

'폐회식장에서의 '스티브 잡스 일대기 영상과 화려한 전통무용쇼'가 정말 좋았습니다. 처음부터 끝까지 함께하면서 문제아가 아닌 특별한 행장으로 영원히 남기 위해 간절함을 담아 몰입하고 실천하는 일거수일투족이 감동이었습니다. 위기에 처한 기업에게 4,000억 원을 내어놓으니 어쩌면 정부며 회원사에서 그의 몇 배를 더한 보상이 있어지겠거니 싶어요! 감사합니다.'

인도 타타자동차 방문

타타 대우자동차 협력사 대표자들이 모회사 구매총책 원기희전무와 기술연구총책 김관규전무 그리고 굴레 이사, 전재윤팀장 등 36명이 4박 6일 일정으로 인도 타타 자동차를 방문하였다.

전주에서 새벽 3시부터 움직여 인천공항에 도착했다. 싱가폴 항공에 탑승하여 싱가폴을 경유 인도 뭄바이에서 버스로 푸네 호텔(Pune hotel)에 도착한 시간은 새벽 3시(한국시간 06시 30분). 이동시간이 27시간인 셈이다. 덕분에 378쪽 분량의 ≪난설헌≫에 푹 빠져 밤을 꼬박 새웠다. 신동욱 교수의 문학의 해석을 챙겼다가 그냥 두고 떠나온 것에 아쉬움을 느끼기도 했다.

≪난설헌≫은 조선 중기의 천재적 여류시인 허난설헌의 일대기를 소설화한 작품으로 작가 최명희의 작가정신과 ≪혼불≫의 맥을 이어가기위해 MBC가 제정한 '혼불문학상'의 첫 수상작으로 ≪혼불≫ 작가 최명희와 이름도 비슷한 최문희 작가의 장편소설이다.

허난설헌은 경상도관찰사 허엽과 둘째 부인 강릉김씨 사이의 소생 셋째 딸이다. 15세에 김성립과 결혼하였으나 관계가 원만치 못했다. 스물일곱에 아이 둘을 잃고 본인도 죽는다. 통훈대부 사헌부 장령을 지낸 오빠 허봉은 명나라 기행문 〈하곡조천기荷谷朝天記〉를 남겼고 동생 허균은 조선의 학자로 최초의 국문소설인 ≪홍길동전≫을 썼다.

난설헌의 고단하기만 한 삶의 역정을 다져가는 과정이 선하다. 결혼 전에는 딸이지만 아들처럼 귀한 존재로 천재성을 발휘하면서 성장했으나 결혼을 하고부터는 매사에 급전직하였다. 뛰어났던 학예는 생활을 고단하게 만드는 장애요소로만 작용, 백안시와 금기조항이 되었다. 한편 그러한 고단한 삶이 위대한 작품의 바탕이 되었고 당시의 남성중심적 시대상이며 사회를 비판하는 통렬함이 위대한 문학으로 승화하는 과정을 심도 있게 형상화했다.

저녁 늦게 뭄바이에서 푸네행 버스가 한 시간쯤 뒤 햄버거 집에서 쉬어간다 했는데 세 시간이 지나서야 가게에 도착했다. 가게 문은 이미 닫혔고 우리는 바리게이트 앞에 늘어섰다. 가까스로 참으며 예까지 왔는데, 일행 중 홍일점이 더 걱정이 되었다. 완강하던 바리게이트가 무슨 수를 썼기에 슬그머니 열렸을까? 해우소에서 근심걱정을 다 내려놓고 다시 버스에 올랐다.

깊은 밤에도 도로 정체는 심했다. 4년 전에 비하면 자전거는 줄었고 오토바이가 늘었다. 삼륜차보다 사륜자동차가 늘어서 넓은 도로가 온통 주차장이다. 오죽했으면 정체를 피해 역주행하는 차들이 다 생겼나 싶었다. 모두가 안전 불감증에라도 걸린 것 같았다. 트럭 후미에 경적을 눌러 달라고 쓰인 것만 봐도 정체가 어느 정도인지 가늠할 수 있었다. 깊은 밤에 수많은 차량과 사람들이 엉켜 혹시 더위를 피해 야간 일을 하는 것일지도 모른다는 등 의견들이 분분했다.

묵묵하던 김관규전무가 빙긋이 웃으며 입을 열었다. 우리 눈에 거슬리지만 인도 사람들에겐 그리 심각한 일이 아니랬다. 저러면서도 자기들 할 일을 다 해나가고 있다고, 너무 걱정하거나 만만하게 볼 일도 아니니 그냥 차근히 들여다보라는 거였다. 우리가 잘사는 것인지 이 사람들이 잘사는 것인지 구분이 잘 안 될 때가 있다고도 했다. 그렇다. 도로에 침 뱉고 쓰레기 버리기를 예사로 여기는 무례와 무질서가 우리에게는 없었는지 뒤돌아볼 일이다.

나는 인도를 참 대단한 나라라고 여긴다. 12억 1천 명의 많은 국민들이 무엇을 먹고 어디서 용변을, 어느 곳에서 다 잠을, 몸에 걸칠 것들을 다 사 입는지……. 세계에서 7번째로 넓은 땅덩어리를 밝게 건사하고 있으니 말이다. 인도인들의 활짝 웃는 밝은 표정을 바라보면서 정치를 참 잘하는 게지 싶은 느낌이 저절로 일었다.

원기희전무가 인도에는 보이는 것보다 보이지 않는 것이 더 많다며 잘 보아두라고 하였다. 다음 날 레이크하우스에서 꽃다발과 사진꽂이 선물도 받았다. 넓은 잔디밭을 거닐며 인공호수의 오리 떼와 대화도 하고 찻잔을 들고 기념사진도 남겼다.

인도의 기업가이자 민족주의자 잠셋지 타타(1839~1904년)가 떠오른다. 그는 1877년 1월 1일 '엠프레스 직물공장'으로 타타라는 함대의 첫 항해를 시작했다. 1889~1904년까지 철강산업과 수력발전의 사업화 그리고 교육기관 설립을 꿈꾸었다. 영국의 식민지로 지배를 받았던 100년 전의 인도에서 어려운 일이었지만 아들 도라브지 타타(2대 회장)와 J · R · D 타타(4대 회장)가 1912년에 창업자의 꿈을 성사시켰다.

(위) 레이크 하우스 가든에서
(아래) 부품설명회

인도 국민들에게 잠셋지 타타는 위대한 국가건설 기획자이며 유명한 타지마할 호텔의 건설자로 기억되고 있다. 잠셋지가 1902년에 아들에게 쓴 편지를 보면 잠셋지는 공장부지가 결정되기 5년 전부터 철강공장 직원의 거주단지에 대한 구상을 했다.

"반드시 거리를 넓게 닦고, 그늘을 많이 만들며 성장 속도가 빠른 수종樹種의 나무를 양쪽에 심어라. 잔디와 정원으로 쓸 공간이 많아야 한다. 또 축구와 하키 경기장과 공원을 위해 넓은 부지를 남겨두어라. 힌두사원, 이슬람사원, 기독교 교회를 지을 부지를 배정하여라."

이처럼 훌륭한 통찰력으로 태어난 도시가 '잠셋지의 도시'라는 뜻을 담은 '잠세드푸르'라 불리고 있다.

창업자의 뜻에 따라 넓게 조성한 인공호수와 그늘지고 잘 자라는 잎 넓은 수종으로 조경한 잔디밭을 밟으며 마시는 음료라선지 맛조차 색달랐다. 아늑한 실내에서 담소하며 오찬을 즐긴 후 타타 모터스의 소개를 받았다.

인도의 자존심 타타자동차의 전신 텔코(TELCO)는 1945년 증기기관차를 생산하다 다임러벤츠와 합작으로 최초의 대형트럭 '타타 메르세데스 벤츠'를 생산하였다. 1973년에 수만트 물가오카르회장이 취임하여 1977년에 인도 최초 국산 승용차를 만들었고 현재는 인도 자동차의 70%가 타타 트럭이다. 연간 총수입 27억 불로 인도의 가장 큰 자동차회사다. 세계에서 두 번째로 버스 생산을 시작하였고 세계 4대 트럭메이커 중 하나다. 종업원 26,000명이 함께 일하고 있다는 등의 소개였다.

레이크하우스에서 가까운 위치에 있는 타타 모터스 생산 공장으로 자리를 옮겼다. 1호차 9인승 투어차를 타고 5대가 줄지어 공장견학을 했다. 과연 공장 터를 넓게도 잡았다. 공장과 공장 사이는 그늘지는 수종을 심어 공원 같고 넓은 도로까지 조경이 잘 되었다. 차를 타지 않고는 공장을 다 돌아볼 수 없다. 세계 제일의 금형공장과 4조 3교대 생산체제로 5분에 한 대씩 생산한다는 중대형 샤시조립공장 등 전 차종의 조립공장을 견학했다.

1995년에 설립한 타타자동차 부품그룹사, 현대자동차의 모비스격인 TACO(Tata auto comp system Limited)의 플라스틱 성형공장과 라지에타 제작공장을 방문하고 업무를 협의했다. 타코의 Shvetal Diwanji 부사장이 연료탱크에 관심을 보여서 상호 연락하기로 약속하고 호텔로 돌아왔다.

일요일은 야바다 왕조의 수도 '데오기르'와 석굴 문화탐방을 하기로 한 날이다. 아침 일찍 출발해야 문화탐방을 하고 돌아올 수 있는 먼 길이다. 그런데 일정상 술 마실 기회가 오늘밖에 없다며 호텔 야외에서 횃불을 밝히고 술판을 벌였다. 가방 속에서 참이슬 소주가 종이 팩에서부터 큰 병까지 다양하게 쏟아져나온다. 술이 몹시들 고팠나보았다. 미처 안주가 나오기도 전에 폭탄주 몇 잔씩 들이키고 혀가 고부라져 질서가 안중에 없다. 나는 치조치료 중이라 양해를 구하고 맹물 폭탄주로 대작을 했다. 맑은 정신으로 취객들을 바라보자니 참말 가관이었다. 김 전무는 여러 잔을 받고도 중심을 잘 잡고 물 담배가 남녀 공용이라며 홍일점 박진완사장에게까지 한 모금 빨게 하고, 원 전무는 술을 자제하면서도 분위기를 척척 맞춘다. 타타대우 쌍두마차 앞에 협력사 대표가 폭탄 맞고 실수를 하여 분위기가 뒤숭숭해지자 전재윤팀장이 내 옆으로 오더니 방으로 모실 건가를 물었다. 나는 두 전무가 자리를 지키고 있어 자리를 뜨지 못하던 차라 원 전무에게 양해를 구하고 슬며시 일어섰다. 어느 틈에 김효일부회장이 멀리에서 손짓하며 형님 먼저 들어가란다. 상신브레이크를 세계적인 회사로 성장시킨 당사자답게 어디 가나 분위기를 잡고 권하는 술 마다하지 않는 데도 흐트러짐이 없었다. 외국인 굴레 이사에게도 늦게 왔다고 '후래 삼배' 라며 한국의 주법을 알려주기도 했다.

나는 일찍 방에 들어와 씻고 세상에서 제일 편하게 잠을 잤다. 눈을 떠보니 현지시간 04시. 평상시 기상시간이다. 어제의 술 파티 때문인지 계획보다 늦은 7시 30분에 버스가 출발했다. 인도인 4명이 버스에 동승했다, 알맹이 없이 시끄럽기만 하다. 예의도 없고 큰소리

바위산 석굴

로 전화를 길게 하는 등 안하무인이었다. 어쩌면 일도 그렇게 하리라는 예감이 든다. 점심 예약 호텔을 찾느라고 한 시간은 헤맸다. 예정 시간보다 늦게 도착했지만 정성들여 만든 호텔식 뷔페 점심이 맛있고 후식까지도 깔끔했다.

원 전무는 현지가이드 섭외가 안 되었다는 보고를 듣고 외국인 가이드라도 수배하라 명한다. 굴레 이사가 수배하여 전 팀장에게 통역하라고 했다. 유인물을 읽으면서 통역의 소임을 다하는 모습을 지켜보노라니 긍정적인 전 팀장의 장래가 밝게 보였다.

아우랑카바드의 북서 20km지점에 위치한 Ellora Caves는 하나의 바위산을 소재로 사면斜面에 4세기 동안 석굴 34개를 조각한 대형 조형물이다. 1굴에서 12굴까지는 6~7세기에 개굴開掘된 불교굴이고 13

굴에서 29굴까지는 힌두교의 석굴이다. 최후의 5개굴은 지이나교의 석굴로 8~10세기에 만들어졌다. 그 형상은 서로 다르지만 소재는 하나의 바위산에 2km나 펼쳐진 한 작품이라는 점에 관심을 갖고 보았다. 16굴은 카일라 사나타 사원으로 힌두교의 사바신(神)을 모셨다. 라슈트 라쿠타왕조 크리슈나 1세(재위 756~773) 때 바위산을 깎아서 만들었다. 안쪽까지의 거리가 54m, 정면의 길이가 46m, 높이 33m로 사바신의 상징인 링거를 모신 본전本殿으로 가장 훌륭한 건축물이다. 당디전(황소殿)과 누문樓門이 좌우의 균형을 잡고 회랑回廊이 둘러쳐진 남형사원南型寺院 건축의 대표작이다. 세계에서 한곳에 세 종교의 석굴이 개굴된 유일한 예이다. 불가사의한 작품이다.

야다바 왕조의 수도 다울라타바드(DAULATABAD)는 야바다 왕조의 빌라마 5세(재위 1185~1193)가 찰루키아왕조로부터 독립하여 성을 축조하고 도읍하여 한때 데칸지역 전부를 지배하다가 1312년에 멸망한 뒤 델리왕조의 무하마드 이븐 투글루크(재위 1325~1351)가 1327년 몽골족의 위협에 대한 대비책으로 수도를 델리에서 이곳으로 옮기면서 '다울라타바드'라 개칭하였다, 왕은 새로운 수도를 건설하고 시민에게 이주할 것을 명하였으나 1,000km나 떨어진 새 수도로 집단 이주하기에는 무리였다. 7년 뒤 다시 수도를 델리로 환도함으로써 이곳은 폐허가 되었지만 바위산을 도려내어 축조한 거대한 성채와 광대한 지역에 걸친 성벽이 남아 옛이야기를 나누고 있다.

역사문화 탐방을 마치고 돌아오는 길에 밤 9시 넘어서 인도인 세 사람과 식탁에 마주앉았다. 인도식사 문화체험 기회다. 포크와 스푼이 놓였는데도 굴레 이사가 오른 손가락으로 잘 먹는다. 죽은 스푼으로 잘 먹었다. 처음부터 포크와 스푼이지 왜 손가락이었을까? 그네들은 아마 손가락이 더 일상이지 싶었다. 화장실에는 휴지걸이나 휴지가 없다. 비데도 아닌데 호스 하나가 늘어져 있거나 물통에 작은 바가지 하나가 있다.

밤 12시 넘어 호텔에 도착했다. 버스 안에서 원기희전무와 오늘의 소감을 나눴다. 문화를 값으로 따질 수 없지만 우리들의 문화 수준에 비춰 15시간 이동에 한 시간 반 문화탐방은 비효율적이라는 문제를 제기했다. 원 전무도 동의하면서 접근성을 알아봤다. 델리와 뭄바이에 매일 6편의 비행편이 있다는 것이다. 차기 여행자에게 항공편을 권장할 것을 이야기했다.

4일차 타타 대우자동차 25개 협력사부품 전시회가 열렸다. 연수원 강당에 점등식 의전 행사장에 현 5대 회장 부친과 직전 회장 사진 앞에 점등접시가 놓였다. 양측의 대표자 몇 사람이 행운과 번창을 기원하는 불을 붙이고 환영사와 원기희전무의 인사말에 이어 타타

식전 점등

모터스 측과 방문 기업의 부품설명회가 이어졌다. 부품전시장은 발 디딜 틈도 없이 관련업체 사람들이 가득 찼다. 준비위원들이 땀을 뻘뻘 흘렸다. 첫 번째로 자동차부품전시를 준비한 관계자와 찾아주신 부품업체 관계자께 감사했다. 진행에 다소 미숙한 점도 있었지만 연수원에 환영의 상징인 빨간 카펫, 전시관, 별도 상담실, 가설식당까지 준비하고 자동차부품 관련 업체를 동원하느라고 수고가 참으로 컸다.

우신산업전시관에 많은 회사에서 관심을 보여줘 만족했다. 특히 인도에서 가장 크다는 타타모터스의 Santosh Ramdas Ner 생산설계 부장이 지대한 관심을 보였다. 400L연료탱크 무게를 29.8kg에 만들 수 있느냐? 탱크 중간 칸막이 베플이 포함된 중량이냐, 설계는 어느 회사에서 했느냐? 등 차원 높은 질문을 쏟아냈다. 한국에서 유일한 알루미늄 연료탱크 제작특허를 갖고, 우신 자체설계 제작하여 국내는 물론 중국 일본 미국으로 수출하는 자동차연료탱크 전문회사라고 소개했다.

서로 명함을 나누었다. 이번 자동차부품 전시와 설명회는 타타대우 거래업체와 인도자동차부품 업체 간의 기술교류와 협약을 목적으로 한 부품전시 설명회였다. 인도는 한국자동차 기술보다 유럽의 벤츠나 일등 기업의 기술을 선호하는 나라다. 낮은 가격과 고효율을 추구하면서도 우신에 큰 관심을 보여서 무척 고마웠다. 중국 다음으로 큰 인도시장을 염두에 두고 신뢰할 수 있는 정보며 투자계획을 궁리하며 귀국길에 올랐다.

한일 자동차부품공업협의회

한국자동차공업협동조합 신달석회장의 초청을 받아 36회 한일 자동차부품공업협의회에 참석했고 동경자동차 전시회장까지 겸하여 다녀왔다.

2011년 12월 5일 9시 아시아나 비행기가 김포공항 국제선을 이륙했다. 주식회사 경신 김현숙회장과 나란히 앉아 이런저런 이야기를 나누었다. 신달석회장과 이중화회장이 너무 정답게 이야기를 나누는 게 아니냐며 기웃거릴 정도였다.

나는 김 회장에게 새만금 산업단지로 경신의 사업을 확장해 줄 것을 요청했다. 김 회장은 마침 작은 공장을 급히 구하고 싶다고 알아봐 달랬다. 200여 명이 근무할 것이라며 시간이 없으니 기성공장이라도 알아봐 달라는 것이었다. 귀국 즉시 찾아내서 연락하기로 약속했다.

비행기가 동경 하네다공항에 도착했다. 노선버스를 타고 30여 분만에 그랜드퍼시픽 르 다이바 호텔에 이르러 투숙의 제반 절차를 마쳤다. 잠시 동안 휴식을 취한 후 호텔 29층 징가 룸(Ginga Room)에서 한일 간의 회의를 시작했다. 한국자동차공업협동조합 신달석 이사장과 이사진 18명, 일본자동차부품공업협회 노부모토(信元 久隆) 회장 등 14명이 마주앉았다. 참석자 소개와 양국 대표 인사, 자동차부품업계 현황 설명을 들은 후 질의응답을 하는 형식으로 4시간여의 회의가 이어졌다.

일본 측 대표 노부모토 회장은 "한국은 환율조정과 설비투자 등 금융위기를 신속하게 대처하여 많은 성장을 하고 있다고 들었다. 그런데 일본은 힘든 상황이 계속되고 있다. 대지진과 태국의 홍수피해 등 국내 전망이 매우 어려운데다가 엔고, 높은 법인세, 과중한 인건비 부담, 엄격한 환경규제, FTA체결 지연, 전력수급불안 등 육중고六重苦를 겪고 있어 일본의 고비용 환경이 고착되면서 일본기업들이 생산기지를 해외로 옮기는 사례가 늘어나고 있다. 한일 양국이 대조적인 상황인 바, 적극적인 의견교환을 기대한다."라고 인사말을 했다.

한국 측 신달석회장은 지난 3월 대지진에 대한 위로의 말씀을 드린 뒤 "경제가 2008년부터 2009년까지 회복되는가 했더니 유럽 재정위기와 원 달러 환율의 급등으로 어려움이 예고되고 있는 만큼 이웃인 일본과 한국이 서로 협력하여 어려움을 헤쳐 나가자."라고 답사했다.

한국자동차공업협동조합 고문수전무가 한국자동차부품 업계의 현황과 전망을 설명했다. "한국의 현대, 기아, 한국GM, 르노삼성, 쌍용, 대우버스, 타타 대우 등 7개 완성차 회사의 금년 생산계획은 전년 대비 5.3% 신장한 8백8십5만 대, 세분하면 내수 백오십만 대, 수출 삼백만 대, KD수출 백삼십오만 대, 해외 생산 삼백만 대 등이다." 라고. 한국 자동차부품산업 현황과 Green car 시장 전망, 한국자동차부품업체의 과제를 발표한 뒤 질의응답이 이어졌다.

한국 측에서 먼저 유럽재정 위기에 대한 일본 부품업체의 대비책과 수년째 지속되는 엔고의 어려움에 어떻게 대처하느냐 물었다.

일본의 대지진은 일본열도 전체를 흔들어 놓았다. 동북지방 외에도 이바라기현, 지바현 등에서 엄청난 피해를 입었다, 피해지역 업체는 전체 지역의 7%에 달하고, 71개사 100개 공장이 재난공제 법에 해당되며, 비작업 일수가 일본 37.5일 중국 진출 일본 자동차공장 24.7일이다. 대지진 후 분석한 결과 일본자동차 생산시스템에 허점이 드러났다. 가격인하 정책에 따라 발주처를 줄이면서 특정 업체에 특정 아이템이 집중된 것이었다.

일본자동차산업의 전망은 한마디로 어렵다고 표현할 수밖에 없다. 불이익을 받을까 두려워 말을 아끼고 있는 실정이다. 일본 제조업의 41%를 차지하는 자동차산업은 '11년 국내설비투자가 작년 대비 6.3% 늘어난 반면 해외설비투자는 59.5% 증가해 자동차산업의 대내외 투자 격차가 매우 크다며 산업공동화를 걱정하고 있다. 2020년 새로운 연비기준을 보면 2009년 16.3km/l에서 2020년 20.8km/l로 24.1%로 연비 개선을 해야 하고 국내 신차판매 대수는 430만 대로 추산하고 있다.

유럽재정위기 대책은 일본기업 79개 사가 유럽에 진출했다. 금융변동제 등 금융시스템이 불안정해지면 부품산업에 큰 영향을 받게 될 것을 고민하면서 2700만 대의 거대한 유럽 시장변화 상황을 주시할 수밖에 없다.

엔화 강세 대책으로 1970년부터 변동환율제로 바꾸었다. 최근 75엔/$로 최강세다. 자동차부품 업체들이 1980년대부터 해외시장으로 진출했고 이 중 90%가 미국으로 진출하여 완성차 업체는 현지에서 부품을 조달하고 있다. 엔화 강세가 위기지만 역으로 해외진출 업체로서는 호기를 맞고 있다. 일본 기술을 어떻게 현지화할 것이냐가 중요한 관건이라 할 수 있다고 했다.

한국 부품 메이커의 해외사업전개 성공담과 글로벌화에 자동차부품업계의 대응 방안 그리고 FTA가 자동차업계에 미치는 영향 등을 일본 측에서 물어왔다. 한국자동차부품회사 1차거래 업체는 899사로 매출액은 58조 8,528억 원, 수출 189.6억$, 수입 49.5억$이며 부품회사 해외진출은 중국, 미국, 인도 등 440개 공장을 가동하고 있다. 부품회사의 해외 동반진출 및 부품 현지생산을 통해 경쟁력을 확보하고 있다. 계속해서 자동차회사와 부품회사 '동반성장 강화협약'과 해외 동반진출 협약 MOU체결, 기술투자 확대, 대형화 · 전문화 등을 추진하고 있다.

현재 일본이 엔고의 어려움을 겪듯이 한국도 불원 겪게 될 터인데 한국의 원화 강세에 대한 대응 방안에 대한 답변으로는 "혼자 가면 짧게 가고, 함께 가면 멀리 간다 했다. 지근에 위치한 이웃끼리 상호 협력하여 윈윈해 나가자."라고 신달석회장이 유머로 노련하게 받아 넘겼다.

한국에서 견적을 받아보면 미국이나 일본보다 높은 경우가 있다며 일본 자동차부품공업회 다가시(高橋 武秀) 전무가 경쟁력 있는 견적을 요구했다. 이 문제에 대하여서 나는 사례를 들어 대답했다. 최근 다임러 미시비시에서 폐사에 찾아와 알루미늄 연료탱크가 일본의 반값이라며 협상을 진행 중이라 설명하고 견적이 고가로 접수되었다면 이유가 있을 것이다. 소량 발주에 과다한 금형비 투자라든가, 평균품

질 이상을 요구한다든가, 폐사의 경우도 발주 수량이 적어 기존금형에 일부 변경사용 견적조건인 점을 설명했다.

이렇듯 양국의 경제위기 타개 방안을 진지하고 다양하게 의견을 개진한 후, 동경 시내와 레인보우 부리지 야경이 내려다보이는 29층 만찬장으로 자리를 옮겼다. 일본 기업인들의 사기가 옛날 같지 않고 침체된 느낌이 컸다. 하지만 아무리 어렵다고 엄살을 해도 세계자동차부품 100대 사 중 일본이 29개 사다. 미국의 27개 사보다 더 많지 않은가. 나로서는 겨우 4개 사밖에 보유하지 않은 한국의 현주소를 다시금 확인해 보는 자리이기도 했다.

헤드테이블에 서서 날라주는 대로 들고 마셨다. 처음엔 사시미에 젓가락이 멈칫거리더니 몇 잔 술에 취기가 올라 몇 접시를 비웠는지 모른다. 공식 만찬이 끝나고 신달석회장과 문채수 이중화회장, 고문수전무와 함께 호텔에서 모노레일을 타고 종착역인 신바시 역에 내렸다.

술집을 찾느라 이 거리 저 거리, 이집 저집 기웃거리다 서민술집을 찾았다. 장내가 와글와글 박작박작하다. 생동감이 넘친다. 문채수회장이 메뉴판을 들고 갖가지 안주와 술을 푸짐하게 주문한다. 오늘 술값을 내가 내겠다 했더니 이중화회장이 옆구리 찌르며 급구 말린다. 아직 순서가 아니란다. 신고식을 하려 했는데 문채수회장이 먼저 계산해버렸다. 나도 지갑 열기를 좋아하는 편이지만 이번에는 하는 수 없었다.

신달석회장은 일본 친구와의 약속이라며 떨어지고 네 사람이 택시편으로 숙소로 돌아왔다. 샤워하고 잠자리에 든 시간은 자정이 넘었다. 신달석회장은 새벽 3시에 돌아왔다니 참으로 대단한 철인인가

(위) 메르세데스 벤츠의 걸윙도어
(아래) 아우디 전시 광경

보다.

Tokyo Big Sight의 국제자동차전시장은 동관과 서관 옥상과 옥외 전시장으로 구분되어 있다. 동1－6관, 서1－2관은 1층에 있고 서3－4관은 4층에 있다. Hyundai Bus는 일본시장에서 경쟁력을 가진 29인승 2012년 신형버스(universe) 1대가 동1관에 Volvo Truck, UD Truck, Isuzu, Hino(日野)와 나란히 전시되었다. 건너편엔 Audi, Mercedes－Benz, Mitsubishi(三菱), Suzuki Honda Nissan(日産), Mazda, 서관 1층에는 BMW, Landrover와 Toyoda 대형 쇼룸이 시선을 모았다.

서관 4층에는 각종 협회 대학교 부품전시장이 있고, 8층에는 회의

동會議棟과 Conference Tower가 있는 대형국제전시장이다. 이중화 신영주 신달석회장과 함께 네 사람이 관람객의 틈을 헤치고 다니면서 관람했다. 서관을 둘러보고 생맥주판을 벌이고 동관을 둘러보고 난 후 점심을 겸한 생맥주 판이 또 벌어졌다. 이때는 김현숙회장과 김선현 부회장이 합류하여 분위기를 더 돋우었다. 점심이라도 모실 셈으로 뒤에 서 있다가 계산을 하게 되어 한결 마음이 가벼웠다.

폴크스바겐의 감성과 기술을 집약시킨 경차는 경량 소재를 사용하여 차 무게를 929kg, 안전장비와 신기술이 총동원돼 첨단장치를 자랑하고, 스즈키, 다이아츠 등 경차 위주의 제조업체는 저연비(30.2km/l) 가솔린엔진의 선전과 도요타, 혼다 등 대형메이커들은 가정용 전원으로 충전하는 '플러그인 하이브리드 자동차(PHV)'를 본격적으로 내놨다. 밀어서 열고, 비껴 열고, 위로 여는 등 기발한 도어들이 유혹했다.

벤츠는 지붕 한복판에 경첩을 달아 좌우지붕이 열린 모습이 갈매기 날개 같다 하여 '걸윙 도어' BMW의 18 콘셉트처럼 문이 나비 날개 펼치듯 열린다 하여 '나비도어' 가위처럼 하나의 회전축을 중심으로 여닫는다 하여 '가위도어' 등 다양한 디자인과 저연비 엔진, 녹색성장의 하이브리드카, 전기자동차 등을 선보였다.

이러한 도쿄 모터쇼에 세계자동차 빅3와 현대기아차가 불참했지만 국제전시장은 역을 끼고 있어 접근성이 용이한 데다 관람객이 인산인해를 이루는 걸로 보아 이번 동경모터쇼는 성공적이라고 평가하지 않을 수 없었다.

귀로에도 아시아나 항공편에 김현숙회장과 나란히 앉았다. 전주에 도착하여 전라북도 유희숙 투자유치 과장에게 기성공장 매물을 찾아 김현숙회장에게 연락하도록 연결시켰다. 실무 팀이 7개 공장을 둘러

(위) 혼다의 경차
(아래) 현대버스 앞에서

보고 완주산업단지 내 주식회사 라이코로 압축되어 계약 직전이라고 들었는데, 김현숙회장의 전화를 받았다. 예전에 논산에 봐둔 공장이 있었는데 그곳이 인건비가 저렴하고 경인지역과 가깝다는 이유로 논산공장으로 결정했다는 내용이었다. 잠시 후 유희숙과장으로부터 문자가 접수되었다. 경신에서 내부 사정으로 투자가 어렵다는 연락을 받았는데 혹시 여지가 있다면 노력해보고 싶은데 상황이 어떤지 정확히 알 수가 없다며 심려 드려 죄송하다는 내용이었다. 유희숙과장에게 전화를 걸어 자세히 설명하였다. 일을 맺지는 못했지만 기업유치에 걸림돌을 알게 되었다며 위로하고, 별도로 시설확장계획을 가진 이영섭회장에게 전화를 연결시켜줬다.

그리고 기업유치단을 일본에 보내 '고비용 경영환경으로 수익 여건이 악화된 일본기업' 특히 자동차부품 소재 등 고도기술 제조업을 새만금 산업단지로 유치하자고 제의했다.

비록 1박 2일 짧은 시간이었지만 한일 자동차회의에서의 일본 자동차업계 상황, 일본 시장 경기와 서민 술집의 이모저모, 세계자동차의 방향, 오가면서의 기업유치활동 등 일석 삼조의 성과를 거둘 수 있게 초청해준 신달석회장에게 진심으로 감사드렸다.

하노버 박람회

9월 20일부터 27일까지 독일 하노버에서 2012 IAA(International Automobil-Ausstellung) 국제상용차 박람회가 열렸다. 총 전시 면적 235,000m²에 2년 주기로 이번이 64회째다. 46개국 1904개 업체가 참여하여 신차 규모는 354종에 이른다. 전북 소재 상용차 부품업체 8개사도 동참했다.

올해의 박람회에는 '상용차 미래를 달리다'를 주제로 글로벌 화두인 친환경을 위시한 상용차들이 대거 등장했다. 세계 최고의 차량, 운송, 포괄적 혁신기술을 자랑하는 박람회에 2010년 기준 245,000명의 관계자가 찾은 것으로 기록되었다.

9월 23일 오전 8시에 전주를 출발하여 인천공항에서 루프트한자 항공편 프랑크프르트에서 국내선 항공으로 갈아타고 19시간 만에 하노버에 도착했다. 숙소는 11층 아파트의 2층으로 터키계 독일인 신혼부부가 꾸며 놓은 아담하고 깨끗한 집이다. 식탁 위에 열쇠(大-대문,

(왼쪽) 국진호 상무의 상담 장면
(오른쪽) 숙소로 사용한 아파트

小-2층 현관) 2개 그리고 열쇠보증금 50유로를 맡겨 달라는 부탁과 열쇠 분실 시에는 100유로 패널티 등의 규약사항에 동의해 달라는 증명서(VOUCHER) 한 장과 지하철 약도가 놓여있었다.

첫째 날 아침은 생전 처음 보는 우주인이 먹었다는 CJ제품 햇반에다 자른 김, 김치볶음, 깻잎장아찌를 감식하면서 일주일 전에 와서 고생한 직원들에 대한 미안한 마음을 감출 수 없었다.

하노버(Hanover)는 60만 독일의 6위권 도시다. 전시도시, 환경도시로 알려진 공원 속의 도시로 자전거도로가 인도의 반 정도일 정도로 잘 조성되어 있다. 대중교통이 지하철로 거미줄처럼 연결되었다. 지하철역엔 역사가 없고, 무인시스템으로 승하차를 고려한 플랫폼만 있을 뿐이다.

아파트 앞 Bothmerstrasse 지하철역에서 U8 지하철을 타고 4번째 전시장 종착역 Messe Nord역에서 내렸다. 개장시간을 기다려 입장, 셔틀버스편으로 24전시관 전북 관내 우신산업(주) 전시관에 들렀다. 커다란 탱크와 파이프 등 전시된 제품과 제품설명 안내서 회사영상 소개 등을 보면서 일진의 수고에 감사했다.

3일차 되는 날 튀링엔주(Thuringia,automotive thuring e.v.) 주관 한국참가업체 초청 오찬을 겸한 조인식이 있었다. 독일 오토클러스터(Automotive AG)와 전북테크노파크 간에 업무협약 조인식을 마치고 전시장을 관람했다. 오토클러스터의 밀리타즈(Michael Militaze) 박사의 환영사는 '독일중소기업 수준은 연간매출 30억에서 3,000억 원까지 다양하다. Manager라는 어원이 영어에서 나온 것으로 많은 사람들이 알고 있지만 본래는 라틴어의 '손을 잡아주다'라는 말에서 비롯된 것이다. 오늘 많은 회사 대표와 임원이 참석하였으니 우리 서로 협의해서 상호 발전할 수 있는 계기가 되기 바란다.'로 요약되는 내용이었다. 덧붙여 독일은 튀링엔주 중심반경 800km 안에 자동차 관련 중소기업과 대기업 연구소 정부지원기관 등이 집중되어 미래자동차산업의 중심지라며 투자를 권유했다.

조인식과 기념사진 촬영 후, 국영방송사에서 인터뷰 요청이 있었다. 전시장 분위기와 지원요청 사항을 물었다. "세계최고 차량, 운송, 물류 박람회임을 확인하였고 다양한 정보와 국제적인 분위기 속에서 많은 신제품을 볼 수 있었다. 역시 상용차 박람회가 세계 중심임을 확인했다."는 소감을 솔직하게 말했다. 또 "투자지원도 좋지만, 먼저 밀리타즈 박사의 환영사대로 선진 독일 기업들이 먼저 손을 내밀어야 할 것"이라며 독일 선진기업과의 연계를 요구했다. 방송기자가 만족한 표정으로 저녁 방송에 나온다며 꼭 시청하라고 안내하기를 잊지 않았다.

VOLVO 전시관 앞에서는 대형 트럭 전면부가 완전히 파손되어 차체가 운전석 쪽으로 밀린 모습을 볼 수 있었다. 스웨덴 안전도 검사에서 운전자가 안전하다는 인증을 받은 실증이었다. 세계 최초 TUBO Compound unit 볼보 아이토크엔진은 연료 절감과 운전진동을 최소화했다고 하며 SCANIA EURO 6 전시장엔 100여 개국 1,600개 공장에서 37,000명이 종사하고 있다. EURO 6 규정이 2014년부터는 250마력에서 400마력까지 규정을 받는다며 연료비와 제 비용 절감에 최선을 다하고 있다고 했다.

DAIMLER 전시장은 위에서 아래로 내려다보면 나뭇잎 모양으로 친환경을 최우선함을 보여준다. 1,100m² 전시장에 900명의 종업원이 부스에서 일하고 있다(식당종업원포함). 친환경차를 주력으로 한다며 FUSO 7.5톤 트럭을 연료비 23% 절감으로 주문이 밀려 수지맞는 차종으로 손꼽았다. 연료동력장치가 Diesel Engine 병열하이브리드 시스템이고 전기는 SK inovation Battery(SK BNS 12 Battery)가 장착되어 있어 뿌듯했다.

Mercedes Benz는 내구성, movility에 중점을 두고 경제성, 승차감, 역동적인 운전 등 3가지 콘셉트로 장거리 트럭의 경우 근무지이자 거주 공간으로 취침 공간이라는 점을 중시했다. Volumer는 차체가 낮아서 적재 높이를 3m까지 더 할 수 있다. 모든 상용차에 배기가스 규정이 엄격해져 EURO 6규정을 지키기 위해 운전석이 좌우로 이동

가능한 차 등 다양했다.

OPEL 전시관에는 작은 화물차 중간화물차 3.5톤~5톤 대형 트럭으로 구분하여 전시했다. MOVANO 3.5톤 트럭은 탑재 높이가 낮고 위생차량은 청소가 용이하게 선반고정 등 안전과 보안에 철저한 설계를 했다. 소형차량 7인석 BOX 차량 COMBO는 경유 휘발유 GAS 화물적재, 냉동보관 세탁까지 다양한 기능이 있어 인기라고. 그 밖에도 폭스바겐(Nutzfahrzeuge)을 옥·내외 시승까지 110대를 전시하고 있었다(쇼장 30대, 옥외 60대, 시승 20대).

Caddy는 전륜구동차량으로 세계 유일이고 에너지절감 효과가 뛰어나다고 한다. 씨티, 1톤, 1톤 이상, 대형차순으로 전시했다. 유럽에서 가장 많은 점유율을 자랑한다. 역사를 홍보하는 T1－1950 10호 차량은 최초의 차량부터 Think Blue, 전기구동 eT! Electro transfot 우체국 택배 등 미래 연료절감 친환경차 6.3리터/100km Blou motion 미래 차량까지 운전자가 좌우로 서서도 운전 가능하고 I－phon을 통해 주인을 찾아다니는 원격조정 시속 6km로 목적지 가능 차량 등 기능이 다양도 하다.

독일자동차공업협회 초청 만찬에 참석했다. 1,000명을 수용 가능한 Muenchener Halle에서 가무 속에서 유명한 독일맥주를 주량껏 마시고 흥에 겨워 어깨를 들썩였다. 나는 출입 금지된 2층에도 올라가서 가득 메운 홀을 내려다봤다. 장관이었다. 맥주파티에는 아래위가 다 만석이다. 초청인사 750명이 홀을 가득 메웠다. 초청인은 80,000원을 지불하면 입장이 가능하다 하니 실비인 셈이다. 독일 AUTO클러스터 간부들과 건배를 거듭하며 한독자동차업계가 한마음 한뜻으로 하나가 되어 장장 2시간여를 화락하게 담소하며 시간가는 줄 모르

(위) 전시장 장면
(아래) 만찬장 장면

고 즐거워했다.

9월 27일 전시장을 철수하면서 상용자동차 시장의 방향을 읽을 수 있었다. 상용자동차 시장에서 요구하는 효율성이란 엔진의 성능만을 말하는 것이 아니고, 트랜스미션을 비롯한 동력전달 장치부터 차체의 중량저감, 공기역학성능 제고, 각종 마찰제어 등 모든 부문에서 끊임없이 추구해야 할 과제를 안고 왔다. 또 연료 소모와 이산화탄소 배출을 줄이는 동시에 성능 향상을 추구해야 한다. 예를 든다면 배터리전기자동차(BEV)와 프라그인 하이브리드카(PHEV)에서 전기구동장

치의 주행 가능 거리를 늘리는데도 초점을 맞춰야 한다.

전시장을 정리하고 19시 바인하임으로 출발했다. 주행거리가 500km로 만만치 않은 거리다. 고속도로 주변 경관은 밀림(수림) 반 농경지 반으로 보였다. 풍력발전소가 바람길 따라 마을 주변 요소요소에 설치되어 날개가 돌고 있었다. 휴게소에도 유료화장실이다. 70센트를 넣고 표를 가져야 화장실 출입이 가능했다. 휴게소에서 물건을 구입할 때 표를 제시하면 50센트 되돌려 받는다.

도로변은 나무숲으로 가로막혀 시야를 가리고 우리 차도 벤츠리무진이었고 도로의 대부분 차들은 벤츠, 폭스바겐, 아우디 일색이었다. 저녁을 도시락으로 때우고 밤 12시가 다 되어 호텔에 들었다. 호텔에서 대학의 도시 하이델베르크까지는 30분 거리다. 독일 남서부 하이델베르크는 독일 라인 강의 지류로 네카르 강변의 대학도시이자 관광도시로 인구 143,000여 명의 아름다운 도시다.

1386년에 설립되었다는 하이델베르크 대학교는 독일어권에서 가장 오래된 대학으로 유명하다. 17세기 말 프랑스군에 의해 파괴된 고성은 시가를 압도하며 자리한 아름다운 곳이다. 고성은 박물관으로 사용되며 지하 와인저장고에 5만 880갤런 규모의 거대한 술통이 화젯거리다. 잔잔하게 흐르는 네카르 강을 이어주는 카를테오도르 다리가 하이델베르크 성과 철학자의 길이라 불리는 오솔길을 연결해 준다.

대문호 괴테가 사랑하며 걸었던 하이델베르크의 옛 자취를 좇아 작고 아름다운 길을 걸었다. 고풍스러우면서도 장엄한 분위기의 교회와 1703년에 건립했다는 시 청사, 시장가게 등 빨간 지붕들이 함께 잘 어울려서 그지없이 아름다웠다. 자전거 전용도로도 잘 조성되었다. 이곳에서는 초등학교 4학년 때에 자전거 운전면허를 취득한다고 한다.

주거지는 주상아파트가 전부다. 주차장은 지하에 있고 전철역 주변에 대형 주차장이 있어 대중지하철을 이용한다. 구시청사는 결혼식장으로도 활용되는바 마침 결혼식 준비 중이어서 입장했다. 이곳저곳을 둘러보고 3층 화장실을 사용하고 나왔다. 309년 전 대리석 바닥, 계단, 핸드레일의 화려함과 그 유지 보존상태가 감탄스러웠다.

1시간 정도 이동하여 와이너리(Winery)에 도착하여 와인을 시음하고 그 자리에서 맛있는 오찬을 나눴다. Rotwein, Dornfelder Rotwein libich는 깊은 맛이 없다. WeiBwein, Riesling feinsuss는 값도 저렴하고 좋았다. 7종류의 와인을 잔을 씻어가며 맛을 봤다. 각자의 입에 맞는 와인을 구매했다. 나는 와인으로 가장 도수가 높다는 20도 Traubenlikor 두 병과 포도씨기름 Traubenkernol 두 병을 구입했다.

프랑크푸르트로 이동하여 공항에서 루프트한자 항공에 몸을 실었다. 12시에 인천공항에 도착하여 리무진 버스에 올랐으나 추석 전일이라서인지 전주를 거쳐 여산재에 도착한 시각은 밤 9시였다. 그때부터 추석을 맞을 마음으로 서울에서 온 유미와 마야 윤빈을 보면서 마음의 풍요를 한껏 누렸다.

국중하 수필집
내 마음의 풍경風磬

인　쇄 / 2013년 3월　4일
발　행 / 2013년 3월 12일

저　자 / 국 중 하
발행인 / 서 정 환
발행처 / 신아출판사

출판등록 / 1984년 8월 17일 제28호
주　소 / 전주시 완산구 공북1길 16(태평동)
전　화 / (063) 275-4000 · 0484 · 6374
팩　스 / (063) 274-3131
E-mail / shina321@chol.com
sina321@hanmail.net

값 12,000원

ISBN 978-89-9854-22-7　03810